王陽明「伝習録」を読む

吉田公平

講談社学術文庫

序

『伝習録』の著者王陽明が活躍し、彼が創唱した良知心学が思想界を席捲《せっけん》した十六世紀とは、世界史の上では、いわゆる大航海・大発見の時代である。王陽明とてこの世界史の趨勢《すうせい》と全く無縁であったわけではない。一五一九（正徳十四）年六月、寧王宸濠《しんごう》が南昌に反乱をおこしたとき、親友の林見素は仏狼機《フランキ》銃を急送している。世界はまさに大きく変わろうとしていたのである。

いったい、中国の精神文化史は、外来文化との対抗関係という視点からみると、Ⅰ・古典古代（インド・仏教文化流入以前）、Ⅱ・インド・仏教文化との対抗関係の時代、Ⅲ・西欧・キリスト教文化との対抗関係の時代、の三期に時代区分される。

第一期は、中国域内の交流のなかで中国文化の中核《コア》が形成された時代である。第二期は、インド・仏教文化が衝撃を与えて主導権をにぎった前期と、古典古代の文化に復帰・回復すべきことを主張した「復古」という名の革新運動が新儒教として主導権をにぎった後期との二期に、いわゆる唐・宋《そう》の間を以《もっ》て画期される。西欧・キリスト教文化を本格的に紹介したのは十六世紀末葉に中国にやってきた天主教徒である。翌十七世紀には儒仏とキリスト教宣教師の間で激しい論争が展開された。現代とはこの第三期の最先端をいう。

されば、現代中国を歴史的に理解しようとするときには、少なくとも第三期初頭までさかのぼることがのぞましい。それは中国に限らない。大航海時代以後、世界史は、各国史文明圏史を包越《ほうえつ》して、文字通り、地球的規模で展開したのである。

このように考えてみると、王陽明の活躍期は第二期の最末期であり、第三期開幕直前であったということになる。

新儒教を学術思想界の主座におしあげた最大の功労者は朱熹《しゅき》（一一三〇〜一二〇〇）である。その思想体系を朱子学という。朱子学が正統の地位を確立しえたのは、「治国平天下」のために有効であること、「性善説」＝自力による自己救済を理論的に整備して主張すること、この二焦点を、思想体系として統一的に構成しえたからである。王陽明は朱子学のうち、その性善説の立論構成を似而非《えせ》の自力主義であると批判して、真の性善説を主張する。朱子学の論理構造を内側から本質的に批判して構築されたのが、陽明学である。陽明学は、朱子学とともに新儒教の双璧《そうへき》となる。とりわけ陽明学は、新儒教の世界における人間観の根本原則を極点まで展開させた思想体系といっても少しも言いすぎではない。だから、王陽明の『伝習録』の世界とは、単に陽明学を理解するための窓にとどまらず、西欧・キリスト教文化が流入する以前の、中国人の人間理解そのものの原理を考えようとするとき、この『伝習録』は、格好の世界を我々に開示するはずである。そして、ここに開示された人間観は第三期においても面貌《めんぼう》をあらためて貫流していることをおもいおこしたい。

朱子学とともに新儒教を代表する陽明学をはなから封建思想と否定しさることはたやす

い。所詮《しょせん》は前近代の所産なのである。しかし、みずからもまた歴史的存在であることを認めて、近代人の「常識」から安易に断罪することをひとまずさしひかえて、彼らのいわんとすることをすなおに聞きとってから評価を下してもおそくはあるまい。

中国近世哲学の双璧である朱子学・陽明学は、歴史的理解を試みるもの、普遍的意味を追求するもの、東西哲学の比較を志すものを、思索の宝庫に案内する。

それにつけても、この世界は、これまで必ずしも親切に紹介されることがすくなかった。本書は、その点を考慮して、読んで理解できるように配慮したつもりであるが、はたして『伝習録』の世界の豊かさを伝えて本当に理解しやすいものとなりえたか否かについては、読者の判断に委《ゆだ》ねたい。この現代語訳が、読者を中国近世哲学・陽明学に案内する一助ともなれば望外の幸せである。

昭和六十三年一月三十日

吉田公平

目次

王陽明「伝習録」を読む

中　巻

下巻…………261

＊本書に掲載した絵図は、九州大学附属図書館蔵『王陽明先生図譜』による。

王陽明「伝習録」を読む

総　説

一　はじめに

『伝習録』とは

王陽明の思想を伝える『伝習録』は、同時に、王陽明が創唱した、いわゆる陽明学を代表する著書である。さらに朱子学を代表する『近思録』『四書集註《しっちゅう》』とならんで、近世の新儒教を代表するものといってよい。

いったい、新儒教が学術思想界の主導権を奪還した宋《そう》代以後、木版印刷が実用化されて、唐以前とは文物の普及・情報の伝達の度合いが飛躍的に進歩した。漢代に紙が発明された時に記録の歴史に革命がもたらされた。しかし、木版印刷以前は、文字通り、写本の時代であって、それこそ一部ずつ筆写したのである。だから、一度の彫版で何百部と印刷できる木版印刷の実用化は第二の革命といえよう。

木版印刷により学術思想界に提供された新儒教の語録・文集・註釈の類は数知れない。そのなかにあって、たとえば、中国哲学を代表する著作、新儒教を代表するもの、明《みん》代思想を代表するもの、などと、どのような選択の指標のもとにおいても、中国の精神文化を問おうとするときには、必ず指を屈して選ばれてきたものが、この『伝習録』である。それほどに中国、とりわけ日本においては、『伝習録』は読みつがれてきたのである。

それはなぜであろうか、人々をひきつけた『伝習録』の魅力とは、いったい何であろうか。

『伝習録』の魅力

当代のかかえる諸問題を解決する糸口を与えるからか。多岐にわたる社会問題を綿密に検討しているからか。複雑な人間存在が織りなす社会を多面的に取り扱い上手に世わたりすることを教えてくれるからか。

そのいずれも否である。

現実に存在する我々は、分割不可能な、この一瞬の今という時間にしか、実存しえないのだという。この緊迫した時間意識のもとに自己の存在を見つめる人間観（この現実的存在を、実存とはいわずに現在という。だから現在とは存在と時間を統括した概念なのである）。そして、この人間は本来は完全であるから、自力により自己を救済することができるのだという自力主義の貫徹。自力により自得体認して自己の本来性を実現した人々が大同の世界を構成するという理想社会論。

人間存在を弁解を許さぬ限界状況のもとでとらえて、その本来主義と理想論を極点まで謳いあげたところにこそ、『伝習録』の魅力がある。

この本来主義・理想論が、現実の実態からあまりにも遠く、非現実的な主張であると、否定的見解の提起されることはみやすい。事実、『伝習録』のなかでも、王陽明にあなたも本来は完全なのですよと諭されて弟子のほうが辞退する場面が記されているし、大同社会の実現を夢みる王陽明は自らを「狂者」（理想のあくなき追求者）と自認していることは、彼の主張した本来主義・理想社会論が当代の社会と人間の現姿と比較したとき、そこには大きな距離のあることをなによりも有力に証言する。

夢をみる王陽明（15歳）

しかし、本来主義・理想論とは、所詮《しょせん》は、そうしたものではないだろうか。現実的でないからこそ人々を魅了するのであって、それは現実との距離が遠ければ遠いほど、人々はそれを夢想するのではあるまいか。

ちょっと努力すれば誰《だれ》でもなれる程度の人格、明日明後日にでも実現できそうな社会などというのでは、なるほどその実現は容易であり現実離れをしてはいないかもしれないが、それは現実の延長なのであって、理想として高く掲げるにはあまりにも卑近なのである。夢にみる楽園は非現実的であるからこそ、現実を強く否定する人々の理想たりうるのである。

その場合、掲げられる理想の高さは現実認識の厳しさの度合いに比例する。自覚しつつも罪を犯してしまう悪魔性、道理をもわきまえぬ愚昧《ぐまい》さ、利欲に走る俗物根性、人の不幸をかきたてて喜ぶ卑劣さ、等々、人間の心根の不条理性をみつめること深ければ深いほど、そこから救われたい逃れたいという願望は強烈なものがある。現実社会が地獄の様相にみえるほど理想社会の実現を夢みる欲求はこれまた熱烈なものがあるというものである。

『伝習録』とは、王陽明が人間と社会をみつめて提起した、人間救済論・理想の王国論を開示した世界《コスモス》である。

『伝習録』の表現形式

ただし、あらかじめ断っておかなければならないのは、『伝習録』三巻のうち、上巻・下巻は、王陽明が門人の質問に答えた解答の記録、つまり語録であり、中巻は、門人知己《ちき》の質問書に解答した返書であるから、人間救済論・理想社会論が全編にわたって生の形で開陳されているわけではない。

すべてが個別的な質問に即しての言及であるから原理論が直接に語られることもあるが、むしろその応用展開編が分量としては多い。それは経書解釈や古人の評価、異学批判・他学派への論評などという表現形式をとる。それもこれも、右の根本主張を基調とする発言なのである。

『伝習録』に限らず、とりわけ語録体の書を読むときに、根本主張をつかまえそこなうと、一つ一つの文章を理解する際、表現の当相にひきまわされてしまい、主意を把握することがほとんど不可能となってしまう。部分を理解することを積み重ねることによって全体の基調が理解できるはずなのに、部分を理解するために全体の基調を理解することが前提されるということは、考えてみればおかしな話ではあるが、このことが『伝習録』理解を困難にしてきた理由の一つである。

それではどうすればよいのか。部分を介して全体の基調を模索し、それを基にあらためて部分を再読する作業を繰り返すしかない。しかし、ひるがえって考えてみると、「古典」といわれるものは、多かれ少なかれ、読者にこのような読み方を要請するものではないだろうか。

二 『伝習録』の構成

通行する『伝習録』三巻の原本は、王陽明の著作集である『王文成公全書』三十八巻の冒頭巻一〜巻三に収める語録一〜三である。これは『朱子晩年定論』を附録する。『王文成公全書』を祖本にして『伝習録』が単行される場合、各種版本によって附録の部分には出入がある。

【上巻】 王陽明が朱子学からの独立宣言をした直後、もっともはやい時期に入門した弟子の一人に徐愛《じょあい》がいた。王陽明の父王華がその人格と才能を高く評価して娘（王陽明の妹）の婿に選んだ人である。王陽明もことのほか目をかけ大成を期待したが、健康に恵まれずに、夭逝《ようせい》したこともあって、王門の顔回と称された人である。

この徐愛が王陽明の言葉を記録した最初の人で、その記録を『伝習録』と名づけたのが最初である。徐愛録『伝習録』の全体を今みることはできないが、その一部が上巻の冒頭に十四条だけ収録されている。王陽明四十歳前後のものである。条数は少ないながらも、徐愛録の特色は、朱子学的思考方法に慣れきっていたものが、王陽明の思想にふれてとまどいながらも理解を深めていく様子をよく活写していることである。

この徐愛が遺《のこ》した『伝習録』と、薛侃《せっかん》・陸澄《りくちょう》が記録した語録を併せて三巻として王陽明四十七歳の時に刊行されたのが、通行の『伝習録』上巻である。

王陽明が朱子学を離れて独立した思想家として活躍した生涯をば、致良知説を発見した四十九歳を以《もっ》て前期・後期に区分されるが、この上巻は、前期の思想をみるのに最適の資料である。

【中巻】 中巻は実は語録ではなくして書簡集である。王陽明の思想を顕彰宣伝する際に、王陽明の学術思想の神髄を伝える書簡が語録とだきあわせで何種類か刊行されたが、書簡の編集が最終的におちついたのは、一五七二（隆慶六）年、銭緒山《せんしょざん》が『王文成公全書』を編集したことによる。

王陽明の書簡全体を通覧していえることは、銭緒山が、師王陽明の良知心学を伝えるものとしては珠玉の名編のみを精選しているということである。選ばれた書簡は、「答㆓羅整菴《らせいあん》少宰㆒書」が四十九歳の時の執筆であるほかはみな五十代に入ってからのもので、王陽明晩年の成熟した思想を秩序だてて論及した卓論ばかりである。

語録が質問内容に制約された解答である点は、書簡があくまでも質問書への返書であるという制約下にあることと条件は等しい。しかし、語録は質問を発せられたその「時」に強く制約されるのに比較して、返書を制約する「時」は緩やかである。そのためもあってか書簡は、語録とはちがって、のびやかに条理を尽くして自説を展開しており、それが『伝習録』に語録と一緒に収録されてきた意義は大きい。

【下巻】　下巻は、後期、王陽明晩年の語録である。

王陽明が寧王宸濠《しんごう》の反乱を平討するという政治的成功を収めたこともあって、五十代ともなると、良知心学を提唱して学術思想界に新風をまきおこした。王陽明は今や新運を開拓した寵児《ちょうじ》となり、全国から俊秀が門下に雲集した。彼らはそれぞれ感銘をうけた師言を語録にとどめて服膺《ふくよう》したにちがいないが、下巻には陳九川《ちんきゅうせん》・黄直《こうちょく》・黄修易《こうしゅうい》・黄省曾《こうせいそう》・王竜渓《おうりゅうけい》・銭緒山の記録した語録が収録されている。記録したのはこの門人たちだけではあるまいが、この門人たちの記録も全部がそのまま下巻に収められたのではない。

まず、銭緒山が中心になって『伝習続録』二巻に編集して単行本として刊行した（現行の下巻の一条～一一六条の部分に相当する）。ところが、銭緒山が『伝習続録』を編集するときに材料として利用した『陽明先生遺言録』（銭緒山・黄直の記録）が曾才漢《そうさいかん》によって刊行されてしまったので、銭緒山はあらためて『陽明先生遺言録』を検討して、『伝習続録』には収録しなかった残りの語録の中から適切なものを選んで、『伝習続録』の後に附加した（現行の下巻の一一七条～一四二条の部分に相当する）。

下巻の編集経緯の大綱は以上の通りだが、この『伝習続録』全三巻を、銭緒山が『王文成公全書』を編纂するとき、下巻として収めたのである。

王陽明晩年の思想を知る資料としては、「中巻」に収められたものを筆頭に数多くの書簡類や『大学問』その他の親筆がたくさん残されているけれども、この下巻に記録された、親しい門人との対話は、良知心学の核心をもっとも生き生きと伝えて王陽明の本領を活写した第一級の資料である。

『伝習録』は一読してさらりと内容を把握できる性質のものでは必ずしもない。とりわけ、同じく語録ながらも上巻は、門人が王陽明の思想にいまだ十分になじまないままに質問し、王陽明も自己の思想を最適に表現する言葉を見出しえないままに答えて説明にもたつきがみられる。それにくらべると下巻の問答は円熟しているといえよう。『伝習録』は下巻から読みはじめよ、といわれるのには、それなりの理由があってのことなのである。

『伝習録』には各種の版本があり、特にわが国では三輪執斎《みわしっさい》の『標註伝習録』を底本に用いることが多かったが、三巻本『伝習録』の祖本は『王文成公全書』所収のものであるので、ここでもそれを底本に用いた。

三　王陽明について

王陽明の生涯

王陽明、名は守仁、字《あざな》は伯安、陽明はその号である。明《みん》代の成化八（一四七二）年に浙江《せっこう》の余姚《よよう》に生まれ、嘉靖《かせい》七（一五二八）年に五十七歳の生涯を終えた。父の名は王華、字は徳輝、竜山公と称される。南京吏部尚書にまで累進するが嫌疑をかけられて辞職し退隠している。王陽明はこの王華の長子である。

王陽明の生涯を、王陽明個人の思想形成・展開を軸にして時期区分するなら、大きく三期に分けられる。

第一期：誕生から、三十七歳のときに竜場で大悟して、思想家として朱子学から独立するまでの習学期。

第二期：竜場の大悟より、四十九歳のときに致良知説を発見するまでの、思想界に心学を主張し朱子学に対して激しく異議申し立てをした前期。

第三期：致良知説を発見した後より死去するまでの、良知心学として成熟させた後期。

右の時期区分に即して王陽明の生涯を略述する前に、王陽明の人生につきまとう二つの影についてあらかじめ述べておきたい。

二つの影

一つは、王陽明は健康に恵まれなかったことである。人間の一生を考えるとき、時に患うことは誰《だれ》しもあろうが、宿痾《しゅくあ》を背負いながら生涯を送らねばならないということは大きな負荷である。

王陽明の健康状態については必ずしも詳細な記録がないので定かではないが、若い時に血を吐いていること、終《つい》の病がはげしく下痢をする症状を呈したこと、などから想像すると、気管支・胃腸が弱かったのではなかったか。今に伝わる肖像画は真を写したと思われるものほど、頬《ほほ》のげっそりとやせこけた、目ばかりが光っている骨皮筋右衛門《ほねかわすじえもん》である。

この病体を支えて政治家・思想家としての活躍を可能にしたのは、ひとえに意志の力である。それは鋭い眼差《まなざ》しとひきしまった口元によく示されている。事実、たとえば寧王宸濠《しんごう》の乱平討の時にみせた気力、学界・政界の中でごうごうと非難された中で発揮された意志の強さはまことに驚嘆に値する。

しかし、なまじ意志力が勝《まさ》ったばかりに肉体をいためつけ結果的には生命を縮めることになった。さりながら、この意志の強さを持ちあわせていなかったら、思想家王陽明は存在しなかったであろう。

王陽明が尊敬した陸象山《りくしょうざん》もそうであったが、健康に恵まれなかったことが、思想活動を急進的にさせ、思考方法を迫切なものに導いたことの遠因となってはいないだろうか。

もう一つは、王陽明の私生活が幸せなものではなかったことである。俗な言い方をすれば、王陽明は女運に恵まれなかった。

王陽明は祖母にこそかわいがられたが、生母とは十三歳に死別し、継母とはおりあいが悪かった。もっとも不幸だったのは結婚の相手に人を得なかったことである。王陽明は十七歳の時に南昌の諸氏と結婚したのだが、結婚式の当日に出奔して行方不明になった。『年譜』はまことしやかなことを書いているが、真相は王陽明が諸氏をとことん好きになれなかったからではあるまいか。信憑《しんぴょう》性には大いに疑問があるのだが、王陽明には実は好きな人がいたのだという記録すらある。

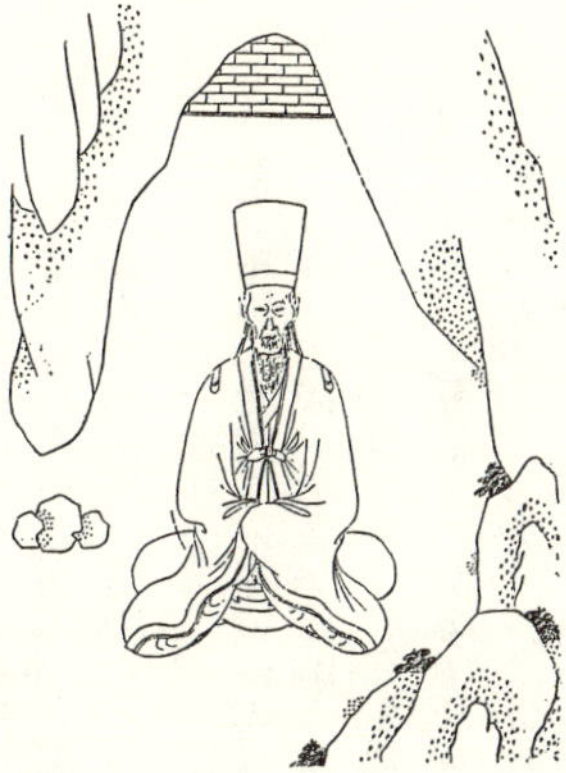
陽明洞にて仙経の秘旨をきわめる（31歳）

夫婦仲の極端に不和であった原因が王陽明の性格や好みにもあったかもしれないが、王陽明が恐妻家としてとみに著名であったこと、諸氏が王陽明の学界活動に対して全く無理解であったことなどを考えると諸氏の人柄にも問題があったようである。夫婦の間の機微はとかくわからないものだが、ともかくもお互いに不幸な夫婦生活であった。この二人の間には子はいない。従兄の子の正憲を養子にしたが継室の張氏に正億が生まれると正憲は不良の仲間入りをし、これまた頭痛の種となった。

王陽明にとって家庭は安らぎの場などではなくして、それこそ修羅場であった。王陽明がある親しい弟子との語らいの場で、私生活における苦悩を経験しているからこそ自分は経典のこの文章の真の意味がわかるのだともらした場面が記録されているが、あの豪気な王陽明が不覚にもこうまで吐露したかと思うとあまりに痛ましい。

そもそも旧中国の士大夫《したいふ》階層の結婚に幸福な生活を予期することが無理なのだという議論もあろうが、たとえば、朱熹《しゅき》が恩師の愛娘と幸せな結婚生活をおくり、おおむね健康にも恵まれて、静穏な私的環境の中で学究生活に専念できたことを考えるとき、王陽明の私生活は朱熹とはあまりにも懸隔している。王陽明にとっては知己《ちき》門人との講学の場がもっとも心安らいだのではなかったろうか。

婁諒との会見

さて、王陽明は諸氏と結婚した翌年、南昌より余姚《よよう》に帰る途中、広信で婁諒《ろうりよう》に会見して格物の学を論じたと『年譜』はいう。王陽明は他人について語ることきわめて稀《まれ》な人であるが婁諒についても一言も言及していない。思想的にはとりたてて影響というほどのものはなかったであろう。婁諒は、陳白沙《ちんぱくしや》・胡敬斎《こけいさい》と並ぶ呉康斎《ごこうさい》一門の三傑の一人である。王陽明が謁見したときは六十八歳の高齢であった。

いったい、明《みん》代の思想史を通観して容易に気がつくことは十五世紀前半の沈滞ぶりである。明初の創業期はまだしも元《げん》末以来の碩学《せきがく》が活躍していたが、それが急速に低下する。原因は帝位を簒奪《さんだつ》した永楽帝《えいらくてい》の、方孝孺《ほうこうじゅ》事件に代表される弾圧による。人為的に人材が払底させられ、片方で三大全（『性理大全』『四書大全』『五経大全』）を公布して思想統制を敢行したことによる。

沈滞しきった思想界にようやく活気をよびさました一人が呉康斎であり、その呉康斎が最も高く評価したのが、婁諒であった。ただし、王陽明の婁諒会見について婁諒の愛弟子である夏東岩は何もいわない。あるいは『年譜』編者の虚構かもしれない。

婁諒会見の真偽はともあれ、このことは学術思想界が激動期に入る前兆であったことを象徴する。なぜなら、陳白沙門から湛甘泉《たんかんせん》が、胡敬斎門から余祐《よゆう》が、そして婁諒門から王陽明が出現して、呉康斎再伝の弟子の世代が、朱子学、否、儒学の枠をもこえて三教入り乱れて百花斉放《ひゃくかせいほう》する時代を切り開いたからである。

湛甘泉との会見（34歳）陪席するのは徐愛

王陽明はこの後、科挙に合格し任官するが、兵法に熱中し、養生説にのめりこみ、導引術にふけり、僧房を訪ね、文章の修錬につとめるなど、焦点の定まらないままにさまざまなことに関心を示してはいずれにも満足を得られない。精神的には彷徨《ほうこう》の時代をおくる。

この不安定な青春時代にはっきりと別れを告げるのは、三十四歳の時に北京に出仕して、湛甘泉・黄綰《こうわん》に出会ったことが契機となる。三人は、聖賢の学＝真に人間的であること、本来あるべき人間性、人格の陶冶・完成をめざすことを誓った。後にはこの三人の思想は微妙な差異を示すことになるが、この時の志は基調として変わらない。終生変わらない友情を示している。勉学といえば受験勉強と考えられていた世俗的人士からは彼らは奇異の目でみられたという。

この当時、王陽明たちの思想的立場は朱子学の信奉者であって、いまだ思想家王陽明は誕生していなかった。

竜場の大悟

王陽明が決定的転機を迎えるのは翌年におこった劉瑾《りゅうきん》事件が契機となる。

明代は歴代王朝の中でも宦官《かんがん》の専横がもっともひどかった。武宗帝が即位した正徳元（一五〇六）年（王陽明三十五歳）、横暴をきわめる宦官の劉瑾を、戴銑《たいせん》・薄彦徽《はくげんき》が上疏《じょうそ》したところ、逆に劉瑾の策動の結果、罪せられた。それに義憤を感じた王陽明が両人救済の上疏をしたところ、王陽明もまた劉瑾のために廷杖四十の刑罰の上、貴州の竜場に貶謫《へんたく》されることになった。王陽明は帰郷して、父にあい、三十七歳の春に配流地の竜場に到着した。駅丞《えきじょう》が官職とはいっても閑職である。気候条件の大きく異なるこの地での生活にはほとほと困りはてるが、そこは持ちまえの気力で宿舎を建設し従者を看病し、土地の人々を教化するなど忙しく日々を過ごした。

事ここに至って王陽明は世俗的な得失栄辱の念は超脱できたが、生死の一念のみはなお脱化できていないことを自覚したので、石槨《せっかく》を準備して命がけの修業を課した。そうしてある真夜中に、「聖人の道は、吾《わ》が性自ら足る。さきの理を事物に求めしことは誤りなり」と大悟するのである。人間が人間として真に生きようとするとき、我々は、自己のそとに規《き》矩準《くじゅん》縄《じょう》を求めてそれで自らを律して生きていくことではなくして、それは我々自身が本来完全に固有しているのだというのである。朱子学の圏外に王陽明は自己を救済する道を発見したのである。いわゆる竜場の大悟である。

この竜場における大悟の経験を王陽明自身が、自らの思想の原点としてしばしば言及している。この時に体認した新知見を心即理・知行合一説として主張した。いよいよ思想家王陽明の船出である。

思想体系の整備

三十九歳の時に盧陵《ろりょう》の知県に昇任して赴任するまでの間、貴州にあって貴陽書院を主宰して現地の学生を教育したりしている。この後、王陽明は三十九歳、南京刑部四川清吏司主事、四十歳、吏部験封清吏司主事、文選清吏司員外郎、四十一歳、考功清吏司郎中、南京太僕寺少卿《けい》、四十三歳、南京鴻臚《こうろ》寺卿《じけい》と昇

劉瑾にさからい廷杖刑をうける（35歳）

任していく。この間、入門する者が各地で出現する。徐愛と問答したのは四十一歳のことであった。

王陽明は四十三歳の時に南京に赴任し、四十五歳の九月ごろまで滞在するが、この三年間は、門人が多く参集したこと、そのために朱子学陣営からの攻撃もようやく激しくなり、王陽明が論陣を整備した時期である。このときの蓄積が、『大学古本』『朱子晩年定論』『伝習録』（薛侃《せつかん》編）として結実して、朱子学に対して鋭く対決する姿勢を鮮明にすることになる。この南京時代は、役人としても大して忙しくもなく、講学活動に精力を傾注できた、よき時代であった。

軍略家・政治家としての激務

それが、四十五歳の九月、都察院左僉《させん》都御史に昇任した後、四十六歳・四十七歳・四十八歳の丸三年間は、地方農民の反乱と寧王宸濠の反乱を平討することに忙殺される、激務の連続であった。

戦況を的確に掌握して即座に指令を発し、緩急硬軟よろしきを得てことごとく大成功をおさめる。その軍務多端のあいまに知己門人と講学することを片時もやめなかった。とりわけ、寧王宸濠の反乱を平討するときには、中央政府の指示をまたずに義勇軍を募り、不眠不休の激戦のはてに、二週間の短期決戦で寧王をとりこにするという大戦果をおさめた。軍略家・政治家として、王陽明の才覚がいかんなく発揮された大変な時期であった。

軍隊の指揮監督よりも王陽明は戦後処理にむしろ苦労した。その最中、朱子学者の羅欽順《らきんじゅん》との間に書簡を往復して論争している。

この数年間の激務をこなしていくなかで王陽明は致良知説を発見して、それまでの論理構造の弱点を補強した。四十九歳後半のことである。

良知心学の普及

王陽明五十歳。後期のはじまりである。朱熹《しゅき》の最大の論敵であった陸象山《りくしょうざん》の子孫を顕彰する形で陸象山の学問をこそ「聖人の学は心学なり」と高く評価する。白鹿洞《はくろくどう》書院に講演もした。南京兵部尚書に昇任し、新建伯に封ぜられ両親妻子も恩典に与《あず》かった。官僚としては絶頂期である。秋に帰郷したおり銭緒山《せんしょざん》をはじめとして、一世代若い門人たちが数多く入門する。良知心学がますます普及する端緒である。

新建伯に封ぜられたことを父に告げる（50歳）

五十一歳の二月、王華が死去する。王陽明は喪に服するために辞職し、郷里にあって講学活動に専念する。この時から五十六歳の五月に都察院左都御史に任ぜられ、九月に広西の思恩・田州の反乱討滅に出発するまでのほぼ六年間弱は喪があけても復職が許されなかったことが幸いして、権力闘争の修羅場から身をひいて公人としては無事のままに、心ゆくまで講学活動に専念した時期である。

王陽明の生涯の中では、南京時代の三年間とこの会稽《かいけい》時代の六年間弱だけが、比較的平穏であった。この間、私生活面では妻の諸氏が死去して、翌年に継室の張氏に長子の正億が誕生している。しかし、なんといってもこの六年間に、致良知説を発見した王陽明の良知心学が天下に広くゆきわたり俊秀が雲集したことである。勢い、講学の機会もふえ、良知心学の理論体系が次々と発表されていったことが最大の収穫であった。

王陽明が一方では寧王宸濠の反乱をまたたくまに平討した政治的業績が高く評価されて新建伯に封ぜられ、他方では良知心学の主唱者としての名声が高まると、相乗効果を生んで王陽明は俄然《がぜん》話題の中心人物となる。と同時にその反動として、謀略家・偽学の徒という非難中傷も激しさを増すという随伴現象をも生んだ。それを真正面から受けとめた王陽明は、みずからを、理想の王国・大同社会の実現を夢みる「狂者」であると宣言した。

エピローグ——最後の遠征

俗物の非難中傷、私生活上の煩わしさなどはあったものの、無数の門人に囲まれて講学をかさね、うみ疲れては名所旧跡を遊歴するといった、生涯の中でのもっとも楽しい日々にも終わりを告げるときがきた。

五十六歳の五月、唐突《とうとつ》に、広西の思恩・田州の反乱を討滅することを命ぜられる。反乱にてこずった中央政府が最後の切り札として王陽明を起用したのだといえば聞こえはよいが、天下を風靡《ふうび》する良知心学を心よく思わない政敵の謀略であったかもしれない。広西の炎暑の地である。もともと強健でない王陽明の身体が任務に耐え得るか否かは保証の限りではない。しかし、命令とあらばやむを得ず、その年の九月に会稽《かいけい》を出発して、翌年の二月には思恩・田州の反乱を平定してしまった。戦後処理として、その地に恒久的平和が得られるようにと文教政策に力を入れた。七月に八寨《さい》・断藤峡の数万の賊を破った。

このころ、病状はすでに悪化し、十月に辞職願いを出すも許されない。中央政府の命令を待たずに帰国を急ぎ、十一月二十五日、梅嶺を越えて南安に到着したときには、喘咳《ぜんがい》は甚だしく下痢もひどくなり、二十八日、青竜舗に宿泊したその翌二十九日についに不帰の客となった。翌正月、南昌に喪を発し、銭緒山・王竜渓・養子の王正憲が出迎えて二月に会稽に到着。その十一月に会稽の地に葬られた。

天泉橋問答

知己門人との楽しい講学活動の日々から、あわただしく出発し、急転直下、死去するという劇的な一年余であった。この一年余は時間としては短いが、この間に収穫された思想的遺産は大きい。それは二つある。

一つは、良知心学のもとに雲集した俊秀の間に、師説の理解をめぐる意見の対立が顕著になってきた矢先に、それに対する王陽明自身の解答を引き出せたことである。いわゆる天泉橋問答（四句説問答、無善無悪説問答）である。

それは、出発の前夜、送別の宴の後、天泉橋のほとりで銭緒山と王竜渓の二人から、提起された。人間は「本来」は無善無悪（外在する価値観から自由であること）であることを認める点は共通するが、王竜渓は「現実」態を「本来」の実現態とみて「無」を徹底して展開するのに対して、銭緒山は「現実」態を「本来」の欠如態とみて、「有」であるという。銭緒山はこれが師説の定法であると譲らないし、王竜渓はそれを「権法」にすぎないと主張し、論理的にはみずからの理解が正しいという。そこで、この時を失うとしばらくの間は問い質《ただ》す機会がないと考えつめて、王陽明に決判を請うた。王陽明は両可調停論を述べて相互いに補完すべきことを述べるにとどまっている。

この問題は翌日の送別の行においても蒸し返されたが、結局のところ、この問題は、王陽明が生きて帰らなかったために、王門後学に宿題として残されたことになり、これをめぐって激しい論戦が展開された。その結果、この天泉橋問答をどのように理解し評価したかということが、左右に分かれた王門派下の人々の思想傾向をうかがう試験紙の役割を果たすことになった。

『大学問』――愛の哲学

もう一つは、これも出発まぎわに、王陽明が口述し銭緒山が筆記した『大学問』が遺されたことである。これを王陽明自身が「大学或問」と呼称したことが物語るように、朱熹《しゅき》の『大学或問』に対抗して、良知心学の視角から王陽明の『大学』解釈を述べたものである。ここで『大学』解釈という形で表現された、万物一体の仁、誠愛惻怛《そくだつ》の仁を熱源とする理想社会実現の原論そのものは、『伝習録』中巻・下巻や『親民堂記』などですでに述べられたことではあるが、王陽明の数ある著作の中で、この『大学問』は短文ながらも、もっともすぐれた陽明学概論である。

王陽明は戦地から王正憲にあてて次のように書き送っている。

わたしが平生講学したことは、良知を発揮すること以外の何ものでもない。仁とは人心である。良知が真誠惻怛であること、それが仁である。誠愛惻怛の心がなければ、良知とて発揮できない。おまえはこのことを深く考えなさい。

王陽明の生涯をはげしく燃焼させた原動力は万人に対する真誠惻怛の愛であった。「狂とは聖の基」といったのは愛弟子の一人欧陽南野《おうようなんや》である。あくまでも理想を放棄することなくその実現を夢みること、それこそが人間の本来あるべき姿だというのである。王陽明の生涯を一言で説破した名言である。

異郷の地でたった一人の門生にみとられて世を去るとき、問われて答えた辞世の言葉は「吾《わ》が心は光明なり」であったという。あまりにも波乱に富んだ劇的な生涯を送った人の最期にしてはあまりにもさびしく、読む者の涙を誘う。数奇なる生涯を余儀なくされた豪傑にふさわしい最期であったのかもしれない。

四　王陽明の思想

王陽明の思想と特に言うとき、思想家として独立した、竜場の大悟以後に公表した思惟《しい》体系をいう。しかし、だからといって、それ以前の思索のいとなみを等閑視することはその思想理解を困難にする惧《おそ》れなしとしない。とりわけ、思想家として独立することを促した初発の動機が何であったのかを見きわめておくことは、その後の展開を理解するうえに重要な鍵《かぎ》となる。この意味では、独立以前の主要関心事を明らかにすることは大きな意義がある。

初発の動機

それでは、王陽明にとって初発の動機とは何であったのか。その動機に促されて模索していたとき何を求めてのそれであったかについては、彼自身ははっきりした記録を残していない。しかし、幸いに後年に及んで、若い時の挫折《ざせつ》体験を回想した語録が残されている（『伝習録』下巻一一八条）。この語録一条は、王陽明の思想を解明しようとするとき、実に貴重な示唆《しさ》を与えてくれる重要な語録である。

王陽明は血気盛んなころ精神的彷徨《ほうこう》を体験する（「五溺《ごでき》」）。『年譜』はその中に、朱子学の挫折体験を折りこんで二十一歳のこととしているが、これが『伝習録』所載の挫折体験と同一なのか否かはわからない。ともあれ、朱子学を含めてそれらのいずれもが、王陽明の心を満たすことができなかったのである。それが三十四歳のころには聖賢の学（朱子学）に回帰する。

一度は朱子学の世界に挫折しながら、なぜ回帰したのか。それは王陽明の前に提示された既成の教学の中で聖賢の学が、王陽明の要求をもっとも満たす要素を持っていたからである。それは、もちろん俗学としての朱子学ではなくして聖賢の学としての朱子学であったことはいうまでもない。そして、この朱子学にあらためて挫折する。

朱子学の格物窮理論を着実に実行するのだといって、竹を見つめてその理を窮めようとして、心労のあまり病におちた王陽明の朱子学理解そのものが、そもそも的はずれであったからこそ挫折したのであって、挫折の責任は王陽明にこそあれ、朱子学格物論が誤謬《ごびゅう》なわけではないと、後に朱子学者から嘲笑《ちょうしょう》をこめて非難されるけれども、問題なのはそうではなくして、認識主体（心）とは無関係に、客観的存在物の一つ一つに先験的に内在する理を窮めることだと、朱子学格物論が一般的に受け止められていたことである。

この挫折の結果は、朱子学が指示する格物を実践できるほどの大力量はないから、聖賢となろうと思ってもなれないのだと観念する。ところが、文化的には辺境ともいえる竜場に流《る》謫《たく》され極限状況の中におかれた王陽明は、朱子学からも自由になり、格物とは、心外のものについて窮めるのではなくして、主体者（心）自身に即して窮めるべき実践論であると覚醒《かくせい》して、それなら自分も必ず聖賢になれるから、聖賢の学を担当しようと満腔《まんこう》の自信を回復するのである。

この挫折体験の告白から知り得ることは、王陽明は、聖賢となるための実践論を朱子学に求めたことである。王陽明は朱子学を元来聖賢となるための学問体系と理解していたのである。朱子学の実践論を体験して挫折したおりに「自分はそれを行うほどの大力量がない」と告白したと回想しているのは、朱子学の実践論は万人が可能な普遍性をもたないと断定したことを意味する。だから、その後に独自に発見した実践論こそ、私でも誰《だれ》でも聖賢になれる普遍性をもった実践論であると宣言したのである。

つまり、朱子学も陽明学も聖賢となるための実践論なのである。それでは、「聖賢となる」とは、いかなる論理構造のもとに構想され、なぜ、朱子学のそれが普遍性をもたないと否定されたのであろうか。

心即理説――自力救済論

ここであらためて、格物の実践とは主体者自身に即して窮めることだと発言していたことを思い起こされたい。

王陽明は、主体者（心）の外に理を窮める必要を認めないし、また主体者を疎外して窮めらるべき理などもともとないというのである。理とは、主体（心）が客体との緊張関係（このことを「事」あるいは「物」と表現する）の場で主体自身（心）が発見創造するのである。このことを「心即理」と表現した。

それではなぜ我々（心）は発見創造（あるいは発現）できるのか。それは我々が本来完全だからである。心が天から命令として賦与された本性（＝天命の性）とは、我々自身が自分の力だけで理を発見創造できる能力のことをいう。それは天が命令として賦与したものであるから誰も拒否することはできない。だから、誰もが理を発見創造することが可能なのである。

いったい、王陽明は、それがものであれ人であれ、客体と主体とのあるべき関係を抽象して理と表現した。その理を発見創造する能力＝性を天が人間に完全なものとして賦与した。だから、そもそも人間は本来は完全な存在なのである。このことを「善」という。孟子の性善説をこのように理解した。

本来完全であり、善なのであるから、人間は本来的に悪の世界とは無縁に、その意味では悪の世界からもともと救われて存在せしめられているのである。現実にはいかほどに深刻に悪を顕現していようとも、それはあくまでも非本来的要因（後天的な習得、身体的欲望など）に起因するにすぎないから、「本来完全」であることを回復しさえすれば、その悪から救われるのである。そして人間は本来完全なのであるから、それを回復する能力を完全に固有する。つまり、人間は自己の外に存在する救済者の救済を必要としないのである。あくまで自己の本来固有する力で現実の自己を救済できるのである。この徹底した自力主義が王陽明の思想の中核である。

朱子学批判の原理

朱子学もまた性善説を主張する。これまた自力主義を基本とする。しかし、朱熹《しゅき》は「性即理」とはいうものの、「心即理」とはいわない。王陽明は心そのものが固有する創造発見力・救済能力を性とみたから心即理と主張した。朱熹は心と性をはっきりと区別して、性(創造発見力・救済力)は、心が性の統御下にあってこそはじめて、心を介して発揮されるとみて、性即理と主張した。

朱熹としては、現実の人間(心)が、後天的習得・身体的欲望等に深く繋縛《けいばく》されてあることをとくと考慮したからではあるが、この心は性に依存する。その性の根源来処である天はものいわない。心は天の意志そのものを知ることはできないから、その実現者である聖人(孔子)、実現態である個別者にそれを求めて(格物のこと)、それを抽象して天の意志を確認してそれに依存することになる。性即理を基礎とする格物論は、王陽明の目には似而非《えせ》の自力主義とみえたのである。

朱熹の格物論が否定された原理的理由はここにある。そして、その格物論が普遍性をもたないと否定されたのは、形而下《けいじか》の無数の個別者に天の意志(天理)を探究することは誰もができることではないからである。さらに、この格物論のもとに、もし、外在する既成の、個別者の位相における探究にとどまり、それを抽象して普遍的意味を探究することを怠ったとき、その理は形而下の世界に膠着《こうちゃく》する。こうなると、既成の価値観に安易に依存することになり、これでは救済どころか、逆に世俗の理法が人々を縛りつけ、あげくのはてには人を殺すことにもなりかねない。

王陽明が、朱熹の格物論をとらえて「事事物物に定理を求めるもの」とことのほか峻拒《しゅんきょ》したのは、以上の理由のためである。

知行合一——現在主義の表明

王陽明の「本来—現実」論の構造は以上の通りであるが、我々が真に実在するのは、この一瞬の今という時間をおいて他に実在しない。現実に存在すること、このことを実存といわずに現在という。かく現在する我々が「本来完全」を真に固有するのであれば、その完全なる本来性はこの今にこそ実現しているはずである。一瞬とか今とかは、分割不可能な時間のことをいう。とすると、現在する人間の行為形態を、社会通念にしたがってかりに意味的に、知と行（認識と実践）とに分けることはできるにしても、その知と行とを時間的に先後に分けたり、価値的に軽重と評価したりすることはできないし意義もない。人間の実存を現在ととらえたとき、知と行とはもともと分けられないのである。このことを「知行合一」と表現した。

「知行合一」という表現は稚拙であり誤解されやすく、王陽明の意図をくみとれないままに高飛車な反論をしたものは少なくない。王陽明自身、適切な表現を見出しえないままに、方便として「知行合一」と表現したことを告白しているが、朱熹の知行先後軽重論に対する反措定としての表現であってみれば、「知行合一」という表現はそれなりの効果があったといえよう。

致良知――本来性の自己実現

さて、「現在」する人間が本来性を回復するとはどういうことか、どうすれば可能なのか。

本来性を回復するというからには、現姿が不足不満であると自己認識することが前提となる。それは、完全なる本来性（＝聖人）を鏡としてそこに影《うつ》してはじめて得られる。この完全なる本来性は個々人が固有するのであるから、「本来完全」「性善」を確信することが出発の基点である。

王陽明が「立志」説をことのほか強調したのは、俗学の功利主義に溺《おぼ》れるものに「本来完全」「性善」を覚醒《かくせい》させ、その視点からその現姿が不足不満であることを認識させんとしたからである。この不足不満を解消するためには外から増補して充塡《じゅうてん》するのではなくして、不足不満を結果させた原因を排除して、本来性の顕現を促すのである。こうして本来性が自らを現姿の場に実現するのである。

本来性の自己実現をもっとも端的に表現したのが「致良知」説である。不足不満が解消されるということは、もともと非本来的な悪が現姿からなくなることであるから、こうして人は悪より解放されて救われるのである。本来性の自己実現・自力救済論の大綱は以上の通りである。

しかし、誰《だれ》もがこの論理構造を自覚的に実践しているわけではない。王陽明が董蘿《とうら》石《せき》・王心斎を相手に問答した、「街ゆく人はみな聖人だ」の有名な対話は、それこそ、人々が無意識のうちに自己の本来性を日常の場で顕現していることを主張する。それほどに本来性の自己実現力・救済力は本質的に強力なのである。

大同社会論

ところで、聖賢の学には、この自己実現・自己救済のほかに、もう一つの要素がある。政治的に有効な作用を果たすこと、治国平天下に役立つこと、社会的責任を完《まっと》うすることである。この要素を満たさない思想体系は異端の烙印《らくいん》をおされることは絶対に免れない。

王陽明は、本来性を自己実現して人格的に自立した個々の人々が、その本来性＝真誠惻怛《そくだつ》の愛に促されて、他者に自己実現することを促し、次々とその輪を社会に広げていき、非本来的なあり方を余儀なくされているものを安養して万物が本来性を実現できるように働きかけ、ついには大同社会を建設するのだと主張する。

自己実現といい自立といい、それは日常的に個別的な客体との関係の場で行われる。そのとき、主体が本来性の顕現として、客体と関係をもつとき、我々は客体の本質を把握し、客体との本来的関係（＝理）を創造する。このことを「体認」とか「自得」という。これは他人が替わることは絶対にできない。『伝習録』の中で王陽明が苛酷とみえるまでに門弟をつきはなしているのはこのためである。他者への働きかけを教育教化とあえていわないで「促し」と述べたのは、「自得・体認」（真にわかること）するために、その当人以外が最大限に援助できることといったら所詮《しょせん》は「促すこと」以上はできないからである。

王陽明の大同社会論には歴史的考察も具体的政策論も乏しい。あくまでも個々の人間が固有する真誠惻怛の愛の一点にすべてを託したのである。王陽明自身が現実の社会と人間があまりにも非本来的であると認識し、その本来性の回復実現を求めて、百死千難の生涯を送ったのも、この真誠惻怛の愛に促されてのことだったのである。

以上、王陽明の思想の梗概《こうがい》について略述したけれども、思惟《しい》構造の根幹を叙述するにとどまっているので、そのふくらみについては王陽明自身の発言に耳を傾けていただきたい。

五　日本における『伝習録』

王陽明・伝習録・陽明学が日本に本格的に紹介されたのは江戸期に入ってからである。藤原惺窩《せいか》（一五六一～一六一九）・林羅山《らざん》（一五八三～一六五七）師弟などはもっともはやい読者の一人であったろう。

いったい、江戸期の思想界の特色は、それ以前とは大きく異なり、中国・朝鮮との交流が飛躍的に増大して先進国中国の学術情報が洪水のごとく流入して、日本は、広く東アジア・漢字文化圏の一翼として学術思想活動が展開したことである。

十七世紀初頭は日本と中国との落差はとても大きかったから、中国渡来の、あるいは朝鮮渡りの新情報は何であれ大歓迎された。しかし、唐本は高価であったから読書界の要望を満たすべく、輸入された唐本韓《とうほんかん》版を祖本とする和刻本が盛んに刊行された。『伝習録』・陽明学も、右の状況の中で紹介されたわけだが、日本の陽明学運動を考える場合、特に注意すべきことの一つは、はじめに「王陽明の思想は誤れる思想体系である」と受容されたことである。

なぜそうなったかというと、一つは、同時代の中国の学術思想界が陽明学の反省期に入り、朱子学陣営が反撃態勢を整えてやつぎばやに刊行した反陽明学宣伝書が日本に輸入されたこと。二つには、比較的はやい時期に刊行された反陽明学の代表的著書である『求是編』『学蔀通辯《がくほうつうべん》』などが、当の中国思想界でさしたる関心をあつめなかった時点で、朱子学一尊の李氏《りし》朝鮮の思想界が過敏に反応して朱子学の正統性を主張する護教書として刊行した。それが、いちはやく日本に将来されて、『伝習録』などよりも先に読まれていたことによる。その代表者が林羅山である。

ところが、中江藤樹《とうじゅ》が、王陽明・王竜渓の著作を読んでその思想的遺産を自己の思想体系のなかに大きくとり入れたことにより状況は一変する。中江藤樹自身の陽明学受容は他力救済論に傾斜してもともとの自力救済論とは趣を異にするが、ともかくも朱子学の逆宣伝をこえて、陽明学はここに理解者を得たのである。

はたせるかな、藤樹没後、その遺著刊行と時を同じくして、一六五〇年（慶安三年・藤樹死去の翌々年）に『伝習録』がはじめて和刻された。祖本は一六〇二（慶長七）年刊の楊嘉《ようか》

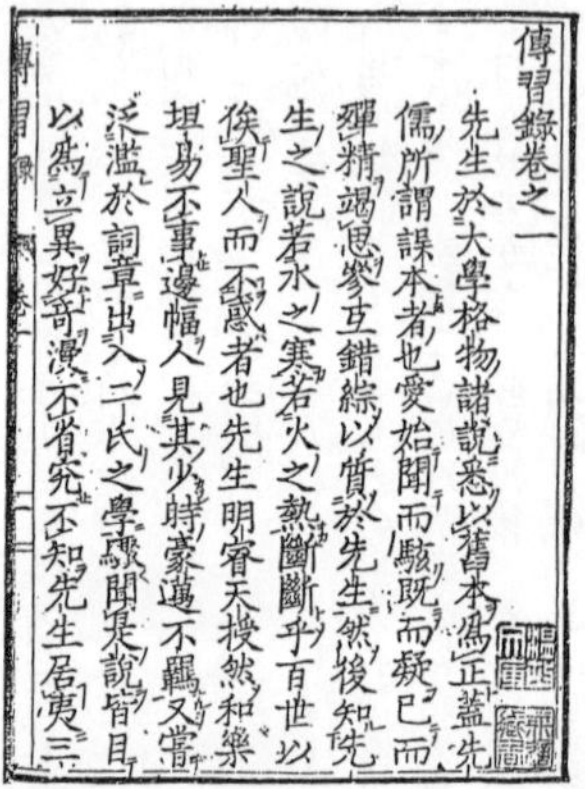
傳習錄卷之一
先生於大學格物諸說悉以舊本爲正蓋先
儒所謂誤本者也愛始聞而駭既而疑已而
殫精竭思參互錯綜以質於先生然後知先
生之說若水之寒若火之熱斷斷乎百世以
俟聖人而不惑者也先生明睿天授然和樂
坦易不事邊幅人見其少時豪邁不羈又嘗
泛濫於詞章出入二氏之學驟聞是說皆目
以爲立異好奇漫不省究不知先生居夷三

楊嘉猷本『伝習録』（1650年、日本で最初に和刻されたもの）

猷《ゆう》刻本である。一六五二年には『伝習則言』が、翌一六五三年には『王陽明先生文録鈔』が和刻された。この時点で王陽明の思想を理解する教材は一通りそろったことになる。

藤樹後学による陽明学再評価運動に対応してか、一六五〇年に『求是編』が、一六六三年に『学蔀通辯』が和刻され、たかをくくっていた林羅山も急ぎ『陽明攅眉《さんび》』を編著している。『伝習録』和刻を可能にした陽明学運動に対する直接的反動である。一七一二（正徳二）年に三輪《みわ》執斎《しっさい》の『標註伝習録』が出現するまでのほぼ六十年間は、楊嘉猷本・和刻『伝習録』が通行本の地位を占めていた。

山崎闇斎《あんさい》門下三傑の一人である佐藤直方《なおかた》（一六五〇〜一七一九）に師事した三輪執斎は熱烈な朱子学者であったが、『伝習録』を読んで陽明学に転向した。師友の再転向のすすめをふりきって十五年の歳月ののちに著したのが『標註伝習録』である。

祖本とした楊嘉猷本が収める「詠学詩」が朱子学徒に陽明学は禅だと批判する好餌《こうじ》を与えることを嫌った執斎はそれを削除して、あらたに「大学問」「略年譜」を加え、「標註」を施した。世界最初の註釈である。この『標註伝習録』は読書界に大歓迎され、通行本の地位を獲得した。執斎には高弟の河田琴卿《きんけい》（川田雄琴）の筆記した『伝習録筆記』もある。転向者執斎の『標註伝習録』の高評に激怒した直方を中心とする崎門《きもん》一派が総結集して著した反論書が『王学辯集』（一七一三）である。

幕末儒学界の大御所である佐藤一斎《いっさい》もまた『標註伝習録』の愛読者である。欄外に書き記していった箚記《さっき》を一斎が一八三七（天保八）年に一書に鈔成《しょうせい》したのが『伝習録欄外書』である。本文はない。通行本の『標註伝習録』と併読するのである。註釈《ちゅうしゃく》の詳しさ、異本との校合のゆえに、全国より雲集した一斎門下により実に広く読まれ、一八九七（明治三十）年に鉛印されている。一斎がこの後も新しい『標註伝習録』の欄外に箚記しつづけた『伝習録読本』がある。

江戸期の陽明学運動は、中江藤樹とその門流、三輪執斎とその門流、佐藤一斎（大塩中斎）とその門流、の三潮流に大別される。そして日本最初の和刻本である楊嘉猷祖本無註『伝習録』『標註伝習録』『伝習録欄外書』が、それぞれの時期の陽明学理解（受容）を象徴するともいえよう。

第三次の陽明学運動は一斎門下の後秀が幕末維新期にひときわ活躍したこともあってもっとも隆盛をきわめ、その派下にある人々による陽明学運動は明治・大正期に及んだ。西欧キリスト教文化が流入して、学術思想界の主導権が洋学に奪われた明治期において、西洋舶来の新思潮に一人よく対抗しうるのが王陽明の思想であると観念されたからである。

彼らは陽明学を基本綱領とする結社をつくって機関誌を発行し、『伝習録』を味読宣伝し新たな資料をも加え、註解を一新して『伝習録』を刊行した。その代表は陽明学会を主幹し雑誌『陽明学』を主宰した東正堂の『伝習録講義』である（明治四十年）。大正・昭和期になると各種の叢書《そうしよ》・大系・文庫などに収録されて、読者層を拡大したといえるが、『伝習録』の世界に自らの確信体系を求めた昔日の読書態度を、近代の読者は必ずしもとらない。『伝習録』が日本で読まれることおよそ四百年。理解そのものとなると、丸ごと信奉した時代よりも、少しく距離をおいて全体的世界を構造的に把握しようとする今日が、もっとも『伝習録』の提起した問題を本質的にとらえているのではないだろうか。

上巻

伝習録の序　その一

伝習録《でんしゅうろく》の序《じょ》　　徐《じょ》愛《あい》

門人《もんじん》に私《ひそ》かに陽明先生《ようめいせんせい》の言《げん》を録《ろく》する者有《ものあ》り。先生之《せんせいこれ》を聞《き》き、之《これ》に謂《い》いて曰《いわ》く、「聖賢《せいけん》の人《ひと》を教《おし》うるは、医《い》の薬《くすり》を用《もち》うるが如《ごと》し。皆病《みなやまい》に因《よ》りて方《ほう》を立《た》て、其《そ》の虚実《きょじつ》・温涼《おんりょう》・陰陽《いんよう》・内外《ないがい》を酌《く》みて、時時《じじ》に之《これ》を加《か》減《げん》す。要《よう》は病《やまい》を去《さ》るに在《あ》り、初《はじ》めより定説《ていせつ》無《な》し。若《も》し一方《いっぽう》を拘執《こうしゅう》せば、人《ひと》を殺《ころ》さざること鮮《すく》なし。今《いま》某《それがし》、諸君《しょくん》の与《ため》に、各《おのおの》偏蔽《へんぺい》に就《つ》きて、箴切砥礪《しんせつしれい》す

伝習録序　　徐愛

門人有㆘私録㆓陽明先生言㆒者㆖。先生聞㆑之、謂㆑之曰、「聖賢教㆑人、如㆓医用㆒㆑薬。皆因㆑病立㆑方、酌㆓其虚実・温涼・陰陽・内外㆒、而時時加㆓減之㆒。要在㆑去㆑病、初無㆓定説㆒。若拘㆓執一方㆒、鮮㆑不㆑殺㆑人矣。今某与㆓諸君㆒、不㆑過㆘各就㆓偏蔽㆒、箴切砥礪㆖。但

るに過《す》ぎず。但《た》だ能《よ》く改化《かいか》すれば、即《すなわ》ち吾《わ》が言《げん》は已《すで》に贅疣《ぜいゆう》と為《な》る。若《も》し遂《つい》に守《まも》りて成訓《せいくん》と為《な》さば、他日《たじつ》己《おのれ》を誤《あやま》り人《ひと》を誤《あやま》らん。某《それがし》の罪過《ざいか》、復《ま》た追贖《ついしょく》す可《べ》けんや。」と。

能改化、即吾言已為㆓贅疣㆒。若遂守為㆓成訓㆒、他日誤㆑己誤㆑人。某之罪過、可㆓復追贖㆒乎。」

○徐愛　字《あざな》は曰仁《えつじん》、号《ごう》は横山《おうざん》。一四八七～一五一七。王陽明の妹婿。最初期の門人で『伝習録』の筆録は徐愛にはじまる。○因㆑病立㆑方　病状に応じて処方すること。○虚実・温涼・陰陽・内外　漢方医学用語。体質の虚実、薬湯の温涼、病症の陰陽、病因の内外。○一方　一定の処方。○偏蔽　かたより、おおわれているところ。○箴切砥礪　箴《はり》を刺し砥《といし》でみがくこと。適切に訓戒してきたえること。○贅疣　こぶといぼ。無用のもの。○成訓　動かしえない完成された教え。○追贖　犯した罪を後でつぐなうこと。

〈口訳〉

門人のなかに王陽明先生の言葉をひそかに記録していた者がいた。先生はそれを聞いてその人にいわれた。「昔の聖人賢者が人々を教育するのは、医者が病人に薬を投与するのと同じである。いつも病状にあわせて処方するので、病人の体質、症状、原因、薬性を斟酌《しんしゃく》して、そのつど調合の匙加減《さじかげん》をする。病気をなおすのが目的であるから、もともと既定の処方などはない。もし、きまりきった処方に固執したなら、患者を殺すことになる。いま、わたしは、諸君のためにそれぞれの欠点に即して戒め励ましているにすぎない。もし、改めきれたなら、わたしの言葉はもはや無用である。もし、それを不変のものとして墨守すると、将来、諸君自身をも他人をも誤ることになり、わたしの罪過はとてもつぐなえないことになろう。」と。

〈解説〉

序文執筆の経緯　先生の言葉を記録にとどめて座右の銘とし、それを自戒の言とも、思索の糧ともしたいと願うのは、弟子の心情としてはごく自然なことである。王陽明の弟子たちも例外ではない。おりおりに記録された王陽明の語録が『伝習録』として刊行されたのは、一五一八（正徳十三）年、王陽明四十七歳のことである。この年には『大学古本』『朱子晩年定論』も刊行されているから、王陽明の思想が天下に公然と宣伝された記念の年である。

この序文は、刊行するにあたって徐愛が記したものである。徐愛はこの序文を執筆してほどなく、この年に三十一歳を以て病のために死去した。王門の顔回と惜しまれた人である。徐愛の著した詩文はいま『横山集』二巻に収められているが、この序文はあるいは徐愛の絶筆であったかもしれない。銭緒山《せんしょざん》は一五七二（隆慶六）年に『王文成公全書』を編集刊行するとき、既刊の王陽明の著作・語録を素材に、その原型をできるだけ残す形で編集を進めた。この初刻『伝習録』が『王文成公全書』巻一に収められたとき、もともとが初刻『伝習録』の総序であったこの徐愛の序文は、この他の序文とともに巻首の「旧序」の中に移された。編集の経緯《いきさつ》からみればごく当然の処置であったといえよう。

初刻『伝習録』の総序はつごう三節に分けられる。右の第一節は、許しを得ないままに師言を記録しているもののあることを知った王陽明が、言葉による教えがいったん語録として定着されてしまい、それが固定的に受容されると、人を救うはずの教えが逆に人を殺すことになりかねないことを強く戒めた発言である。

教えが記録されて伝播《でんぱ》されるときには避けがたい現象であるといえばそれまでであるが、朱子学の教条主義に深く挫折《ざせつ》し、そのもたらす弊害をあまりにも知り尽くしていた王陽明であったればこそ特に強調したのである。師の発言といえどもそれをあくまでも手段と化してのりこえ、みずから「改化」することを要求したこの発言は、陽明学における師説の機能を的確に表現したものといえよう。

愛既備録二先生之教一。同門之友、有二以レ是相規者一。愛因謂レ之曰、「如二子之言一、即又拘二執一方一、復失二先生之意一矣。孔子謂二子貢一嘗曰、『予欲レ無レ言。』他日則曰、『吾与レ回言終日。』又何

愛《あい》、既《すで》に備《つぶ》さに先生《せんせい》の教《おし》えを録《ろく》す。同門《どうもん》の友《とも》、是《これ》を以《もっ》て相規《あいただ》す者《もの》有《あ》り。愛《あい》、因《よ》りて之《これ》に謂《い》いて曰《いわ》く、「子《きみ》の言《げん》の如《ごと》きは、即《すなわ》ち又一方《またいっぽう》を拘執《こうしゅう》す、復《ま》た先生《せんせい》の意《い》を失《うしな》えり。孔子《こうし》、子貢《しこう》に謂《い》いて嘗《かっ》て曰《いわ》く、『予《われ》、言《い》うこと無《な》からんと欲《ほっ》す。』と。他日《たじつ》は則《すなわ》ち曰《いわ》

く、『吾《われ》、回《かい》と言《い》うこと終日《しゅうじつ》。』と。又何《またなん》ぞ之《これ》を言《い》うことの一《いつ》ならざるや。蓋《けだ》し、子貢《しこう》は専《もっぱ》ら聖人《せいじん》を言語《げんご》の間《かん》に求《もと》む。故《ゆえ》に孔子《こうし》は言《い》うこと無《な》きを以《もっ》て之《これ》を警《いまし》め、之《これ》をして実《じつ》に諸《これ》を心《こころ》に体《たい》し、以《もっ》て自得《じとく》することを求《もと》めしむ。顔子《がんし》は孔子《こうし》の言《げん》に於《おい》て、黙識心通《もくしきしんつう》して、己《おのれ》に在《あ》らざること無《な》し。故《ゆえ》に之《これ》と言《い》うこと終日《しゅうじつ》なるも、江河《こうが》を決《けっ》して海《うみ》に之《ゆ》くが若《ごと》し。故《ゆえ》に孔子《こうし》は、子貢《しこう》の言《い》うこと無《な》きに於《おい》て、少《すく》なしと為《な》さず。顔子《がんし》の終日《しゅうじつ》言《い》うに於《おい》て、多《おお》しと為《な》さず。各《おのおの》其《そ》の可《か》に当《あ》たるのみ。

言レ之不レ一邪。蓋子貢専求二聖人於言語之間一。故孔子以レ無レ言警レ之、使下之実体二諸心一、以求中自得上。顔子於二孔子之言一、黙識心通、無レ不レ在レ己。故与レ之言終日、若下決二江河一而之上レ海也。故孔子於二子貢之無一レ言不レ為レ少。於二顔子之終日言一不レ為レ多。各当二其可一而已。

○**子貢**　姓は端木、名は賜、「子貢」は字《あざな》。孔門の高弟、秀才の誉れ高い。○**予欲レ無レ言**　『論語』陽《よう》貨篇に「子曰く、『予《われ》、言うこと無からんと欲す。』と。子貢曰く、『子如《も》し言わずんば、則《すなわ》ち小子何をか述べん。』と。子曰く、『天何をか言わんや、四時行《めぐ》り百物生ず。天何をか言わんや。』」とあるによる。○**吾与レ回言終日**　『論語』為政《いせい》篇に「吾、回と言《い》うこと終日、違《たが》わざること愚なるが如《ごと》し。」とあるによる。名は回、姓は顔、字は子淵。孔門のなかでは孔子からもっとも高く評価された。○**自得**　『孟子』離婁《りろう》篇下「孟子曰く、『君子の、深く之を造《きわ》むるに道を以てするは、其の、之を自得せんことを欲すればなり。』」による。ほんとうに理解すること。〇黙識心通　『論語』述而篇《じゆつじ》「黙して之を識《し》る。」による表現。この顔回評価は朱子『論語集註《しつちゆう》』をふまえる。

〈口訳〉

愛《わたくし》が前から先生の教えを詳細に記録していたところ、同門の友人が、先生の警告をたてに忠告した。そこでわたくしはその人に言った。「あなたの発言こそ、きまりきった処方に固執するものであって、これまた王陽明先生の本意を見失ったものである。孔子はあるとき子貢に対して『わたくしは何も言いたくはない。』といいながら、別の日になると、『わたくしは顔回と一日中話をした。』と言っている。まるで言うことが一貫していないではないか。思うに、子貢は、聖人（の道）を言葉づらで理解しようとしていたので、『言うこと無し』といって警告し、聖人の道を（言葉を超《こ》えて）心に体認してほんとうに理解するようにさせたのである。顔子は、孔子の言葉を聞くと、（その言葉の内実である道を）言葉を超えて（＝黙して）しっかりと会得し、すっかり自分のものにしているので、孔子が顔子と一日中話をしても、まるで長江や黄河の水を海にそそぐように、とどこおることなく理解されたのである。だから、孔子が、子貢に対しては『何も言いたくはない』と言っても少なかったわけではないし、顔子に対しては『一日中話をした』ところで多すぎたわけではない。それぞれが適切であったのである。

〈解説〉

師言も方便

師の発言に限ったことではないが、そもそも言葉を用いて表現するとは、全体を限定して伝達することである。限定するから意味が伝達可能なのである。もし、言葉を用いないで「これ」と指で示すだけなら、あるいは無限定なままに全体を示すことができるかもしれないが、それがもつ意味を伝えることはできない。言葉は意味を伝えるときには不可欠な道具なのである。

だから、王陽明は、記録すること自体を全面的に否定したのではないと徐愛はいう。それなのに、教条化・固定化を危惧《きぐ》する王陽明の発言を表面的に理解して、全面的に禁止したかの如く受け取るのは、それこそ師言の意図をとらえそこねた理解であるという。むしろ、師言を方便とわきまえて、真に理解する（体認）ことを求めることが重要であるという。自《みずか》らの発言が記録されて、それが教条として人々をしばることをことのほか警戒した王陽明その人の発言を最初に記録し、今また刊行することになった自らの立場を、徐愛が弁明したのである。

王陽明は主体者の自由裁量を全面的に認めたから、その門流が師言をどう理解するかは最初から各人に委ねられている。師言に依りかかることが最初から拒否されていることは門人にとっては厳しいことではあるが、しかし、師言から自由でもあることをいう。陽明学のこの本質が継承されるとき、独立・分派は不可避である。

今《いま》、備《つぶ》さに先生《せんせい》の語《ご》を録《ろく》するは、固《もと》より先生《せんせい》の欲《ほっ》する所《ところ》に非《あら》ず。吾儕《われら》をして常《つね》に先生《せんせい》の門《もん》に在《あ》らしめなば、亦何《またなん》ぞ此《これ》を事《こと》とせん。惟《た》だ或《ある》いは時有《ときあ》りてか側《かたわ》らを去《さ》り、同門《どうもん》の友《とも》、又皆《またみな》群《む》れを離《はな》れて索居《さくきょ》す。是《こ》の時《とき》に当《あ》たりて、儀刑《ぎけい》既《すで》に遠《とお》く、規切《きせつ》聞《き》くこと無《な》し。愛《あい》の駑劣《どれつ》の如《ごと》きは、先生《せんせい》の言《げん》を得《え》て、時時《じじ》に対《たい》越《えつ》し、之《これ》を警発《けいはつ》するに非《あら》ざれば、其《そ》の摧堕靡廃《さいだびはい》せざる者幾《ものほと》んど希《まれ》なり。吾儕《われら》、先生《せんせい》の言《げん》に於《お》いて、苟《いやし》くも徒《いたず》らに耳《みみ》に入《い》り口《くち》に出《いだ》し、諸《これ》を身《み》に体《たい》せざれば、則《すなわ》ち愛《あい》の此《これ》を録《ろく》するは、実《じつ》に先生《せんせい》の罪人《ざいにん》なり。能《よ》く之《これ》を言意《げんい》の表《そと》に得《え》、諸《これ》を践履《せんり》の実《じつ》に誠《まこと》ならしむれば、則《すなわ》ち斯《こ》の録《ろく》や、固《もと》より先生《せんせい》『終日之《しゅうじつこれ》を言《い》う』の心《こころ》なり。少《か》く可《べ》けんや。」と。録成《ろくな》る。因《よ》りて復《ま》た此《これ》を首篇《しゅへん》に識《しる》して、以《もっ》て同志《どうし》に告《つ》ぐ。門人徐愛《もんじんじょあい》序《じょ》す。

今備録㆓先生之語㆒、固非㆓先生之所㆒㆑欲。使㆔吾儕常在㆓先生之門㆒、亦何事㆓於此㆒。惟或有㆑時而去㆑側、同門之友、又皆離㆑群索居。当㆓是之時㆒、儀刑既遠、而規切無㆑聞。如㆓愛之駑劣㆒、非㆘得㆓先生之言㆒、時時対越、警㆗発之㆖、其不㆓摧堕靡廃㆒者幾希矣。吾儕於㆓先生之言㆒、苟徒入㆑耳出㆑口、不㆑体㆓諸身㆒、則愛之録㆑此、実先生之罪人矣。使㆘能得㆓之言意之表㆒、而誠㆗諸践履之実㆖、則斯録也、固先生『終日言㆑之』之心也。可㆑少乎哉。」録成。因復識㆓此於首篇㆒、以告㆓同志㆒。門人徐愛序。

○離㆑群索居　『礼記』檀弓《だんぐう》篇の語。ちりぢりになること。　○儀刑　のっとるべき規範。　○規切　いさめただすこと。　○摧堕靡廃　志がくだけ、やる気をなくしてだめになること。　○入レ耳出レ口　『荀子』勧学篇の語。身についていない口先の学問をいう。　○首篇　篇首に同じ。

〈口訳〉

いま、先生の言葉を詳細に記録することは、もちろん、先生の希望されたことではない。われわれがいつも先生の門下に滞在しているのであれば、こんなことはしなくてもよいのです。しかし、時にはおそばを離れ、その上、同門の友人が離れ離れに一人住むこともありましょう。そうなりますと、規範（とすべき先生）はもはや遠くにおられ、（友人の）忠告をきくこともなくなりましょう。才能に恵まれないわたくしなどは、王陽明先生のお言葉をいただいていつも身をひきしめ、みずからを警《いまし》め発憤させませんと、きっと意志はくだけ、やる気をなくしてだめになってしまいます。われわれが、先生のお言葉を、もし単に耳から入れて口から出すばかりで、それを自得体認するのでなければ、わたくしが記録したことは、先生に対して罪を犯したことになります。もし、先生のお言葉を超えて（その内実の道を）会得し、それを実践の場で誠のものにできたならば、この記録は、もちろん、先生が『一日中話した』心を伝えるものですから、不可欠のものといえます。」記録が完成しましたので、巻頭に以上のことを識《しる》して同学の士友に伝えます。門人の徐愛が序を認《したた》めました。

〈解説〉

記録の意義

徐愛は、最後に、師言を記録にとどめざるを得なかった理由を述べて、この序文を結んでいる。ここでの徐愛の陳述は屈折に富む。それは、師意に背いてその言語を記録し、あまつさえ刊行することになってしまったことに対する後ろめたさがそうさせたのではない。そうではなくして、ひとたび記録されてしまうと、いくたの副作用がおこることは十二分に承知のうえで、師の警策・激励がないと、日常性の中に埋没して安きに流れてしまい、本来的人間を追求する意識すら喪失してしまい、人格的に堕落しがちな我々人間の弱さを、とくとわきまえていたからである。

記録することによっておこる弊害よりも、記録されたことによって、師言が時間と空間の制約をこえて、人々を鼓舞する、効用のほうを選んだのである。師の言葉が弟子によって教えとして記録されるときには、おおむねこのような事情からなされたにちがいない。

伝習録の序　その二

先生《せんせい》、大学《だいがく》の格物《かくぶつ》の諸説《しょせつ》に於《お》いて、悉《ことごと》く旧本《きゅうほん》を以《もっ》て正《ただ》しと為《な》す。蓋《けだ》し先儒《せんじゅ》の所謂誤《いわゆるご》本《ほん》なる者《もの》なり。愛始《あいはじ》

先生於二大学格物諸説一、悉以二旧本一為レ正。蓋先儒所謂誤本者也。愛始聞而駭。既而疑、已而

めて聞《き》きて駭《おどろ》く。既《すで》にして疑《うたが》い、已《すで》にして精《せい》を殫《つ》くし思《おも》いを竭《つ》くし、参互錯綜《さんごさくそう》して、以《もっ》て先生《せんせい》に質《ただ》す。然《しか》る後《のち》、先生《せんせい》の説《せつ》は、水《みず》の寒《つめ》たきが若《ごと》く、火《ひ》の熱《あつ》きが若《ごと》く、断断乎《だんだんこ》として百世《ひゃくせい》以《もっ》て聖人《せいじん》を俟《ま》ちて惑《まど》わざる者《もの》なるを知《し》る。

先生《せんせい》は明睿《めいえい》なること天授《てんじゅ》、然《しか》も和楽《わらく》にして坦易《たんい》、辺《へん》幅《ぷく》を事《こと》とせず。人《ひと》、其《そ》の少《わか》き時《とき》の豪邁不羈《ごうまいふき》、又嘗《またかつ》て詞章《ししょう》に泛濫《はんらん》し、二氏《にし》の学《がく》に出《しゅつ》入《にゅう》せるを見《み》る。驟《にわ》かに是《こ》の説《せつ》を聞《き》き、皆目《みなもく》して以《もっ》て異《い》を立《た》て奇《き》を好《この》むと為《な》し、漫《まん》に省究《せいきゅう》せず。先生《せんせい》は夷《い》に居《お》ること三載《さんさい》、困《こん》に処《お》り静《せい》を養《やしな》い、精一《せいいつ》の功《こう》、固《もと》より已《すで》に聖域《せいいき》に超《ちょう》入《にゅう》し、粋然《すいぜん》として大中至正《だいちゅうしせい》の帰《き》なるを知《し》らざるなり。

殫レ精竭レ思、参互錯綜、以質ニ於先生一。然後知下先生之説、若ニ水之寒一、若ニ火之熱一、断断乎百世以俟ニ聖人一而不レ惑者上也。

先生明睿天授、然和楽坦易、不レ事ニ辺幅一。人見下其少時豪邁不羈、又嘗泛ニ濫於詞章一、出中入二氏之学上。驟聞ニ是説一、皆目以為ニ立レ異好レ奇、漫不ニ省究一。不レ知下先生居レ夷三載、処レ困養レ静、精一之功、固已超ニ入聖域一、粋然大中至正之帰上矣。

○**大学格物**　四書の一つである『大学』の「格物」に関すること。○**旧本**　『礼記』所収の「大学篇」。○**先儒**　朱子を指す。朱子の『大学』理解については『大学章句』『大学或問』に詳しい。○**誤本**　『大学』旧本のこと。朱子は『礼記』所収の「大学篇」は錯簡脱落があるとみてあらためて経一章伝十章に構成しなおし、いわゆる格物補伝を付け加えた。○参互錯綜　相互につきあわせて検討すること。○百世以俟二聖人一而不レ惑　『中庸』（二十九章）の語。○豪邁不羈　気性激しく拘束されぬこと。王陽明が少年のとき軍事に熱い関心を示したこと。○泛二濫於詞章一　古文辞運動に参加した文学青年であったこと。○二氏　仏教と道教（老荘）のこと。○居レ夷三載　王陽明が劉瑾《りゅうきん》の怒りにふれて貴州竜場に三年間配流され、ここで心学を大悟した。○精一之功　『書経』大禹謨《たいうぼ》篇「惟《こ》れ精惟《こ》れ一、允《まこと》に厥《そ》の中を執《と》れ」による。主体を確立するための功夫。

〈口訳〉

先生は、『大学』の格物などの解釈に関しては、旧本（『大学古本』）のままを正しいものとされた。それは先儒（朱熹）が誤本としたものである。愛《わたくし》は、はじめて聞いたときはびっくりしてしまい、やがてはそうかなあと疑い、それからは大いに力をいれて思索をこらし、（『大学古本』と『大学章句』を）あれこれ比較検討し、先生にも問い質《ただ》した。その結果、先生の説は、水がつめたく火が熱いのと同じく、百世後の聖人でも是認する、正しいものであることがわかった。

先生は、生まれながら聡明であられたが、しかもお人柄は明朗かつ率直で、風采《ふうさい》や態度に無頓着であった。人々は、先生が若いころ並はずれた激しい気性の持ち主であり、その上、詩文の創作に耽溺《たんでき》したり、仏教や道教にふらついたことを知っていたので、ひょっこりと先生の主張をきいたところで、誰《だれ》もが（ことさらに）異説を主張して注目をひこうとしているだけだとみなし、まともに取り上げようとしなかった。先生が蛮地に謫居《たっきょ》することと三年、困難な中で聖胎を長養し、「精一」の実践の結果、もはや聖人の境地に飛躍し、純粋な人間の本来あるべき姿を獲得していたことを知らないからである。

〈解説〉

徐愛の記録

この序文は、徐愛が王陽明の言葉を記録したいわゆる語録をひそかに編集したときに付けたものである。執筆年次はわからないが、後出する文中の「十余年来」という表現から考えると、さきの総序を執筆したときを遠くさかのぼるものではない。徐愛が記録した発言はすべて王陽明が四十歳代前半のものである。後に王陽明が寧王宸《しん》濠《ごう》の反乱を討滅したおり、寸暇を惜しんで講学していたことを考えあわせると、この当時も門生との講学に余念がなかったはずであるから、その中で、有意義な発言を記録していたら、どれほどの分量になったかは量りしれない。

異人との出会い（5歳）

聡明であった徐愛の記録の総量がどれほどあったのかは今日は皆目わからない。今日、我々が目にしうるのは、ここでも底本とした『全書』本『伝習録』上巻に収められた、一条〜一四条のわずか十四条だけである。この序文はこの十四条全体の特色を如実に示している。朱子学に対する王陽明の異議申し立ては、『大学』の格物解釈に端的に表明された。

日ごろ朱子学の世界に思考なれしていた徐愛は、義兄である王陽明の新説を聞いて、はじめはそれこそ驚愕《きょうがく》し、疑問をさしはさみ、自分でも検討し、王陽明に直接質問をかさねて、そのはてにようやく納得を得られた。師弟のうぶな問答を丁寧に記録したのが、徐愛録十四条である。朱子学に慣れたものの、陽明学に対して最初にいだく疑問、それに苦心して答える王陽明の拙《つたな》い表現を記録する徐愛録は貴重である。また、この序文が朱子学者の非難がうずまく中で書かれていることをもあわせ考えるべきであろう。

いったい、新儒教のもう一人の大立て物である朱熹《しゅき》の『朱子語類』が百四十巻であるのに、王陽明の語録が実質わずか二巻だけというのはあまりにも少ない。朱熹のほうが十四年も長生きし、その晩年の十年間にほとんどの語録が記録されていることを考えあわせても、それにしても両者の分量の差異はあまりにも大きい。王陽明が記録されることに対して忌避反応を示したのに対して、朱熹の学問体系は、記録されることにむしろなじむものをもっていたともいえよう。両者の間には、記録されることに対する基本的姿勢に決定的な差異があるようである。

愛《あい》、朝夕門下《ちょうせきもんか》に炙《しゃ》し、但《た》だ先生《せんせい》の道《みち》は、之《これ》に即《つ》けば　　愛朝夕炙㆓門下㆒但見㆓先生之易《やす》きが若《ごと》きも、而《しか》も之《これ》を仰《あお》げば愈《いよいよ》高《たか》く、之《これ》を見《み》れば粗《そ》なるが若《ごと》きも、而《しか》も之《これ》を探《さぐ》れば愈《いよいよ》精《せい》に、之《これ》に就《つ》けば近《ちか》きが若《ごと》きも、而《しか》も之《これ》を造《きわ》むれば愈《いよいよ》益《ますます》窮《きわ》まり無《な》きを見《み》る。十余年来《じゅうよねんらい》、竟《つい》に未《いま》だ其《そ》の藩籬《はんり》を窺《うかが》う能《あた》わず。世《よ》の君子《くんし》、或《ある》ものは先生《せんせい》と僅《わず》かに一面《いちめん》を交《まじ》え、或《ある》ものは猶《な》お未《いま》だ謦欬《けいがい》を聞《き》かず、或《ある》ものは先《さき》に忽易《こつい》憤激《ふんげき》の心《こころ》を懐《いだ》きて、而《しか》して遽《にわ》かに立談《りつだん》の間《かん》・伝聞《でんぶん》の説《せつ》に於《お》いて、臆断懸度《おくだんけんたく》せんと欲《ほっ》す。之《これ》を如何《いかん》ぞ其《そ》れ得《う》可《べ》けんや。

従遊《じゅうゆう》の士《し》、先生《せんせい》の教《おし》えを聞《き》き、往往《おうおう》にして一《いち》を得《え》て二《に》を遺《わす》れ、其《そ》の牝牡驪黄《ひんぼりこう》を見《み》て、其《そ》の所謂千里《いわゆるせんり》なる者《もの》を棄《す》つ。故《ゆえ》に愛《あい》、備《つぶ》さに平日《へいじつ》の聞《き》く所《ところ》を録《ろく》し、私《ひそ》かに以《もっ》て夫《か》の同志《どうし》に示《しめ》し、相与《あいとも》に考《かんが》えて之《これ》を正《ただ》さん。庶《こいねが》わくは先生《せんせい》の教《おし》えに負《そむ》くこと無《な》からんことをと云《い》う。門人《もんじん》の徐愛書《じょあいしょ》す。

道、即レ之若レ易、而仰レ之愈高、見レ之若レ粗、而探レ之愈精、就レ之若レ近、而造レ之愈益無レ窮。十余年来、竟未レ能レ窺二其藩籬一。世之君子、或与二先生一僅交二一面一、或猶未レ聞二謦欬一、或先懐二忽易憤激之心一、而遽欲下於二立談之間・伝聞之説一、臆断懸度上。如レ之何其可レ得也。

従遊之士、聞二先生之教一、往往得レ一而遺レ二、見二其牝牡驪黄一、而棄二其所謂千里者一。故愛備録二平日之所レ聞、私以示二夫同志一、相与考而正レ之。庶無レ負二先生之教一云。門人徐愛書。

○藩籬　垣根。「藩籬を窺《うかが》う」は、垣根の外から大体の見当をつけること。○謦欬　せきばらい。「聞二謦欬一」は、直接に教えを受けること。○臆断懸度　「臆断」は、確実な根拠もなく主観のみで判断すること。「懸度」は、懸空に（現実から遊離して）忖度《そんたく》すること。○見二其牝牡驪黄一、而棄二其所謂千里者一　『列子』説符篇、『淮南子《えなんじ》』道応訓の故事。外貌《がいぼう》にとらわれて本質を見失うことの例。

〈口訳〉

愛《わたくし》は、朝に夕に（先生の）門下に親炙《しんしゃ》しましたが、先生の道は、身近にすると平易のようでいて、仰ぎみるほどに高みがまし、一見すると粗雑なようでいて、探究するほどに精緻《せいち》さを加え、すぐにも成就できそうでいて、きわめるほどにいよいよ果てしのないことを、思い知らされています。この十余年来、ついにいまだその輪郭すらつかめないでいます。

ところで、世間には、先生にはろくに面識もない人、直接に教えを受けたことのない人、もともと軽蔑《けいべつ》心や反感を懐いている人、などがいて、立ち話程度やまた聞きの情報にもとづいて、根拠のない主観的な判断をしている。こんなことが許されていいものだろうか。

つき従って学んでいる門人のなかにも、ともすると、一を聞いて二を忘れ、言説にひかれて本質を見失う者がいる。だからこそ、愛《わたくし》は、日ごろ先生からうかがった教えを詳細に記録し、内々に同志におめにかけ、お互いに検討して是正したいと思ったのである。願わくは先生の教えに背くことのなからんことを。門人の徐愛しるす。

徐愛はここにおいても、記録することが必要であったことを述べて序文を結んでいる。

〈解説〉

理解すること

いったい、他人の発言を理解するということは難しい。特にそれまでの通念を打破して斬《ざん》新《しん》な思想を主張した人の発言を、同時代の人が理解することは、必ずしも容易ではない。斬新な思想が出現せざるを得ない必然性を伏蔵した社会に共に生きているという点では、理解する基盤を与えられているとはいうものの、その主張を耳にする前に、人は誰《だれ》もが一般的理解をすでに身につけてしまっているからである。既成の価値観が理解することを妨げるのである。だから、自分ではそこから抜け出したと思い、親炙してもなお、全面的に理解できたと確信することは、なかなかできないことなのである。

ましてや、世俗的理解にどっぷりとつかっている人たちが、直接に門をたたくわけでもなく、頭から異端邪説ときめてかかり、断片的な伝聞情報にもとづいて敵愾心《てきがいしん》ばかりつのらせる始末では、冷静に理解することなど最初から期待できない相談である。

理解することが困難なのは、門外漢ばかりではない。入門したからといって、誰もが核心をきちっと把握できるとはかぎらない。

対外的にも対内的にも、師意の存するところを正確に伝える、師その人の発言を記録する必要が生ずる所以《ゆえん》である。

このように発言する徐愛自身は、師意を理解しているということにかけては、絶対の自信を持ちえていたのではあるまいか。それは、徐愛の記録した語録のはしばしにもみられ、同席した講友もまた徐愛が抜群の理解力を示したことを証言している。

心即理説（上巻 三条）

愛《あい》問《と》う、「至《し》善《ぜん》は只《ただ》諸《これ》を心《こころ》に求《もと》むるのみなれば、恐《おそ》らくは天下《てんか》の事理《じり》に於《お》いて、尽《つ》くす能《あた》わざること有《あ》らん。」と。

先生《せんせい》曰《いわ》く、「心《こころ》は即《すなわ》ち理《り》なり。天下《てんか》又《また》心外《しんがい》の事《こと》、心《しん》外《がい》の理《り》有《あ》らんや。」と。

愛《あい》曰《いわ》く、「父《ちち》に事《つか》うるの孝《こう》、君《きみ》に事《つか》うるの忠《ちゅう》、友《とも》に交《まじ》わるの信《しん》、民《たみ》を治《おさ》むるの仁《じん》の如《ごと》き、其《そ》の間《かん》、許多《おおく》の理《り》在《あ》る有《あ》らん。恐《おそ》らくは亦《また》察《さつ》せざる可《べ》からず。」と。

先生《せんせい》嘆《たん》じて曰《いわ》く、「此《こ》の説《せつ》の蔽《へい》や久《ひさ》し。豈《あに》一語《いちご》もて

愛問、「至善只求㆓諸心㆒、恐於㆓天下事理㆒有㆑不㆑能㆑尽。」

先生曰、「心即理也。天下又有㆓心外之事、心外之理㆒乎。」

愛曰、「如㆓事㆑父之孝、事㆑君之忠、交㆑友之信、治㆑民之仁㆒、其間有㆓許多理在㆒。恐亦不㆑可㆑不㆑察。」

先生嘆曰、「此説之蔽久矣。豈一

能《よ》く悟《さと》る所《ところ》ならんや。今《いま》、姑《しば》らく問《と》う所《ところ》の者《もの》に就《つ》きて之《これ》を言《い》わん。且如《たとえば》、父《ちち》に事《つか》うるに、父《ちち》の上《うえ》に去《ゆ》きて箇《こ》の孝《こう》の理《り》を求《もと》むるを成《な》さず。君《きみ》に事《つか》うるに、君《きみ》の上《うえ》に去《ゆ》きて箇《こ》の忠《ちゅう》の理《り》を求《もと》むるを成《な》さず。友《とも》に交《まじ》わり民《たみ》を治《おさ》むるに、友《とも》の上民《うえたみ》の上《うえ》に去《ゆ》きて箇《こ》の信《しん》と仁《じん》との理《り》を求《もと》むるを成《な》さず。都《す》べて只此《ただこ》の心《こころ》に在《あ》るのみ。心《こころ》は即《すなわ》ち理《り》なり。此《こ》の心《こころ》は私欲《しよく》の蔽《へい》無《な》ければ、即《すなわ》ち是《こ》れ天理《てんり》なり。外面《がいめん》より一分《いちぶ》をも添《そ》うるを須《もち》いず。此《こ》の天理《てんり》に純《じゅん》なるの心《こころ》を以《もっ》て、之《これ》を父《ちち》に事《つか》うるに発《はっ》すれば、便《すなわ》ち是《こ》れ孝《こう》なり。之《これ》を君《きみ》に事《つか》うるに発《はっ》すれば、便《すなわ》ち是《こ》れ忠《ちゅう》なり。之《これ》を友《とも》に交《まじ》わり民《たみ》を治《おさ》むるに発《はっ》すれば、便《すなわ》ち是《こ》れ信《しん》と仁《じん》となり。只此《ただこ》の心《こころ》の人欲《じんよく》を去《さ》り天理《てんり》を存《そん》するの上《うえ》に在《あ》りて功《こう》を用《もち》うるのみにて、便《すなわ》ち是《ぜ》なり。」と。

語所二能悟一。今姑就二所レ問者一言レ之。且-如事レ父、不レ成下去二父上一求中箇孝的理上。事レ君、不レ成下去二君上一求中箇忠的理上。交レ友治レ民、不レ成下去二友上民上一求中箇信与レ仁的理上。都只在二此心一。心即理也。此心無二私欲之蔽一、即是天理。不レ須三外面添二一分一。以下此純二乎天理一之心、上発二之事レ父、便是孝。発二之事レ君、便是忠。発二之交レ友治レ民、便是信与レ仁。只在下此心去二人欲一存二天理一上上用レ功、便是。」

○至善　『大学』の三綱領（明徳を明らかにす、民に親しむ、至善に止まる）の至善のこと。　○心　心臓（肉団心）ではない。「心は身の主」ともいわれるように、身体と精神を合わせもつ現実存在者＝「身」の全体を、人格的視点からとらえた場合、その統一的実践主体を「心」という。○事理　「事」とは主体と客体との緊張関係をいう。「理」とは、この主客関係の価値・意味をいう。

〈口訳〉

徐愛が問う、「至善を我々自身に求めるばかりでは、この世界における主客関係の真理をきわめ尽くすことはできないのではありませんか。」と。

先生がいう、「実践主体（である我々）が真理を発見創造するのです。この世界に実践主体を疎外した主客関係などもともとありえないし、主体を疎外したなら（主客関係が成立しないのですから）真理を発見創造できないではないか。」と。

徐愛がいう、「父親に事《つか》えるときには孝、君主に事えるときには忠、友人と交わるときには信、人民を治めるときには仁、などと、この世界には（主客関係の発生とは無関係に）多くの真理が（既定のものとして）存在しますから、考察しないわけにはいかないのではありませんか。」と。

先生が慨嘆していう、「そのような考えが、久しい間弊害をもたらしてきたので、ひとことではとても納得できないだろうが、いまはとりあえず、質問に即して述べよう。たとえば、父親に事えるという場合、まさか父親その人に孝という真理を求めたりはすまいし、君主に事えるという場合、君主その人に忠という真理を求めたりはすまいし、友人と交わり人民を治めるという場合、友人や人民その人に信や仁という真理を求めたりはしますまい。それはひとえに実践主体（である我々）に関《かか》わることであり、実践主体が（孝・忠・信・仁などの）真理を発見創造するのです。（本来の自己が、自己実現することをさまたげている）私欲という障蔽《しょうへい》がなければ、実践主体は本来の自己そのものとなります。（我々は本来は完全なのですから）後天的にはいささかも増補する必要はありません。純粋に本来の自己そのものとなった実践主体が、父親に事える（という主客の緊張関係）に発現したとき、それが孝なのです。君主に事える（という主客の緊張関係）に発現したとき、それが忠なのです。友人と交わり人民を治める（という主客の緊張関係）に発現したとき、それが信・仁なのです。実践主体が（その自己実現をさまたげる）人欲を排除して、本来の自己を顕現させるということにのみ努力しさえすれば、それでよいのです。」と。

〈解説〉

徐愛録について

『伝習録』上巻からは、徐愛録を三条、陸澄《りくちょう》録を一条、薛侃《せつかん》録を五条、すべて九条を収めた。『伝習録』上巻の全体構成からいえば分量的には不均等な抽出《ちゅうしゅつ》ではあるが、王陽明の中心思想を述べていること、そしてそれを豊かに表現していること、の二点を基準に選んだ結果である。

徐愛録は、王陽明が思想界に躍り出たばかりの、初々しい思想をみるのに格好の記録であるが、それだけに、経典解釈にひきずられて、質問も答弁も表現様式としていまだねれていないところがある。

王陽明が竜場で大悟した後に思想表現した時に、心即理・知行合一と主張した。徐愛が記録した知行合一論は、王陽明が措辞に苦心しているありさまが手にとるようにみえて捨て難いのではあるが、『伝習録』中巻の書簡がより適切に表現しているので、知行合一論については そこで説き及ぶことにしたい。結果的には、心即理説の一条に五経皆史論の二条を収めることになった。

心即理説

さて、王陽明の心即理説とは、朱子学の性即理説に対する反措定である。それはたしかにそうなのだが、ここでの問答が、性即理に対して名指して直接的に批判するという論理展開にはなっていないことに特に注意されたい。

なぜ、このような表現になっているのか、というと、王陽明は、朱子学の性即理説の構造には異議を申し立てるものの、性即理ということ自体にはなんらの異議もないからである。事実、王陽明もまた性即理と表現する。『孟子』の性善説と『中庸』の「天命之謂性」説を連結して、性の善なるは天命なるがゆえに普遍的命題であると立論構成した朱熹《しゆき》の苦心の成果を王陽明は継承する。だから性即理とは性善の別表現なのである。

根本的に性善説＝自力救済論を人間観の中核に措定するという点では、朱子学も陽明学も同じである。それではどこが異なるのか。ここで朱子学では現存在をとらえて心即理とは決して主張しなかったことに留意されたい。

心即理と性即理の差異は、「心は性と情を統括する主体である」という命題に基づいて心

祖父竹軒公に経学を学ぶ（８歳）

と性の概念の広狭を以《もっ》て説明してもなんの意味もない。それを解く鍵《かぎ》は、王陽明が、善なる本性を天から命令として賦与されている人間存在を「現在」と把握していたことである。我々は、この一瞬の今にしか実在しえないというのであれば、万人が普遍的に賦与されている「本来完全」は、この「現在」にこそ実現しているはずである。朱子学の如《ごと》く、永遠に到来することのない未来に「本来完全」を実現しようとするのは、「現在」における完全性を確信しない似《え》而非《せ》の性善説だというのである。

　王陽明は、「現在」する心そのものがもつ自力救済能力を性という。ここで心即理をあえて発見創造と訳したのは、「現在」する心（我々人間）は本来完全なのであるから、聖賢の成説や既成の社会通念など、自力以外の一切の力をかりずに、もともと一毫《いちごう》も誤つことなく是非善悪を認識し判断し行動できるからである。そこでは他者の力を頼む必要は全くいらない。本来固有する自力のみで、罪を犯すことから免れうるのである。もしも、現実にこの本来完全なる能力が発揮されないことがあるとすれば、その原因はあげて、後天的な、非本来的な要因による。原因が非本来的なものであるから、本来完全なる心の力によって、その原因を払拭《ふっしょく》できるのである。
この問答で、徐愛は、なぜ、このような質問をしたのか。その理由を一言でいうならば、朱子学的思考にあまりにも慣れすぎていたために、心そのものが本来完全であることを全面的に確信できなかったからである。王陽明の解答には、自《みずか》らの朱子学探究の挫折《ざせつ》体験が根底にあろう。実践主体が固有する発見創造力を信頼しきれないで、人が罪を犯すことから免れるためには、外在する倫理規範をたしかめてそれに準拠することが肝要だという「朱子学」を念頭においての解答である。同じく性善説を信奉する朱子学の徒が、このようにいわれて、すごすごとひき下がるとは思えないが、王陽明が朱子学をそのように理解していたことは、みのがしてはいけない。

五経皆史論　その一（上巻　一三条）

愛曰《あいいわ》く、「先儒《せんじゅ》は六経《りくけい》を論《ろん》じ、春秋《しゅんじゅう》を以《もっ》て史《し》と為《な》す。史《し》は専《もっぱ》ら事《こと》を記《しる》す。恐《おそ》らくは五経《ごきょう》と、事体《じたい》は終《つい》に或《ある》いは稍異《ややこと》ならん。」と。

先生曰《せんせいいわ》く、「事《こと》を以《もっ》て言《い》えば之《これ》を史《し》と謂《い》い、道《みち》を以《もっ》

愛曰、「先儒論㆓六経㆒、以㆓春秋㆒為㆑史。史専記㆑事。恐与㆓五経㆒、事体終或稍異。」

先生曰、「以㆑事言謂㆓之史㆒、以㆑

て言《い》えば之《これ》を経《けい》と謂《い》う。事《こと》は即《すなわ》ち道《みち》、道《みち》は即《すなわ》ち事《こと》なり。春秋《しゅんじゅう》も亦《また》経《けい》なり、五経《ごきょう》も亦《また》史《し》なり。易《えき》は是《こ》れ包犠《ほうぎ》氏《し》の史《し》、書《しょ》は是《こ》れ尭《ぎょう》・舜以下《しゅんいか》の史《し》、詩《し》・礼《れい》・楽《がく》は是《こ》れ三代《さんだい》の史《し》なり。其《そ》の事同《ことおな》じく、其《そ》の道同《みちおな》じ。安《いず》くんぞ所謂《いわゆる》異《こと》なること有《あ》らんや。」と。

道言謂㆓之経㆒。事即道、道即事。春秋亦経、五経亦史。易是包犠氏之史、書是尭・舜以下史、詩・礼・楽是三代史。其事同、其道同。安有㆓所謂異㆒。」

○先儒　朱熹《しゅき》を指す。朱熹は『春秋』を史書として読むことを提言している（『朱子語類』巻八十三）。
○六経　『易経』『書経』『詩経』『春秋』『礼記』『楽経』。亡帙《ぼうちつ》した『楽経』を除いたものを五経という。
○包犠氏　『易経』の六十四卦の発明者。

〈口訳〉

徐愛がいう、「先儒は、六経を論評して、『春秋』を史書とみました。史書とは、もっぱら事実を記録したものですから、きっと（『春秋』以外の）五経とは、つまるところ事情がやや異なるのではありませんか。」と。

先生がいう、「事実を記録したものを史書といい、道理を記述したものを経書といいます。（六経の場合、記録された）事実は道理（を表現したもの）ですし、道理は（六経に記録された）事実（が意味しているもの）です。（ですから、事実を記録している）『春秋』も経書ですし、（道理を記述している）五経も史書なのです。『易経』は包犠《ほうぎ》氏《し》を記録した史書ですし、『書経』は尭・舜以下を記録した史書ですし、『詩経』『礼記』『楽経』は三代以下を記した史書なのです。(『春秋』と五経とは)事実(を記録している点)でも同じです。道理(を記述している点)でも同じです。そこにはいわれるような差異など、なんでありましょうか。」と。

〈解説〉

『春秋』は史か経か　王陽明の「五経皆史論」としてとりわけ著名な語録である。

儒教の根本経典は、易・書・詩・春秋・礼の五経である。新儒教が興隆して朱子学が明白に、『論語』『大学』『中庸』『孟子』を四書として新たに経書の中に組み入れたとはいっても、五経が経典としての権威を失ったわけではない。四書とともに五経は五経として経典として確認されていった。経典としての権威はいささかもゆらがなかったといってよい。だから、近世の新儒教においても五経をどのように理解するかはやはり重要な問題であった。五経それぞれが解釈の歴史をもつけれども、その中でもとりわけ『春秋』は複雑な問題をかかえているだけに、『春秋』の理解は振幅が大きい。

五経の中でなぜ『春秋』だけが大きく解釈に幅をもつことになったのであろうか。

まず、第一に考えられることは、北宋の王安石が『春秋』を、「断爛《だんらん》朝報」(官報のちぎれたもの)と酷評したごとく、『春秋』の経文そのものがあまりにも簡単にすぎて、内容理解が容易でないこと(それだけのものなら『春秋』は経書にはならなかったであろう)。

第二は、『春秋』とはもと魯史《ろし》の旧文を孔子が筆削したものであり、筆削のおり、経文の一字一字の微言に大義がこめられたと理解されたので『春秋』は経書となりえたのであるが、大義そのものは明文化されていないので、その結果、微言に大義を求めてさまざまな解釈がなされ、その解釈が決定的に正しいとも誤りであるとも、経文そのものからは決め難いこと。そして、相当にはやくから、公羊《くよう》氏・穀梁《こくりよう》氏・左《さ》氏の解釈が伝承され、それらの公羊伝・穀梁伝・左氏伝が、『春秋』の経文とは密接不可分ながらも半ば独立した経典の如《ごと》く伝承されたことがいよいよ問題を複雑にしたこと。

第三は、微言にこめられた大義が政治倫理を基盤にした正統論に発展したために、『春秋』の筆法に倣《なら》った鑑戒のための歴史書が数多く執筆され、後代の歴史、ひいては王朝の正統性をどう理解するかに展開していったこと、などが、各人の政治思想と深く関係して、『春秋』理解を多様なものとした。

王陽明の『春秋』観はここに掲げた語録に限るわけではないが、短い語録ながらもその特色がよくあらわれたものである。

徐愛が『春秋』を歴史書と理解するのは程朱学《ていしゆ》の『春秋』理解に依拠する。かつて、程伊《ていい》川《せん》は、「春秋は、伝を案と為《な》し、経を断と為す」（『二程全書』巻十六）と述べた。『春秋左氏伝』を史実を記録したものと考えて、それに基づいて事実を詳細に考えて経文を以《もつ》てその判決・判断とみたのである。それをさらに『春秋』の経文も簡単ではあるが歴史記録として読めと朱熹《しゆき》はいう。そうすると、『春秋』と『春秋』以外とでは同じく経書とはいいながら意味が違ってくるのではないかというのが徐愛の質問である。

この質問を受けた王陽明は、ひとまず、経と史を分けて、道理を記したものが経書、事実を記したものが史書と定義したうえで、しかし、実態としては道理と事実は渾然《こんぜん》一体であるから、そこに分別を設けられないという。だから、この王陽明の発言のうち、「五経も亦《また》史」の部分を取り出して強調し、王陽明は経書を史書と評価しなおして経書の権威を相対化したのだというのは、正鵠《せいこく》を得ない。「五経も亦史」を問題にするのであれば、「春秋も亦経」の発言とあわせて一緒に考察さるべきである。朱熹が史書とみた『春秋』を王陽明はふたたび経書にひきもどしているのである。となると、王陽明が「五経も亦史」と発言したときに、「史」をどのように考えていたのであろうか。この語録からだけでは明らかにし難いので、次の語録を参照されたい。

五経皆史論　その二（上巻　一四条）

又曰《またいわ》く、「五経《ごきょう》も亦只是《またただこ》れ史《し》なり。史《し》は善悪《ぜんあく》を明《あき》らかにし、訓戒《くんかい》を示《しめ》す。善《ぜん》の訓《おし》えと為《な》す可《べ》き者《もの》は、特《とく》に其《そ》の迹《せき》を存《そん》して以《もっ》て法《ほう》を示《しめ》し、悪《あく》の戒《いまし》めと為《な》す可《べ》

又曰、「五経亦只是史。史明㆓善悪㆒、示㆓訓戒㆒。善可㆑為㆑訓者、特存㆓其迹㆒以示㆑法、悪可㆑為㆑戒者、存㆓其戒㆒而削㆓其事㆒以杜㆑

き者《もの》は、其《そ》の戒《いまし》めを存《そん》して其《そ》の事《こと》を削《けず》り以《もつ》て奸《かん》を杜《ふせ》ぐ。」と。　　奸。」

〈口訳〉

また（先生が）いう、「五経とはいえ史書以外の何ものでもない。史書とは善と悪と（の違い）を明らかにして、訓戒を教示します。教訓とすべき善い事は、特にその事迹《じせき》を記録にとどめて規範とし、禁戒すべき悪い事は、その禁戒を記録にとどめてその事迹は削除し、奸《かん》計《けい》を予防したのです。」と。

〈解説〉

希薄な歴史意識　これは先の語録の次に配列されている語録である。記録者は同じく徐愛である。おそらく時を同じくする発言であろう。もとは長文の語録であるが、王陽明が「五経も亦《また》史」というときに「史」をどう考えているのかをうかがうのに必要な冒頭の部分をここに抜き出したのである。

ここで王陽明が「史」を善悪を明らかにして訓戒を示したものだと理解していることは、王陽明の経書観・歴史意識をみるうえできわめて重要な示唆《しさ》を与える。

王陽明は、「史」というとき、善悪の道理からひとまず離れて、歴史事実を記録し、社会それ自体の展開を記録したものとは考えていない。あくまでも経書に記録された事実は道理と渾然《こんぜん》一体なのである。五経は「史」であるからこそ、そこに記された事実は善悪の道理そのものの表象なのである。『春秋』は「経」であるからこそ、そこに記録されているのは単なる事実ではないのである。「五経も亦史」とは単純に経書の史書化を意味するものではない。「春秋も亦経」の発言がともなうことが証明するように、むしろ逆に、事を記した歴史書と理解されがちな『春秋』をも、実は道理を記した経書であると発言していることのほうこそが、重大な意味をもつのである。

王陽明は六経のすべてを道理を記した経書と理解し、そこに「訓戒」の意義のみを認めているのである。いわば鑑戒の書と理解しているのである。歴史事実それ自体の探究はここでは目ざされてはいない。六経に認められたのは訓戒のみである。つまるところは歴史意識の欠如といってよい。

王陽明が「狂者」と自認してまで、万物一体の仁、真誠惻怛《そくだつ》の仁愛を熱源として、大同社会の実現を主張する、その気概はまことに偉観である。そこには、後に抜本塞源《そくげん》論にみるように、混迷を極める現実の社会に対する幻想はいささかもない。この暗黒社会を結果している根本原因は人々の肺腑《はいふ》までおかしている功利主義だと主張する。これを抜き塞《ふさ》ぐことが急務であるという。社会は個人の集積であるから、個々人が功利主義をすてて真誠惻怛の仁愛を発明することが肝心であるという。

しかし、それで大同社会は実現できるのであろうか。社会は単なる個人の集積ではなくして、社会は個人をこえて、それ自体の展開法則があるのではないだろうか。王陽明は暗黒社会を結果した原因が社会それ自体にもあることに気がついていなかったのであろうか。個々の一人一人の良知に訴えるばかりで、社会が腐敗堕落した原因を歴史的に究明したり社会の仕組みそのものを問題にしたりする視角はきわめて希薄である。勢い、大同社会実現の具体的なプロセス論は全くみられない。それもこれも、王陽明が歴史意識を欠如していたことのなせるわざではなかったか。

陽明学が、性善説を中核にすえて人間学としては目ざましい成果を生みながらも、政治思想としては具体的成果に乏しいのは、王陽明その人が政治制度論・政策論に関心が希薄だったからである。王陽明のこの五経皆史論の延長線上で考えられることの多い章学誠の六経皆史論（『文史通義』）も、あらためて再検討さるべきではあるまいか。

万物一体論（上巻　九四条）

問《と》う、「程子《ていし》云《い》う、『仁者《じんしゃ》は天地万物《てんちばんぶつ》を以《もっ》て一体《いったい》と為《な》す。』と。何《なん》ぞ墨氏《ぼくし》の兼愛《けんあい》は、反《かえ》って之《これ》を仁《じん》と謂《い》うを得《え》ざるや。」と。

問、「程子云、『仁者以㆓天地万物㆒為㆓一体㆒。』何墨氏兼愛、反不㆑得㆑謂㆓之仁㆒。」

○程子　『程氏遺書』巻二上、第十七条の語。○墨氏　墨翟《ぼくてき》。前五世紀に活躍した先秦諸子の一人。墨家の開祖。兼愛説は、孟子によってきびしく批判されている。

〈口訳〉

問う、「程子は『仁者は天地万物を（自己と）一体である』といっていますのに、どうして墨子の兼愛説のほうは、仁とはいえないのですか。」と。

〈解説〉

万物一体論の由来　万物一体論そのものは、『荘子』秋水篇にすでにあり、慧遠《えおん》の『肇《じょう》論《ろん》』にもみえる。しかし、この万物一体論が思想界においてひときわ注目をあびるのは、程明道《ていめいどう》が主張してから後のことである。古来、中国の儒学思想を信奉するものは、『礼記』礼運篇に由来する「大同」社会を理想郷として主張したが、張載《ちょうさい》の「西銘」とともに程明道の万物一体論は、近世初期儒学思想がかち得た顕著な成果の一つである。程明道ののち、万物一体論を高らかに主張したのは、ほかでもないわが王陽明である。その基調は譚嗣同《たんしどう》の『仁学』、孫文の三民主義にも継承されていく。

墨翟《ぼくてき》の思想は、孔子・孟子の儒学勢力と拮抗《きっこう》するほどであったが、漢代中期に儒教一尊体制が形成されると、思想界の表面から消えてしまう。それが唐代の韓愈《かんゆ》が、「博く愛するを之《こ》れ仁と謂《い》う」（「原道」）と仁を定義し、「読二墨子一」を著したことが、宋代に話題となり、張載の「西銘」や程明道の万物一体論は墨子の兼愛＝無差別愛とどのように違うのかということがよく問題となった。ここでの質問もまた王陽明が程明道をうけて主張した万物一体論と墨子の兼愛論との相違について基本的疑問を問い質《ただ》したのである。

先生曰《せんせいいわ》く、「此《こ》れ亦甚《またはなは》だ言《い》い難《がた》し。是《こ》れ諸君自《しょくんみずか》ら体《たい》認《にん》し出来《しゅったい》するを須《ま》ちて、始《はじ》めて得《え》られん。仁《じん》は是《こ》れ造化《ぞうか》の生生《せいせい》して息《や》まざるの理《り》なり。瀰漫周遍《びまんしゅうへん》して、処《ところ》として是《ぜ》ならざる無《な》しと雖《いえ》ども、然《しか》れども其《そ》の流《りゅう》行発生《こうはっせい》は、亦只箇《またただこ》の漸有《ぜんあ》り。所以《ゆえ》に生生《せいせい》して息《や》まず。冬至《とうじ》の一陽生《いちようしょう》ずるが如《ごと》し。必《かなら》ず一陽生《いちようしょう》じてより、而《しか》る後《のち》に漸漸《ぜんぜん》に六陽《りくよう》に至《いた》る。若《も》し一陽《いちよう》の生《しょう》ずること無《な》ければ、豈六陽有《あにりくようあ》らんや。陰《いん》も亦然《またしか》り。惟《た》だ其《そ》れ漸《ぜん》なり。所以《ゆえ》に便《すなわ》ち箇《こ》の発端《ほったん》の処有《ところあ》り。惟《た》だ其《そ》れ箇《こ》の発端《ほったん》の処有《ところあ》り。所以《ゆえ》に生《しょう》ず。惟《た》だ其《そ》れ生《しょう》ず。所以《ゆえ》に息《や》まず。之《これ》を木《き》に譬《たと》うれば、其《そ》の始《はじ》めて芽《め》を抽《めぶ》くは、便《すなわ》ち是《こ》れ木《き》の生意《せいい》の発端《ほったん》の処《ところ》なり。芽《め》を抽《めぶ》

先生曰、「此亦甚難レ言。須二是諸君自体認出来一、始得。仁是造化生生不レ息之理。雖三瀰漫周遍、無二処不一レ是、然其流行発生、亦只有二箇漸一。所以生生不レ息。如二冬至一陽生一。必自二一陽生一、而後漸漸至二於六陽一。若無二一陽之生一、豈有二六陽一。陰亦然。惟其漸。所以便有二箇発端処一。惟其有二箇発端処一。所以生。惟其生。所以不レ息。譬二之木一、其始抽レ芽、便是木之生意発端処。抽レ芽然後発レ幹。発レ幹然後生レ枝生レ葉。然後是生生不レ息。若無レ芽、何以有レ

きて然《しか》る後《のち》に幹《みき》を発《はっ》す。幹《みき》を発《はっ》して然《しか》る後《のち》に枝《えだ》を生《しょう》じ葉《は》を生《しょう》ず。然《しか》る後《のち》是《こ》れ生生《せいせい》して息《や》まず。若《も》し芽《め》無《な》くんば、何《なに》を以《もっ》て幹《みき》有《あ》り枝葉《しよう》有《あ》らんや。能《よ》く芽《め》を抽《めぶ》くは、必《かなら》ず是《こ》れ下面《かめん》に箇《こ》の根《ね》在《あ》る有《あ》らん。根《ね》有《あ》りて方《はじ》めて生《しょう》ず。根《ね》無《な》ければ便《すなわ》ち死《し》す。根《ね》無《な》ければ、何《なに》に従《よ》りて芽《め》を抽《めぶ》かん。

幹有㆓枝葉㆒。能抽㆑芽、必是下面有㆓箇根在㆒。有㆑根方生。無㆑根便死。無㆑根、何従抽㆑芽。

○造化　創造変化。○瀰漫周遍　あまねくゆきわたること。○流行　流通運行。○漸　階段をふんで展開すること。○冬至一陽生　『易経』上経、復卦䷗は十一月冬至の卦《け》である。十月は純陰の卦である坤《こん》卦䷁。それが十一月になって一陽来復して冬至の卦となる。

〈口訳〉

先生がいう、「このことはいかにも説明しにくい。諸君らが自分で体認できたとき初めて納得するだろう。仁とは（万物が）創造変化し、つねに生成してやむことがないという理のことです。それは宇宙のあらゆるところにあまねく充満していますが、この仁が発生し流行するにはやはり段階があります。だからこそつねに生成してやむことがないのです。たとえば、冬至には一陽が生じますが、必ず一陽が生ずるからこそ、その後にだんだんと六陽にまでなるのです。もし、一陽が生じなかったなら、六陽は決してありません。陰の場合も同じです。段階があるからこそ、発端があるのです。その発端があるからこそ、発生するのです。発生するからこそ（生成して）やまないのです。このことを木にたとえますと、最初に芽が出ます。木の生命力の発動した端緒です。芽が出ると幹となり、幹ができると枝や葉が生長します。こうして生成してやまないのです。もし、芽がなかったら、どうして幹や枝や葉が存在しましょうか。芽が出ることができるのは、必ず地下に根があるからです。根があるから生長するのであって、根がなければ死んでしまいます。根がなければ、どうやって芽を出しますか。

〈解説〉

仁に発端あり　王陽明は質問者に自分で体認することを要請したうえで、ともかくも解答している。

ここでは、万物一体論と墨子《ぼくし》の兼愛論との根本的差異を直截《ちよくさい》に解答することを急がないで、まず、仁が、あらゆる空間にあまねくゆきわたるものではあるが、そのゆきわたり方には順序次第・段階過程があることを主張する。このことを相手に納得させるために、四季の推移・植物の生長の例をもち出して説得し、この例に基づいて、そのいずれもが生生流行するときにその「発端」があり、発端あってこそ生生流行がありうることを強調する。

ここで順序次第と発端とを強調するのは、次に墨子の兼愛論との差異を説くための伏線である。

父《ふ》子《し》兄弟《けいてい》の愛《あい》は、便《すなわ》ち是《こ》れ人心《じんしん》の生意《せいい》の発端《ほったん》の処《ところ》にして、木《き》の芽《め》を抽《めぶ》くが如《ごと》し。此《こ》れよりして民《たみ》に仁《じん》し物《もの》を愛《あい》す。便《すなわ》ち是《こ》れ幹《みき》を発《はっ》し枝《えだ》を生《しょう》じ葉《は》を生《しょう》ずるなり。墨氏《ぼくし》の兼愛《けんあい》は差《さ》等《とう》無《な》し。自家《じか》の父《ふ》子《し》兄弟《けいてい》を将《もっ》て途人《とじん》と一般《いっぱん》に看《み》れば、便《すなわ》（自）ち発端《ほったん》の処《ところ》を没了《ぼつりょう》す。芽《め》を抽《めぶ》かざれば、便《すなわ》ち他《それ》は根《ね》無《な》きを知得《ちとく》す。便《すなわ》ち是《こ》れ生生《せいせい》して息《や》まずにあらず。安《いず》くんぞ之《これ》を仁《じん》と謂《い》うを得《え》んや。孝弟《こうてい》は仁《じん》を為《な》すの本《もと》なれば、却《かえ》って是《こ》れ仁《じん》の理《り》は裏面《りめん》より発生《はっせい》し出来《しゅったい》す。」と。

父子兄弟之愛、便是人心生意発端処、如㆓木之抽㆒㆑芽。自㆑此而仁㆑民而愛㆑物。便是発㆑幹生㆑枝生㆑葉。墨氏兼愛無㆓差等㆒。将㆓自家父子兄弟㆒与㆓途人㆒一般看、便‐自没㆓‐了発端処㆒。不㆑抽㆑芽、便知㆓‐得他無㆒㆑根。便不㆓是生生不㆒㆑息。安得㆑謂㆓之仁㆒。孝弟為㆑仁之本、却是仁理従㆓裏面㆒発生出来。」

○仁㆑民而愛㆑物　『孟子』尽心《じんしん》篇上の語。　○墨氏兼愛無㆓差等㆒　『孟子』滕文公《とうぶんこう》篇上の墨者夷之《いし》の語。

○孝弟為㆑仁之本　『論語』学而《がくじ》篇の語。

〈口訳〉

父子《おやこ》兄弟の愛とは、人格の（固有する）生命力が発動する端緒で、木が芽を出すのと同じです。ここから進んで「人民を仁《めぐ》んで物を愛する」ことが、幹となり枝や葉を生ずることに相当します。墨子の博愛説には区別がありません。自分の父子兄弟を路傍の人と同等にみなしますから、（仁愛を）発動する端緒がありません。芽が出ないのですから、それには根がないことがわかりますし、つねに生成してやまないのではありません。これをどうして仁といえましょうか。孝弟は仁を実践するときの基本である（と孔子は言っています）が、仁という理は（人格の）内面より発生してくるものです。」と。

〈解説〉

万物一体論の構造

万物一体論をあくまでも実践倫理として主張した王陽明は、人々が実践するときの発端を、肉親愛に求めたのである。『孟子』の発言も『論語』の言葉もこの理解のもとに解釈されている。

王陽明がしばしば孝を強調するのは、社会倫理よりも血縁倫理を重視したからではなくして、万物一体論の発端としては肉親愛こそがもっともふさわしいと考えたからである。なぜなら肉親愛こそが賢愚不肖・老若男女にうったえてもっとも広範な人々を人倫の自覚的創造者として興起させる契機となりうるからである。

ここで王陽明が、墨子の兼愛論は、肉親を一般人と同等にあつかい、これでは発端がないと批判するのは、墨子その人の兼愛論そのものを批判したというよりは、墨子の兼愛論が招く欠陥を先どりして親を無《な》みすると論難した孟子の墨子批判を踏襲したものである。『孟子』の中で墨者の夷之《いし》が「愛は差等なし。施すに親より始めん」と反論したのは孟子の徒に対するきり返しであるが、王陽明が万物一体論の発端として孝＝肉親愛を強調したがために、講友の黄綰《こうわん》（『明道編』）や顧応祥《こおうしょう》（『惜陰録』）、我が雲川弘毅（『心学辯』）などは、王陽明を当代の夷之とまで評しているのである。

なるほど肉親愛に発端を求める点は類似するが、王陽明は「愛に差等なし」という兼愛論の基本命題そのものを批判しているのであって、王陽明を夷之と同類と論評するのはあたらない。夷之の発言は批判に窮して便宜的に答えたまでであって、墨子の兼愛が肉親愛に発端する必然性はない。個々の人々が必ず肉親を対象に発端するものとして愛を固有しているわけではないからである。兼愛を主張しながらも発端がないということは、兼愛が抽象的概念として宙に浮いた、実践倫理としては空論だということである。それに対して、孝弟＝肉親愛を発端とする王陽明の万物一体論は、その発端そのものを万人が内面に固有するから、その発端から出発して万物に愛を及ぼすことになるのである。王陽明はこの発端を「真誠惻怛の愛」とも表現している。

王陽明の万物一体論はことさらに差別愛を強調したわけではない。しかし、発端をなぜ孝弟＝肉親愛に限定しなければならないのであろうか。人情論・布教効果なども考えたうえでのことだなどと軽く考えてはいけないのではないか。本来固有する真誠惻怛の愛を、差等なく、肉親にも塗人にも発端を求めて発現するのだと、なぜ言いきれなかったのであろうか。

本来的な、その意味での普遍的人間観を高くかかげ、人格的自立をことのほか強調した王陽明がこのように主張していることを考えると、その根はいかにも深いのである。所詮《しょせん》は基本的人権の発想がなかった前近代の思想だからだとわけ知り顔にきめてかかってすむ問題ではなさそうである。血縁であれ地縁であれ、他者との直接的社会関係に発想が強く拘束されてしまい、二人称の関係をこえた、いわば三人称の世界における個人のあり方を探究することの困難であったことが、王陽明の万物一体論の発端規定にもあらわれているのではあるまいか。

精金の比喩《ひゆ》　その一（上巻　一〇〇条）

希淵《きえん》問《と》う、「聖人《せいじん》は学《まな》んで至《いた》る可《べ》し、と。然《しか》れども伯夷《はくい》・伊尹《いいん》の孔子《こうし》に於《お》ける、才力《さいりき》は終《つい》に同《おな》じからず。其《そ》の同《おな》じく之《これ》を聖《せい》と謂《い》うは、安《いずこ》に在《あ》りや。」と。

希淵問、「聖人可㆓学而至㆒。然伯夷・伊尹於㆓孔子㆒、才力終不㆑同。其同謂㆓之聖㆒者安在。」

○希淵　蔡宗兗《さいそうえん》。字《あざな》は希淵、号は我斎、徐愛とともにもっともはやく入門した弟子。　○聖人可㆓学而至㆒　『孟子』告子《こくし》篇の語にもとづくが、周濂渓《しゅうれんけい》『通書』聖学第二十章に「聖は学ぶ可《べ》きか、曰く、可《か》なり」による。新儒教の基本命題。　○伯夷・伊尹於㆓孔子㆒　『孟子』万章《ばんしょう》篇下で、伯夷・伊尹・柳下恵・孔子の比較論。

〈口訳〉

蔡希淵《さいきえん》が問う、「聖人は学んでなれるものといわれますが、しかし、伯夷・伊尹と孔子とでは、才能力量が全く違います。それを等しく聖人と評価するのは、どうしたわけですか。」と。

〈解説〉

人間の可能性　王陽明の人間観の特徴が如実に表白されている、貴重な語録である。蔡希淵は、王陽明が三十六歳の時、流謫《るたく》地の竜場に出発する直前に徐愛・朱節とともに入門した最初期の弟子である。この三人と別れしなに執筆されたのが「別三子序」（全書巻七）である。

『孟子』万章篇下において、伯夷・伊尹・柳下恵・孔子の四人が聖人の範疇《はんちゅう》に包括されながらもおのおの性格づけをして、伯夷は聖の清、伊尹は聖の任、柳下恵は聖の和、孔子は聖の時といい、特に孔子は大成を集めたものと述べている。

このことについて蔡希淵が、才能力量を異にしながらも彼らが等しく聖人と認められるのは何ゆえかと質問したのである。この質問は『孟子』解釈を問うたのではない。学んで到達すべき聖人＝理想的人間像の性格づけいかんによっては、才能力量の点で実に多様な姿を示している現実の人間にとっては聖人追求（回復）の可能性を最初から否定されかねない。ある種の人々にとっていかに努力しても「本来性」を回復することが不可能だということにでもなると、その種の人々を最初から見放したことになり、実践論としては普遍的妥当性をもたないことになりかねない。才能力量を異にしながらも誰《だれ》もが聖人となりうるのか。それを問うために『孟子』をかりたのであり、この質問は発問者にとって深刻な切実な問いであった。

先生曰《せんせいいわ》く、「聖人《せいじん》の聖為《せいた》る所以《ゆえん》は、只是《ただこ》れ其《そ》の心《こころ》、天理《てんり》に純《じゅん》にして、人欲《じんよく》の雑《まじ》る無《な》きのみ。猶《な》お精金《せいきん》の精為《せいた》る所以《ゆえん》は、但《た》だ其《そ》の成色足《せいしょくた》りて、銅鉛《どうえん》の雑《まじ》り無《な》きを以《もっ》てのごとし。人《ひと》は天理《てんり》に純《じゅん》なるに到《いた》りて、方《はじ》めて是《こ》れ聖《せい》なり。金《きん》は足色《そくしょく》に到《いた》りて、方《はじ》めて是《こ》れ精《せい》なり。然《しか》れども聖人《せいじん》の才力《さいりき》は、亦大小《まただいしょう》の同《おな》じからざるもの有《あ》ること、猶《な》お金《きん》の分両《ぶんりょう》に軽重有《けいちょうあ》るがごとし。堯《ぎょう》・舜《しゅん》は猶《な》お万鎰《ばんいつ》のごとく、文王《ぶんおう》・孔子《こうし》は猶《な》お九千鎰《きゅうせんいつ》のごとく、禹《う》・湯《とう》・武王《ぶおう》は猶《な》お七八千鎰《しちはっせんいつ》のごとく、伯夷《はくい》・伊尹《いいん》は猶《な》お四五千鎰《しごせんいつ》のごとし。才力《さいりき》は同《おな》じからざるも、天理《てんり》に純《じゅん》なること則《すなわ》ち同《おな》じけれ

先生曰、「聖人之所㆓以為㆒㆑聖、只是其心純㆓乎天理㆒、而無㆓人欲之雑㆒。猶㆜精金之所㆓以為㆒㆑精、但以㆛其成色足、而無㆚銅鉛之雑㆙也。人到㆑純㆓乎天理㆒、方是聖。金到㆓足色㆒、方是精。然聖人之才力、亦有㆓大小不㆒㆑同、猶㆔金之分両有㆓軽重㆒。堯・舜猶㆓万鎰㆒、文王・孔子猶㆓九千鎰㆒、禹・湯・武王猶㆓七八千鎰㆒、伯夷・伊尹猶㆓四五千鎰㆒。才力不㆑同、而純㆓乎天理㆒則同、皆可㆑謂㆓之聖人㆒。猶㆓分両雖㆑不㆑同、而足色則同、皆

ば、皆之《みなこれ》を聖人《せいじん》と謂《い》う可《べ》し。猶《な》お分両《ぶんりょう》は同《おな》じからず　可ㇾ謂二之精金一。
と雖《いえ》ども、足色《そくしょく》則《すなわ》ち同《おな》じければ、皆之《みなこれ》を精金《せいきん》と謂《い》
う可《べ》きがごとし。

○精金　純金。　○成色・足色　純度百パーセントのこと。　○分両　重さの単位。　○鎰　両の二十倍あるいは二十四倍の重さ。

〈口訳〉

先生がいう、「聖人が聖である理由は、人格（心）が天理そのもので人欲のまじることがないこと、この一事です。ちょうど純金が純粋である理由は、その金の純度が百パーセントで銅や鉛がまじっていないのと同じです。（ですから）人間は天理そのものになってこそ、はじめて聖なのです。金は純度が百パーセントになってこそ、はじめて純粋なのです。しかしながら、聖人の才能力量にはやはり大小の相違があります。ちょうど金の重さに軽重があるのと同じです。たとえば堯・舜は万鎰《いつ》の重さとすれば、文王・孔子は九千鎰、禹・湯・武王は七、八千鎰、伯夷・伊尹は四、五千鎰というところかな。才能力量は等しくはありませんが、（人格が）天理そのものだということでは等しいですから、みんな聖人だといえます。ちょうど、重さが等しくなくとも、純度が百パーセントで等しければ、みんな純金といえるのと同じです。

〈解説〉

人間の本質

王陽明の解答は明晰《めいせき》である。聖人の本質を純金を以《もっ》て比喩《ひゆ》する話しぶりは絶妙である。才能力量の差異はあくまでも現象として顕現作用した位相《レベル》でのことにすぎない。それが本質の顕現作用したものである限り、量的差異は本質の等質性をいささかも否定するものではない。純粋であることが肝心なのであって力量の大小は個人差として積極的に認めていくのである。ここにも、王陽明が朱子学の格物論を実践して、それをやりきるほどの大力量はないと深く挫折《ざせつ》した原体験が深層に息づいて、力量の大小を問わずに実行可能な普遍的実践論を提示したのではあるまいか。なお、程伊川は「明道先生行状」の中で程明道のことを「純粋なること精金の如し」と表現している。

五千鎰《ごせんいつ》の者《もの》を以《もっ》て、万鎰《ばんいつ》の中《なか》に入《い》れなば、其《そ》の足色《そくしょく》は同《おな》じきなり。夷《い》・尹《いん》を以《もっ》て、之《これ》を尭《ぎょう》・孔《こう》の間《あいだ》に厠《まじ》うるも、其《そ》の天理《てんり》に純《じゅん》なるは同《おな》じきなり。蓋《けだ》し精金《せいきん》為《た》る所以《ゆえん》の者《もの》は、足色《そくしょく》に在《あ》りて、分両《ぶんりょう》に在《あ》らず。聖《せい》為《た》る所以《ゆえん》の者《もの》は、天理《てんり》に純《じゅん》なるに在《あ》りて、才力《さいりき》に在《あ》らざるなり。故《ゆえ》に凡人《ぼんじん》と雖《いえ》ども、肯《あ》えて学《まな》ぶことを

以二五千鎰者一、而入二於万鎰之中一、其足色同也。以二夷・尹一而厠二之尭・孔之間一、其純二乎天理一同也。蓋所三以為二精金一者、在二足色一、而不レ在二分両一。所三以為レ聖者、在レ純二乎天理一、而不レ在二才力一也。故雖二凡人一、而肯為レ

為《な》し、此《こ》の心《こころ》をして天理《てんり》に純《じゅん》ならしむれば、則《すなわ》ち亦《また》聖人《せいじん》と為《な》る可《べ》し。猶《な》お一両《いちりよう》の金《きん》の、之《これ》を万鎰《ばんいつ》に比《くら》ぶれば、分両《ぶんりよう》は懸絶《けんぜつ》すと雖《いえ》ども、其《そ》の足色《そくしよく》に到《いた》る処《ところ》は、以《もつ》て愧《は》ずること無《な》かる可《べ》きがごとし。故《ゆえ》に、人《ひと》は皆《みな》以《もつ》て尭《ぎよう》・舜《しゆん》と為《な》る可《べ》し、と曰《い》うは、此《これ》を以《もつ》てなり。」と。

学、使三此心純二乎天理一、則亦可レ為二聖人一。猶下一両之金、比二之万鎰一、分両雖二懸絶一、而其到二足色一処、可中以無上愧。故曰四人皆可三以為二尭・舜一者以レ此。」

○懸絶　はるかにかけはなれること。

〈口訳〉

五千鎰のものを、万鎰のなかに入れても、純度百パーセントということは等しい。伯夷・伊尹を、尭と孔子の間に並べても、天理そのものだということは同じです。つまり、純金であるためには、純度百パーセントが条件なのであって、重さには関係ない。聖であるためには、（人格が）天理そのものであることが条件なのであって、才能力量は関係ない。だから、どんな人でも、すすんで学問をし、人格を天理そのものにしたならば、それで聖人となれるのだ。ちょうど一両の金は、万鎰の金に比べると、重さはとてつもなく違うけれども、純度百パーセントであるということでは、なんら遜色《そんしよく》がないのと同じである。だから、人は誰《だれ》でも尭・舜になれるというのは、このためである。」と。

〈解説〉

本質は平等

聖人の本質が、才能力量の大小にあるのではない。誰でも努力して天理に純粋でありさえすれば、力量のほどはどれほどに小さくとも誰はばかることなく、それで聖人なのだ。逆に抜群の才能力量を誇示する人でも、天理に不純である限り、聖人（本来あるべき真の人格）とはかけはなれた存在なのである。

大胆な発言である。それだけにこのような聖人観によって、世俗的な尺度により、力量の小さいことに劣等感をいだいていたものは勇気と自信を与えられ、驕慢《きょうまん》なものは深く反省させられることになったにちがいない。

「学者《がくしゃ》の聖人《せいじん》を学《まな》ぶは、是《こ》れ人欲《じんよく》を去《さ》りて天理《てんり》を存《そん》するに過《す》ぎざるのみ。猶《な》お金《きん》を錬《ね》りて其《そ》の足色《そくしょく》を求《もと》むるがごとし。金《きん》の成色《せいしょく》、争《あらそ》う所多《ところおお》からざれば、則《すなわ》ち煆錬《たんれん》の工《こう》省《はぶ》けて、功成《こうな》り易《やす》し。成色《せいしょく》　愈《いよいよ》下《くだ》れば、則《すなわ》ち煆錬《たんれん》は愈《いよいよ》難《かた》し。人《ひと》の気質《きしつ》は、清濁粋駁《せいだくすいばく》にて、中人以上　中人以下《ちゅうじんいじょうちゅうじんいか》有《あ》り。其《そ》の道《みち》に於《お》けるや、

「学者学二聖人一、不レ過下是去二人欲一而存中天理上耳。猶下錬レ金而求中其足色上。金之成色、所レ争不レ多、則煆錬之工省、而功易レ成。成色愈下、則煆錬愈難。人之気質、清濁粋駁、有二中人以上中人以下一。其於レ道、有二生知安行・学

知利行一。其下者、必須二人一己百、人十己千一、及二其成レ功則一。

生知《せいち》安行《あんこう》・学知《がくち》利行《りこう》有り。其《そ》の下《げ》なる者《もの》は、必《かなら》ず須《すべ》からく人一《ひとひと》たびすれば己百《おのれひやく》たびし、人十《ひとじつ》たびすれば己千《おのれせん》たびすべきも、其《そ》の功《こう》を成《な》すに及《およ》んでは則《すなわ》ち一《いっ》なり。

○去二人欲一而存二天理一　新儒教の重要命題の一つ。ただし、欲望一般の否定ではない。　○煆錬　「鍛錬」に同じ。　○中人以上中人以下　『論語』雍也《ようや》篇「中人以上は、以て上を語るべし。中人以下は、以て上を語るべからず」による。　○生知安行・学知利行　『中庸』二十章「或いは生まれながらにしてこれを知り、或いは学んでこれを知り、或いは困《くる》しんでこれを知る。其《そ》のこれを知るに及んでは一なり。或いは安んじてこれを行い、或いは利してこれを行い、或いは勉強してこれを行う。其の功を成すに及んでは一なり」による。　○人一己百、人十己千　『中庸』二十章「人一たびしてこれを能《よ》くすれば、己はこれを百たびす。人十たびしてこれを能くすれば、己はこれを千たびす」による。

〈口訳〉

「学ぶ者が、聖人になりたいと努力することは、人欲を排除して天理を発揮することだけです。ちょうど、金を煆錬して純度百パーセントを追求するのと同じです。金の純度に問題が少なければ、煆錬の手間が省けて、できあがりやすい。純度が低下するほど、煆錬はいよいよ困難になる。人間の素質は、清と濁、粋と駁《ばく》とさまざまで、中人以上の人、中人以下の人もいる。道についても、生まれながら理解していて、なんなくやってのける人、勉学して理解し努力してやれる人、人々が一回でできることを、自分は百回でき、人々が十回でできることを、自分は千回でできる人がいる。それでも最終的にはちゃんとやれたということでは等しいのだ。

人々を諭す（45歳）

〈解説〉

理想的人格の達成　聖人を純度百パーセントの精金にたとえた王陽明は、こんどはその聖人になるための方法を精錬法にたとえる。不純物が少なければ精錬は容易だが、多いと困難だという。この説明は理解しやすい。そして現実に気質才能がいかに多様であっても、言いかえるならば、才能力量の点でいかに劣等な人間でも、その努力を成し遂げたとき、人格的には等しく聖人だという。

王陽明が一方で人格的平等を主張しながら、他方で才能力量の差異を承認するのは矛盾するのではないかと理解するむきもあるが、それはあたらない。逆にもし、才能力量の点でも尭・舜と等量のものを要求されたとき、おおかたの人は、むしろ、自分も聖人になれるのだ、理想的人格の達成が可能なのだという確信をそもそも持てるだろうか。確信が持てないのに実現しようとする意欲は生まれまい。分量のうえでもあまりにも過大な要請だと観念してむしろ自らを見限ってしまうことになりはすまいか。これでは性善説の創唱者の孟子がもっとも警戒した自暴自棄を招くことになろう。分量は棚上げして本質のみを問題にした王陽明の聖人観なればこそ、庶民階層にまで良知心学が普及しえたのである。

　ところで、ここで「人欲を去る」というのは、欲望一般を否定しているのではない。そうではなくして、本来固有する天理の発現を阻害している、後天的に身についた、気質に由来する私欲を、心が天理に促されて公欲に昇華し、天理が自己を顕現する熱源を増量することである。

　後世《こうせい》、聖《せい》と作《な》るの本《もと》は、是《こ》れ天理《てんり》に純《じゅん》なるを知《し》らずして、却《かえ》って専《もっぱ》ら知識才能《ちしきさいのう》の上《うえ》に去《ゆ》きて聖人《せいじん》を求《もと》む。以為《おも》えらく、聖人《せいじん》は知《し》らざる所無《ところな》く、能《あた》わざる所無《ところな》し。我是《われこ》れ聖人《せいじん》の許多《おおく》の知識才能《ちしきさいのう》をば、逐一理《ちくいつり》会《かい》するを須《ま》ちて、始《はじ》めて得《え》ん、と。故《ゆえ》に天理《てんり》の上《うえ》に

後世不レ知三作レ聖之本、是純二乎天理一、却専去二知識才能上一求二聖人一。以‐為、聖人無レ所レ不レ知、無レ所レ不レ能。我須下是将二聖人許多知識才能一、逐一理会上、始得。故不レ務下去二天理上一着中工

去《ゆ》きて工夫《くふう》を着《つ》けるを務《つと》めず、徒《いたず》らに精《せい》を弊《つか》らし力《ちから》を竭《つ》くして、冊子《さつし》の上《うえ》より鑽研《さんけん》し、名物《めいぶつ》の上《うえ》に考索《こうさく》し、形迹《けいせき》の上《うえ》に比擬《ひぎ》す。知識愈広《ちしきいよいよひろ》くして、人欲《じんよく》愈滋《いよいよしげ》く、才力愈多《さいりきいよいよおお》くして、天理《てんり》愈蔽《いよいよおお》わる。正《まさ》に人《ひと》の万鎰《ばんいつ》の精金有《せいきんあ》るを見《み》て、成色《せいしょく》を煆錬《たんれん》して彼《か》の精金《せいきん》に愧《は》ずる無《な》からんことを求《もと》むるを務《つと》めずして、乃《すなわ》ち妄《みだ》りに分両《ぶんりょう》を希《のぞ》み、彼《か》の万鎰《ばんいつ》に同《おな》じからんことを務《つと》め、錫鉛銅鉄《しゃくえんどうてつ》をば、雑然《ざつぜん》として投《とう》ずれば、分《ぶん》両愈増《りょういよいよま》して、成色愈下《せいしょくいよいよくだ》り、既《すで》に其《そ》の梢末《しょうまつ》は復《ま》た金有《きんあ》ること無《な》きが如《ごと》し。」と。

夫上、徒弊レ精竭レ力、従二冊子上一鑚研、名物上考索、形迹上比擬。知識愈広、而人欲愈滋、才力愈多、而天理愈蔽。正如丙見三人有二万鎰精金一、不レ務下煆二錬成色一求上無レ愧二於彼之精金一、而乃妄希二分両一、務レ同二彼之万鎰一、錫鉛銅鉄、雑然而投、分両愈増、而成色愈下、既其梢末無乙復有甲金矣。」

〈口訳〉

後の世の人々は、聖人となる基本は、天理そのものになることだということをわきまえずに、逆に、知識（の量）や才能（の大小）ということで聖人を追求した。（そこで）聖人はなんでも知っているし、どんなことでもできる人のことだから、我々はぜひとも聖人の膨大な知識・才能を一つ一つものにしてこそはじめてよろしいのだと考えた。その結果、天理そのものになることに努力することをなおざりにして、無意味にも、精力をつかい果たして、書物を研究し、物の名称を考察し、事跡を調査して、知識が博くなればなるほど、人欲はますます旺盛《おうせい》になり、才能力量が豊かになればなるほど、天理はますます蔽《おお》われてしまった。ちょうど、他の人が万鎰の純金を所持しているのを見てとって、自分の純度をたかめてその人の純金に劣らないようにすることをつとめないで、わけもなく重さを増すことをもとめ、その人と同じく万鎰の重さになることをつとめて、錫《すず》・鉛《なまり》・銅・鉄などを、やたらとまぜこむから、重さが増せば増すほど、純度は低下してしまい、あげくのはてには、もとの金まですがなくなってしまうようなものです。」と。

〈解説〉

誤れる方法　ここで聖人となるための基本をわきまえないものときめつけられているのは朱子学徒である。後天的に知識・才力の分量を増すことにのみ努めるのは、本来固有する天理の自己発揮を阻害するものをいよいよ添加するだけなのである。あげくのはてには本来天理をすら見失ってしまうではないか。王陽明は、「本来聖人」を確信しきれない、似而非《えせ》の性善説だと朱子学徒を批判するのである。

ここで王陽明の用いた比喩《ひゆ》について一言注意しておきたい。この場合だけに限ったことではないが、比喩とはあくまでも相手を説得するための方便なのであるから、その方便そのものから論証命題の真偽を性急に検証することは、大きな誤解を招くことがある。

この比喩では、錫・鉛・銅・鉄は金の純度を低下させる、不純物として負《マイナス》のものに価値評価されているが、錫・鉛・銅・鉄そのものが本質的に負価値のものではない。これらはもともと価値的には中立のものである。それが正と働くか負と働くかは主体者の目的意識いかんによる。知識・才力、そして欲望が負価値なのではない。同じく知識・才力が正と働くことが聖人となるために必要なことだと意識して、後天的に追求されるとき、それは天理（本来性）の発現を阻害する負の働きをする。これとは別に、天理そのものが自己実現した現象として、知識・才力が（分量の大小をこえて）発揮されるのだと意識されるとき、それは正の働きをする。欲望も同様である。

時《とき》に曰仁《えつじん》傍《かたわ》らに在《あ》りて曰《いわ》く、「先生《せんせい》の此《こ》の喩《たと》えは、以《もっ》て世儒《せじゅ》の支離《しり》の惑《まど》いを破《やぶ》るに足《た》り、大《おお》いに後学《こうがく》に功《こう》有《あ》り。」と。

先生又曰《せんせいまたいわ》く、「吾《わ》が輩《はい》の功《こう》を用《もち》うるは、只日《ただひ》に減《げん》ずるを求《もと》むるのみにて、日《ひ》に増《ま》すを求《もと》めず。一分《いちぶん》の人《じん》欲《よく》を減得《げんとく》すれば、便《すなわ》ち是《こ》れ一分《いちぶん》の天理《てんり》を復得《ふくとく》す。何《なん》等《ら》の軽快脱洒《けいかいだっしゃ》ぞ。何等《なんら》の簡易《かんい》ぞ。」と。

時曰仁在㆑傍曰、「先生此喩、足㆔以破㆓世儒支離之惑㆒、大有㆑功㆓於後学㆒。」

先生又曰、「吾輩用㆑功、只求㆓日減㆒、不㆑求㆓日増㆒。減㆓得一分人欲㆒、便是復㆓得一分天理㆒。何等軽快脱洒。何等簡易。」

○曰仁　徐愛の字《あざな》。　○支離　ばらばらなこと。ここでは非本質的なことにひきずられて主体性を喪失すること。

〈口訳〉

その時、徐曰仁がおそばにおられていう、「先生のこの純金の比喩《ひゆ》は、世間の儒者が主体と客体を分裂させるという間違った考えを十分に打破して、これからの学問するものに大きな貢献をするでしょう。」と。

先生はさらにいう、「わたしの努力とは、日々、(後天的不純物を）減らすことを求めるばかりであり、日々増やすことを求めることではない。人欲を一分あたり減らしえたら、天理が一分あたり回復するのです。なんと軽快洒脱《しゃだつ》なことであり、なんと簡易なことではあるまいか。」と。

〈解説〉

性善説の本質　蔡希淵《さいきえん》と王陽明がこの問答をしたとき、少なくとも薛侃《せっかん》と徐愛が同席した。徐愛がまず、この精金の比喩を絶賛した。薛侃もまた感激したからこそ記録にとどめたのである。朱子学を信奉する世の儒者が、徐愛の言うように、支離の惑いを覚醒《かくせい》して転向したか、それとも逆に、原朱子学に対する無理解にもとづくぬれぎぬだと激怒したか。それはともかくとして、この語録は、徐愛ほどの人をも感嘆せしめた。王陽明の面目躍如たるものである。

それもさることながら、それにつづけて発せられた王陽明の短言は、性善説の本質をみごとに表現した名言である。我々は「本来完全」なのであるから、日ごろ努力すべきことは、「本来完全」なものが現実に自己を発現することを阻害しているものを排除することだけだというのである。

南京での講学会（43歳）

ただし、ここで王陽明が、この実践論を「簡易だ」と説破しているが、これを「安易なもの」と受け取ってはいけない。

そもそも知識・才力を後天的に増量することは本質的には不要だという意味では簡易であっても、のんべんだらりと安閑に日をやり過ごすことを許しているのではない。我々主体者（心）は本来性（聖人）との緊張した関係にあることをつねに要請されているのである。このことを「聖人に志を立てる」という。この志あればこそ自らの聖人に指標をすえ、現実の自己に膠着《こうちゃく》している後天的負価値がよくみえて、それを排除しようとする意識が生まれるのである。

「現在」する我々が自らの本来性以外にいささかでも依存するや、それがみえなくなり、次の瞬間には逆にそれを増加することに熱中しかねない。王陽明の「簡易」とは、安易な取り組みを許すものでないことは、彼の「現在」論を思い浮かべると了解できよう。

朱子晩年悔悟論（上巻 一〇一条）

士徳《しとく》問《と》いて曰《いわ》く、「格物《かくぶつ》の説《せつ》は、先生《せんせい》の教《おし》うる所《ところ》の如《ごと》きは、明白簡易《めいはくかんい》にして、人人《じんじん》は見得《けんとく》す。文公《ぶんこう》は聡《そう》明《めい》なること世《よ》に絶《ぜっ》するに、此《ここ》に於《おい》て反《かえ》って未《いま》だ審《つまび》らかならざる有《あ》るは何《なん》ぞや。」と。

先生曰《せんせいいわ》く、「文公《ぶんこう》は精神気魄《せいしんきはく》は大《だい》なり。是《こ》れ他《かれ》は早《そう》年《ねん》より合下《ごうか》に便《すなわ》ち往《おう》を継《つ》ぎ来《らい》を開《ひら》かんと要《ほっ》す。故《ゆえ》に一向《いっこう》に只考索著述《ただこうさくちょじゅつ》の上《うえ》に就《つ》きて功《こう》を用《もち》うるのみ。若《も》

士徳問曰、「格物之説、如二先生所一レ教、明白簡易、人人見得。文公聡明絶レ世、於レ此反有レ未レ審何也。」

先生曰、「文公精神気魄大。是他早年合下便要三継レ往開二来。故一向只就二考索著述上一用レ功。若先切レ己自修、自然不レ暇レ及レ

し先《さき》に己《おのれ》に切《せつ》にして自《みずか》ら修《おさ》むれば、自然《しぜん》に此《これ》に及《およ》ぶに暇《いとま》あらず。徳盛《とくさか》んなるに到得《とうとく》して後《のち》、果《は》たして道《みち》の明《あき》らかならざるを憂《うれ》う。孔子《こうし》の退《しりぞ》きて六籍《りくせき》を修《おさ》め、繁《はん》を刪《けず》りて簡《かん》に就《つ》き、来学《らいがく》に開示《かいじ》せるが如《ごと》くせば、亦大段甚《またたいだんなん》の考索《こうさく》をも費《つい》やさず。文公《ぶんこう》は早歳《そうさい》に便《すなわ》ち許多《おおく》の書《しょ》を著《あらわ》し、晩年《ばんねん》に方《はじ》めて悔《く》ゆ。是《こ》れ倒《さかさ》に做《な》し了《お》われり。」と。

此。到ニ得徳盛一後、果憂ニ道之不レ明。如下孔子退修ニ六籍一、刪レ繁就レ簡、開中示来学上、亦大段不レ費ニ甚考索一。文公早歳便著ニ許多書一、晩年方悔。是倒做了。」

○士徳　楊翼《ようよく》の字《あざな》、湛甘泉《たんかんせん》・王陽明の弟子。　○格物　『大学』八条目（格物・致知・正心・誠意・修身・斉家・治国・平天下）の一つの格物。　○文公　朱熹《しゅき》の諡《おくりな》。　○合下　何よりもまず。　○継レ往開レ来　『中庸章句序』の語。　○六籍　六経（易・書・詩・春秋・礼・楽）。

〈口訳〉

楊士徳が質問していう、「（『大学』の）格物の解釈は、先生のお説のようですと、明瞭で理解も実行もしやすいことは、誰《だれ》でもわかります。朱子ほどの類なき聡明なお方が、このことについて考察不十分だったのは、なぜでしょうか。」と。

先生がいう、「朱子その人の精神的エネルギーや（学問への）情熱は大したものです。彼は若い当時からつとに伝統を継承し未来を開拓しようとしていたほどです。ですから、ひたすら思索と著述に努力したのです。でも、もし、自己の人格を真剣にみがくことを優先させていたならば、そんなことをする暇などなかったでしょう。人格ができあがった後になってから、道が（天下に）明らかでないことを憂慮したのであれば、孔子が退隠して六経を編纂《へんさん》し、繁文を削除して簡約にして、将来の学徒に開示したようにしたならば、多分にあれほどの思索を費やさなかったでしょう。朱子は若い時にそれこそたくさんの書物を著して、晩年になって初めてそれを後悔した。やり方が逆だったのだ。」と。

〈解説〉

朱熹は自己批判した

朱熹《しゅき》ほどに聡明な人が、なぜ格物を理解できなかったのですか、という質問に導かれて、王陽明が、朱熹は晩年に自説を全面的に自己批判したのだという、いわゆる朱子晩年悔悟＝定論を主張したのが、この語録である。王陽明が朱子学から独立したその頭初から朱子学徒の批判を浴びたが、それに反論するために『朱子晩年定論』を編集したのは、南京在住時代であり、四十五歳ごろにはこの『朱子晩年定論』が門人の間でひそかに回読されたようである。これが公刊されたのは初刻『伝習録』とほぼ時を同じくする四十七歳の時である。だから、この語録はその中間に記録されたものであろう。

朱熹が晩年に自己批判することになったのは、学問の方法が本末を転倒していたからだと辛辣《しんらつ》にきめつける。自己の人格をみがきあげることに専念していたならば、註釈や著述などしている暇などなかったはずだというのである。王陽明の格物論を明白簡易と受け取った楊士徳が、朱熹その人について疑問をいだくのは、ごく自然のことであろうが、それを受けての王陽明の返答は、世俗の朱子学を信奉する者の神経をさかなでしたにちがいない。儒学思想界はこの問題をめぐって議論百出し、その一端がこの語録となって記録されたのである。

士《し》徳《とく》曰《いわ》く、「晩年《ばんねん》の悔《かい》とは、向来《こうらい》の定本《ていほん》の誤《あやま》りと謂《い》い、又書《またしよ》を読《よ》み得《う》と雖《いえ》ども、何《なん》ぞ吾《わ》が事《こと》に益《えき》あらんと謂《い》い、又此《またこれ》は書籍《しよせき》を守《まも》り言語《げんご》に泥《なず》むと、全《まった》く交《こう》渉無《しような》しと謂《い》うが如《ごと》し。是《こ》れ他《かれ》は此《ここ》に到《いた》りて、方《はじ》めて従前《じゆうぜん》の功《こう》を用《もち》うるの錯《あやま》ちを悔《く》い、方《はじ》めて去《ゆ》きて己《おのれ》に切《せつ》にして自《みずか》ら修《おさ》むるなり。」と。

曰《いわ》く、「然《しか》り。此《これ》は是《こ》れ文公《ぶんこう》の及《およ》ぶ可《べ》からざる処《ところ》なり。他《かれ》は力量《りきりよう》は大《だい》なれば、一《ひと》たび悔《く》ゆれば便《すなわ》ち転《てん》ず。惜《お》しむ可《べ》し、久《ひさ》しからずして即《すなわ》ち世《よ》を去《さ》り、平《へい》日《じつ》の許多《おおく》の錯《あやま》る処《ところ》、皆改正《みなかいせい》するに及《およ》ばず。」と。

士徳曰、「晩年之悔、如丁謂二向来定本之誤一、又謂下雖三読二得書一、何益中於吾事上、又謂丙此与下守二書籍一、泥中言語上、全無乙交渉甲。是他到レ此、方悔二従前用レ功之錯一、方去切レ己自修矣。」

曰、「然。此是文公不レ可レ及処。他力量大、一悔便転。可レ惜、不レ久即去レ世、平日許多錯処、皆不レ及二改正一。」

○向来定本之誤　『朱文公文集』巻四十六、「答二黄直卿一書（二）」の語。○雖三読二得書一、何益二於吾事一　『朱文公文集』巻四十七、「答二呂子約一書（二十六）」の語。○此与下守二書籍一、泥中言語上、全無二交渉一　『朱文公文集』巻四十、「答二何叔京一書（十三）」の語。以上の三つの文章は、王陽明が編集した『朱子晩年定論』に朱熹が自己批判したものとして収められている。

〈口訳〉

楊士徳がいう、「朱子が晩年に悔悟したというのは、たとえば、『これまでの根本の誤り』とか、『書物を読んだとて、人格をみがくことには、何の役にもたたない』とか、『このことは、書物を墨守し言語にこだわることと、全く関係ない』などといっていることであり、彼はこの時になって初めてそれまでの努力の仕方が誤りであったことを悔悟し、初めて自己の人格を真剣にみがきはじめたのですね。」と。

（先生が）いう、「その通りだ。この点が、朱子のずば抜けたところだ。彼は実力十分であったから、いったん悔悟するやすぐさま転換したのだが、残念なことにまもなく死んでしまったので、日ごろのたくさんの誤ちは、どれも改正されなかった。」と。

〈解説〉

『朱子晩年定論』

楊士徳は、王陽明の『朱子晩年定論』を読んだうえで、このように質問していることは目にみえている。それにしても、晩年になったにしろ、自説の誤ちに気がついたところが朱熹《しゆき》の偉いところだという人物評価は、考えてみれば皮肉な評価である。さらにつづけて口にまかせて「朱熹は実力がそなわっていたから一旦《いったん》自己批判するやさっさと転向したけれど、まもなく死んでしまったのでそれまでの誤ちを改訂できなかった」といういいぐさはあまりにもできすぎている。

王陽明は本当にそう考えていたのだろうか。どうも本気でこう考えていたようである。この着想は程敏政に負う。程敏政は、朱熹と陸象山は、若い時には氷炭相容《い》れなかったが晩年には朱熹が陸象山に歩みよって一致したと朱・陸両者を早異晩同ととらえて『道一編』を編刊した。これを読んだ王陽明は、朱熹が晩年に自説の非を悔悟した言表にであい、朱熹晩年悔悟＝定論と理解し、『朱子晩年定論』を編集したのである。

そのおり、「朱熹は悔悟したけれどもまもなく死んだので全く改訂できなかった」とみたのは王陽明の独創である。この独創的発想のもつ意味については「朱子晩年定論序」が詳しい。王陽明にかわって説明するなら、次のようになる。

今日残されている朱熹の著作物はすべて晩年に朱熹が改定する必要を認めていた、未定の論である。だから世に通行する朱熹の著述はすべて朱熹の定論ではない。朱熹の定論そのものは全く残されなかったのである。ただ、改定の方向性だけが、朱熹が悔悟を告白した書簡に示されただけである。だからこそ、王陽明は、朱熹の定論をうかがう唯一の手がかりである、朱熹の悔悟の告白を『朱子晩年定論』に編集したのである。そこから知りうる改定の方向性の延長線上に再構成すると、思想構造はわたくしと同じくなるはずだ、あるいは再構成したのがわたくしの心学だと、王陽明は言いたいのである。

事の真偽はともかく、立論構成は絶妙である。このように考えてくると、『朱子晩年定論』とは王陽明が朱子学に妥協した産物ではなくして、むしろ、逆に世間通行の朱子学を全面否定した挑戦の書だということが明瞭である。

花間草章――無善無悪説（上巻一〇二条）

侃《かん》、花間《かかん》の草《くさ》を去《さ》る。因《よ》りて曰《いわ》く、「天地《てんち》の間《かん》、何《なん》ぞ善《ぜん》の培《つちか》い難《がた》く、悪《あく》の去《さ》り難《がた》きや。」と。

先生曰《せんせいいわ》く、「未《いま》だ培《つちか》わず、未《いま》だ去《さ》らざるのみ。」と。

少間《しばらく》して曰《いわ》く、「此等《これら》の善悪《ぜんあく》を看《み》るは、皆躯殻《みなくかく》より念《ねん》を起《お》こさば、便《すなわ》ち会《よ》く錯《あやま》つ。」と。

侃《かん》、未《いま》だ達《たつ》せず。

曰《いわ》く、「天地《てんち》の生意《せいい》は、花《はな》と草《くさ》と一般《いっぱん》なり。何《なん》ぞ曾《かつ》て善悪《ぜんあく》の分有《ぶんあ》らんや。子《きみ》、花《はな》を観《み》んと欲《ほっ》せば、則《すなわ》ち

侃去㆓花間草㆒。因曰、「天地間、何善難㆑培、悪難㆑去。」

先生曰、「未㆑培未㆑去耳。」

少間曰、「此等看㆓善悪㆒、皆従㆓軀殻㆒起㆑念、便会錯。」

侃未㆑達。

曰、「天地生意、花草一般。何曾有㆓善悪之分㆒。子欲㆑観㆑花、則以㆑花為㆑善、以㆑草為㆑悪。如欲㆑

花《はな》を以《もっ》て善《ぜん》と為《な》し、草《くさ》を以《もっ》て悪《あく》と為《な》さん。如《も》し草《くさ》を用《もち》いんと欲《ほっ》せし時《とき》は、復《ま》た草《くさ》を以《もっ》て善《ぜん》と為《な》さん。此《これ》等《ら》の善悪《ぜんあく》は、皆汝《みななんじ》の心《こころ》の好悪《こうお》に由《よ》りて生《しょう》ずる所《ところ》なり。故《ゆえ》に是《こ》れ錯《あやま》りなるを知《し》る。」と。

用レ草時、復以レ草為レ善矣。此等善悪、皆由ニ汝心好悪一所レ生。故知ニ是錯一。」

○侃　薛侃《せっかん》。王陽明の門人。この語録の記録者。

〈口訳〉

薛侃《わたくし》が花にまじる草を抜き取って、そこでいう、「天地では、なんとも善は育成しにくく、悪は排除しにくいものですね。」と。

先生がいう、「育成もしなければ排除もしないことさ。」と。

しばらくして（先生が）いう、「そんなふうに善悪を考えるのは、まるまる身体に制約されて発想したから、あやまつことになったのだよ。」と。

薛侃《わたくし》は意味がわからなかった。

（先生が）いう、「天地の生命力は、花も草も同じだよ。そこには善悪の区分なぞ、なんであろうか。きみが花を観賞したいと思った時は、花は善いもので草は悪いものだときめこんでいたろうが、もし、草を用だてしたいと思ったときは、こんどは草を善いものとみなすだろう。これらの善悪とは、すべてあなたという主体者の好悪（の感性）がきめたことなのだよ。だから、あやまりだということがわかるのだ。」と。

泰山に登る（33歳）

〈解説〉

花と草　花間草の章として有名な語録である。薛侃《せっかん》は、花は人の目を楽しませる善いもの、草はその花の生長をさまたげる悪いものと考えて少しも疑っていなかったようである。だからこそ、目の前の花壇をみるや、無意識のうちに草を抜き取って、こまめに手をかけてやらないと草は伸び放題になり、花はきれいに咲かないことから連想して、このように質問したのである。

薛侃は、王陽明がこの質問そのものを肯定したうえで返答してくれるものと期待していたにちがいない。ところが、王陽明は、薛侃が何を期待しているかを百も承知のうえで転語を発した。

もともと、客体そのものは善悪の価値からは中立である。たとえば、雑草などというものはもともと存在しない。それは単に「草」でしかない。みる者が、花を美しいと認めて善と評価したとき、その間に生えている草が、花の生長を阻害すると認められて、花との関係ではじめて悪と価値評価されるのである。だから、善悪とは、あくまでもみる者の主観によって、客体相互間の、あるいは主客間の、相対的関係の中で、そのつど後天的にきめられるものなのである。客体の個々が先天的に善か悪かを固有しているわけではない。

ここで、みる者の価値判断が「心の好悪」によるといわれていることに注意されたい。客体を最初にとらえる感覚器官が全開して生き生きと感受し価値評価するその働きを「好悪」という。感性とでもいおうか。ただし、心が感覚器官を駆使して好悪として作用するのであって、心と好悪は渾然《こんぜん》一体なのである。この好悪の感性を「知覚」ともいう。この好悪・知覚の作用そのものは無方向である。既定の方向がないから、つねに新鮮に作用して客体の本質を鋭敏に感受する。しかし、無方向ということは不安定だということでもある。

朱子学ではこのことを深く配慮して、心の知覚作用に、先験的に善である「性」を案内役につけて慎重を期した。王陽明はこの性が既定の方向を強制して拘束することを警戒した。心そのものが本来完全にもつ主宰能力のことを性と位置づけて、心の感覚器官に対する平衡力を全面的に信頼した。

身体＝感覚器官は、既往の反応を身につけてしまうと習慣化する。既成の反応様式ができてしまうのである。だから、主宰者である心がその習慣・様式からそのつど自由になって主宰力を発揮しないと、身体はすぐさま既成の様式のままに反応してしまうのである。ここで、王陽明が、身体に制約されて発想するとものが見えなくなるといっているのは、このためである。

曰《いわ》く、「然《しか》らば則《すなわ》ち善無《ぜんな》く悪無《あくな》きか。」と。

曰《いわ》く、「善無《ぜんな》く悪無《あくな》き者《もの》は、理《り》の静《せい》なり。善有《ぜんあ》り悪《あく》有《あ》る者《もの》は、気《き》の動《どう》なり。気《き》に動《うご》かざるが、即《すなわ》ち善無《ぜんな》く悪無《あくな》し、是《こ》れ至善《しぜん》と謂《い》う。」と。

曰《いわ》く、「仏氏《ぶつし》も亦《また》善無《ぜんな》く悪無《あくな》し。何《なに》を以《もっ》てか異《こと》なる。」と。

曰《いわ》く、「仏氏《ぶつし》は、善無《ぜんな》く悪無《あくな》きの上《うえ》に着《ちゃく》（在）して、便《すなわ》ち一切《いっさい》都《すべ》て管《かん》せざれば、以《もっ》て天下《てんか》を治《おさ》む可《べ》からず。聖人《せいじん》の善無《ぜんな》く悪無《あくな》きは、只是《ただこ》れ好《こう》を作《おこ》すこと有《あ》る無《な》く、悪《お》を作《おこ》すこと有《あ》る無《な》く、気《き》に動《うご》かず。然《しか》れども王《おう》の道《みち》に遵《したが》い、其《そ》の有極《ゆうきょく》に会《かい》す。便《すなわ》（自）ち一《いっ》に天理《てんり》に循《したが》いて、便《すなわ》ち箇《こ》の裁成輔相《さいせいほそう》有《あ》り。」と。


曰、「然則無レ善無レ悪乎。」

曰、「無レ善無レ悪者、理之静。有レ善有レ悪者、気之動。不レ動二於気一、即無レ善無レ悪、是謂二至善一。」

曰、「仏氏亦無レ善無レ悪。何以異。」

曰、「仏氏着二在無レ善無レ悪上一、便一切都不レ管、不レ可三以治二天下一。聖人無レ善無レ悪、只是無レ有レ作レ好、無レ有レ作レ悪、不レ動二於気一。然遵二王之道一、会二其有極一。便自一循二天理一、便有二箇裁成輔相一。」

○無レ有レ作レ好、云々　『書経』洪範《こうはん》篇「好を作す有る無く、王の道に遵《したが》い、悪を作す有る無く、王の路に遵い、偏無く党無く、王道は蕩蕩《とうとう》、党無く偏無く、王道は平平、反無く側無く、王道は正直、其《そ》の有極に会し、其の有極に帰す。」による。有極は規準のこと。　○裁成輔相　『易経』泰卦象伝の語。きりもりすること。

〈口訳〉

（薛侃が）いう、「そうしますと、（花や草などの客観的存在物には）善も悪もないのですか。」と。

（先生が）いう、「善も悪もないというのは、（実践主体が）本来性のままに平静だということです。善も悪もあるというのは、（実践主体が）身体に制約されて発動したということです。（だから、実践主体が）身体に制約されて発動しないことが、つまり善も悪もないことであり、このことを至善といいます。」と。

（薛侃が）いう、「仏者も、善も悪もないといいますが、どのように違いますか。」と。

（先生が）いう、「仏者は善も悪もないこと（本来性のままに平静であること）に執着して（発動しようとせず）、すべてのことに全く働きかけようとしないので、（これではとても）天下を治めることはできない。聖人がいう善も悪もないとは、作為して好んだり悪《にく》んだりしないことにほかならず、（言いかえるならば）身体に制約されて発動しないということです。しかし（発動自体を拒否するのではなく、本来性のままに発動して）『王道に遵《したが》い、極則に合致する』から、すっかり天理にかない、天地のはたらきを助けることになります。」と。

〈解説〉

自由であること

この口語訳では、一読して理解することが必ずしも容易ではないかもしれないが、あえてこれ以上に言葉を補うことはさしひかえた。

先に「軀殻《くかく》」を文字通り「身体」と訳したが、ここでは「気」をもあえて「身体」と訳しておいた。軀殻の構成要素は陰陽・五行（木・火・土・金・水）であるが、この陰陽・五行の総称概念が気である。軀殻を気と表現してこの議論を理気論の場に引き出したのである。後に『伝習録』中巻所収の「答㆓陸原静㆒書（二）」のところでもふれているが、王陽明の理気論は、身体論がらみの実践論として展開されているのであって、自然認識論や一般法則論ではない。

もう一点、ここで展開されている仏教批判の仕方は興味深い。仏教は、思想として政治的有効性をもたない、天下国家を平治することができない、というのが、新儒教徒が、仏教を批判するときのきまりきった口調である。そのさい、具体的な政策論がないから、現実離れした空論だから、天下国家を平治することができないのだと批判するのではなくして、仏教の人間観・実践論が政治に関与することに関心を示すこと自体を拒否していると、政策論以前のところで、仏教を批判していることである。

仏教の非政治性は反価値的なことだと、新儒教徒によってあくことなく繰り返し非難されたということは、政治的有効性をもつことが新儒教の根本原則であったことを何よりも雄弁に物語るものである。仏教には政策論はないから、勢い、非政治性をもたらす仏教の人間観実践論に批判を集中することになる。ここでの王陽明の仏教批判もまたその典型である。

ただ、もともと仏教（禅宗）の主張である無善無悪説を王陽明が積極的に承認して、それでいて、仏教とは異なると立論しているところは朱子学とは全く違う。

ここで善悪の有無を語るときの有無とは、判断する主体（心）の深層を表現したものである。善悪が有るとは主宰者（心）が、身体が習慣的に身につけた善悪の観念に膠着《こうちゃく》されていること。そのためにこの価値規準からものをみて評価してしまう。善悪が無いとは、主宰者の心が、その善悪から自由であること。たとえていうなら色眼鏡をかけてものをみないこと。無善無悪なればこそ、「本来完全」（これをここでは至善といっている）が発現して、真に客体の本質を把握できるのである。無善無悪とは性善の別表現である。朱子学の性善説の構造に対する挑戦的な定義といえよう。

曰《いわ》く、「草既《くさすで》に悪《あく》に非《あら》ざれば、即《すなわ》ち草宜《くさよろ》しく去《さ》るべからず。」と。

曰《いわ》く、「此《か》くの如《ごと》きは、却《かえ》って是《こ》れ仏老《ぶつろう》の意見《いけん》。草《くさ》若《も》し礙《さまた》げ有《あ》らば、何《なん》ぞ汝《なんじ》の去《さ》るを妨《さまた》げん。」と。

曰《いわ》く、「此《か》くの如《ごと》きは、又是《またこ》れ好《こう》を作《おこ》し悪《お》を作《おこ》すならん。」と。

曰、「草既非レ悪、即草不レ宜レ去矣。」

曰、「如レ此却是仏老意見。草若有レ礙、何妨二汝去一。」

曰、「如レ此又是作レ好作レ悪。」

曰《いわ》く、「好悪《こうお》を作《おこ》さずとは、是《こ》れ全《まった》く好悪《こうお》無《な》きに非《あら》ず。却《かえ》って是《こ》れ知《ち》覚無《かくな》きの人《ひと》なり。之《これ》を作《おこ》さずと謂《い》う者《は》、只是《ただこ》れ好悪《こうお》一《いつ》に理《り》に循《したが》い、去《ゆ》きて又一分《またいちぶん》の意《い》思《し》を着《つ》けず。此《か》くの如《ごと》きが、即《すなわ》ち是《こ》れ曾《かつ》て好悪《こうお》せざると一般《いっぱん》なり。」と。

曰、「不㆑作㆓好悪㆒、非㆔是全無㆓好悪㆒。却是無㆓知覚㆒的人。謂㆓之不㆒㆑作者、只是好悪一循㆓於理㆒、不㆔去又着㆓一分意思㆒。如㆑此即是不㆓曾好悪㆒一般。」

曰《いわ》く、「草《くさ》を去《さ》るに、如何《いか》にして是《こ》れ一《いっ》に理《り》に循《したが》いて、意思《いし》を着《つ》けざるや。」と。

曰、「去㆑草如何是一循㆓於理㆒、不㆑着㆓意思㆒。」

曰《いわ》く、「草妨礙有《くさぼうがいあ》らば、理《り》として亦宜《またよろ》しく去《さ》るべくんば、之《これ》を去《さ》るのみ。偶《たまたま》未《いま》だ即《ただ》ちに去《さ》らざるも、亦心《またこころ》を累《わずら》わさず。若《も》し一分《いちぶん》の意思《いし》を着了《ちゃくりょう》せば、即《すなわ》ち心体《しんたい》は便《すなわ》ち累《わざわ》いを貽《のこ》す有《あ》り、便《すなわ》ち許多《おおく》の気《き》に動《うご》く処有《ところあ》り。」と。

曰、「草有㆓妨礙㆒、理亦宜㆑去、去㆑之而已。偶未㆓即去㆒、亦不㆑累㆑心。若着㆓了一分意思㆒、即心体便有㆑貽㆑累、便有㆓許多動㆑気処㆒。」

○意見　訂正される必要のある考え。

〈口訳〉

（薛侃が）いう、「草が、もはや悪ではないのなら、草は抜かなくてよいのですね。」と。

（先生が）いう、「そういう考えこそが、むしろ仏者や老荘の徒の意見なのだ。草がもし邪魔なら、あなたが抜き取っても少しもかまわない。」と。

（薛侃が）いう、「そうならば、これもまた作為して好んだり悪《にく》んだりしたことになりませんか。」と。

（先生が）いう、「作為して好んだり悪んだりしない、ということは、好んだり悪んだりすることを全くしないということではない。これでは知覚のない人間ではないか。作為しない、というのは、好んだり悪んだりする（感性の活動）が、（本来性のままに発動するから）すっかり天理にかなうことであって、そこには先見を一切介入させないことである。こうするからこそ、それこそ好んだり悪んだりしないことと同じなのです。」と。

（薛侃が）いう、「草を抜き取るには、どのようにすることが、すっかり天理にかない、先見を介入させないことになりますか。」と。

（先生が）いう、「草が邪魔ならば、天理として抜き取るべきだから、抜き取るまでのことです。たまたますぐに抜き取らなかったとしても、心を煩わしたりしません。もし、いささかでも（抜き取らねばならぬ、と）先入観にとらわれたら、それこそ心（実践主体）の本体は煩わされることになり、さまざまに身体に制約された活動をしてしまうでしょう。」と。

無善無悪説をめぐる一般論を理解することは、必ずしも困難なことではない。それを実践するとなると、いったいどうすればよいのか。薛侃はそれを質問した。

〈解説〉

自由を発揮すること

この薛侃の発言は二重の意味で王陽明の無善無悪説を理解していない。草そのものはもともとは価値的には中立である。それを、自分が頭から悪ときめてかかっていたことが否定されたからといって、こんどは、悪ではないのだときめこむことは、前と同じ誤ちを犯すことになる。そうではなくして、自らの価値判断を鈍らせている、習慣的に身につけている善悪観から、薛侃自身がひとまず自由になって、新鮮な感覚で草を見つめることだったのである。そうしたならば、草のほうから、自らの本質を薛侃に開示したにちがいない。

客体はもともと善悪などないのだときめこんで、主体の側が客体に何の働きかけもしようとしないのは、仏老の間違った考えだという。王陽明はなぜ、間違いだと考えたのであろうか。ここで王陽明の無善無悪説が性善説の別表現であったことをおもいおこされたい。本性が本来完全ということは、既に救われて在るのだから他者の救済をまたない。その本性の善が仁愛を内容とするということは、この本性は他者への働きかけを必然的に促すことを意味するから、仏老を誤りと断じたのである。

ただし、その初発の好悪が、外なる規範に強迫されていわば義務感として発動するのではなくして、本来性の自然なる発動が肝心であるという王陽明の意図は理解できるが、その「自然力」を引き出す主体者のあり方そのものについて、ここでの説明は必ずしも親切ではない。

曰《いわ》く、「然《しか》らば則《すなわ》ち善悪《ぜんあく》は全《まった》く物《もの》に在《あ》らざるか。」と。

曰、「然則善悪全不レ在レ物。」

曰《いわ》く、「只汝《ただなんじ》の心《こころ》に在《あ》るのみ。理《り》に循《したが》えば、便《すなわ》ち是《こ》れ善《ぜん》。気《き》に動《うご》けば、便《すなわ》ち是《こ》れ悪《あく》なり。」と。

曰、「只在二汝心一。循レ理便是善。動レ気便是悪。」

曰《いわ》く、「畢竟《ひっきょう》、物《もの》は善悪無《ぜんあくな》きか。」と。

曰、「畢竟物無二善悪一。」

曰《いわ》く、「心《こころ》に在《あ》りて此《か》くの如《ごと》くんば、物《もの》に在《あ》りても亦然《またしか》り。世儒《せじゅ》は惟《た》だ此《これ》を知《し》らず。心《こころ》を舎《お》いて物《もの》を逐《お》い、格物《かくぶつ》の学《がく》を将《もっ》て錯《あやま》り看《み》了て、終日《しゅうじつ》外《そと》に馳《は》せ求《もと》む。只箇《ただこ》の義《ぎ》襲《おそ》いて取《と》るを做得《なしう》るのみにて、終身《しゅうしん》行《おこな》いて著《あき》らかならず、習《なら》いて察《つまび》らかならず。」と。

曰、「在レ心如レ此、在レ物亦然。世儒惟不レ知レ此。舎レ心逐レ物、将二格物之学一錯看了、終日馳二求於外一。只做二得箇義襲而取一、終身行不レ著習不レ察。」

曰《いわ》く、「好色《こうしょく》を好《この》むが如《ごと》く、悪臭《あくしゅう》を悪《にく》むが如《ごと》くするは、則《すなわ》ち如何《いかん》。」と。

曰、「如レ好二好色一、如レ悪二悪臭一、則如何。」

曰《いわ》く、「此《こ》れ正《まさ》に是《こ》れ一《いつ》に理《り》に循《したが》うなり。是《こ》れ天理《てんり》は合《まさ》に此《か》くの如《ごと》かるべし。本《もともと》私《し》意《い》の好《こう》を作《おこ》し悪《お》を作《おこ》すこと無《な》し。」と。

曰、「此正是一循ニ於理一。是天理合レ如レ此。本無ニ私意作レ好作一レ悪。」

○義襲而取　『孟子』公孫丑《こうそんちゅう》篇上の語。　○終身行不レ著習不レ察　『孟子』尽心篇上の語による。　○如レ好ニ好色一、如レ悪ニ悪臭一　『大学』の語。

〈口訳〉

（薛侃《わたくし》が）いう、「善悪は、全く（客観的）存在物とは関係ないのですね。」と。

（先生が）いう、「もっぱら主体者のあり方いかんだ。（心＝主体者が）天理にかなうことが、善であり、（心が）身体に制約されて発動するのが、悪である。」と。

（薛侃が）いう、「とどのつまり、存在物は（もともと）善悪などないのですね。」と。

（先生が）いう、「人間（心）だってこうなのだから、存在物だってそうだよ。世間の学者は全くこのことがわかっていない。主体（＝心＝人間）を疎外して外物をおいまわし、『格物』の学問を誤解して、一日中かけまわって外に（理を）求めているが、義を（後天的に）取得することをやっているだけのことで、生涯かけて実践しても著《あき》らかにならず、習得しても明察しないいさ。」と。

（薛侃が）いう、「好色を好むが如く（善を好み）、悪臭を悪《にく》むが如く（悪を悪む）するというのは、どうですか。」と。
（先生が）いう、「それこそがまさしく、ひたすら天理にかなうことです。天理とは、本来こうあるべきなのです。もともと作為して好悪を発動する身勝手な考えなどではありません。」と。

〈解説〉

主体のあり方

ここの薛侃の発言にみえる「物」を存在物と訳してみたのは、この語録が、花と草という存在物をめぐる問答で開始されていることを考えてのことである。

格物の物は、事と註釈されることからも明白なように、もともとは主客関係と理解された。その物に定理があると朱子学がいうとき、この関係のあり方が固定的に理解されてしまい、主体が客体と緊張関係を結ぶか否かを問わずに、客体そのものが定理をもつと解釈されてしまい、事実、一木一草にも理があるとも表現された。このような、先験的に定理が客体に厳存すると説く世儒を王陽明がことのほか強く批判するのは、竹の理を探究して挫折《ざせつ》した自らの朱子学体験が根底にあったであろう。

王陽明は主体も客体も善悪はないという。ともに善悪がないからこそ、緊張関係が生まれたとき、主体は自由に認識し判断するからこそ、客体は主体の前に自らの本質を開示し、ここに新鮮な主客関係が創造されるのである。ここで王陽明が「理に循《したが》う」といっているのは、もちろん外在する規範に順《したが》うことではない。心が本来性のままに作用することをいう。だから、ここでいう善悪とは、あくまでも主体（心）のあり方そのものをいっているのであって、客観的事物を価値判断することをいっているのではない。

また、心が本来性のままに作用することを「好色を好むが如く、悪臭を悪《にく》むが如くす」と表現していることはまことに興味深い。

食色は本性

この表現は『大学』に由来する。好色とはすてきな異性、悪臭は食物の腐った臭いである。『孟子』が「食色は性なり」（食欲と性欲は人の本性だ）（「告子篇上」）と述べ、『礼記』では「飲食男女は人の大欲存す」（「礼運篇」）という。いずれも食欲・性欲を人の本性とみた発言である。肉の腐敗した臭いをかげばいやだと鼻をつまみ、すてきな異性を目にすればいいなあと感嘆する。それこそが本性のままに反応したことだという。

実践倫理を説いて肝心のところに至るや、食・色をもち出して弁証しようとするところに、彼の民族の人間理解の素型がにじみ出ているともいえよう。

曰《いわ》く、「好色《こうしょく》を好《この》むが如《ごと》く、悪臭《あくしゅう》を悪《にく》むが如《ごと》くするは、安《いず》くんぞ意《い》に非《あら》ざるを得《え》んや。」と。
曰《いわ》く、「却《かえ》って是《こ》れ誠意《せいい》にして、是《こ》れ私意《しい》にあらず。誠意《せいい》は只是《ただこ》れ天理《てんり》に循《したが》うのみ。是《こ》れ天理《てんり》に循《したが》う

曰、「如ㇾ好二好色一、如ㇾ悪二悪臭一、安得ㇾ非ㇾ意。」
曰、「却是誠意、不二是私意一。誠意只是循二天理一。雖三是循二天理一、亦

と雖《いえ》ども、亦一分《またいちぶん》の意《い》を着《つ》け得《え》ず。故《ゆえ》に忿懥《ふんち》好楽《こうごう》する所有《ところあ》れば、則《すなわ》ち其《そ》の正《せい》を得《え》ず。是《こ》れ廓然太公《かくぜんたいこう》を須《ま》ちて、方《はじ》めて是《こ》れ心《こころ》の本体《ほんたい》なり。此《これ》を知《し》れば即《すなわ》ち未《み》発《はっ》の中《ちゅう》を知《し》るなり。」と。

着二不‐得一分意一。故有レ所二忿懥好楽一、則不レ得二其正一。須二是廓然太公一、方是心之本体。知レ此即知二未発之中一。」

○有レ所二忿懥好楽一、云々　『大学』の語。　○廓然太公　程明道の「定性書」の語。

〈口訳〉

（薛侃が）いう、「好色を好むが如《ごと》く（善を好み）、悪臭を悪《にく》むが如く（悪を悪む）ということは、（心が已に発動したのですから）どうして『意』ではないのですか。」と。

（先生が）いう、「（もちろん『意』ではあるが）誠なる意であって、私意ではない。誠なる意とは天理にかなうということにほかならない。天理にかなうことだけれども、いささかも故意を働かせない。だから、怒りや喜び楽しみなどがあると、（それにとらわれて、心は）正しさを得られないのです。（私意・故意が全くなく）からりとして大いに公であること、これこそ人間の本来のあり方なのです。このことがわかることが、未発の中がわかるということなのです。」と。

〈解説〉

「意」について

朱子学でも陽明学でも「意」を「心の発する所」と定義した。それにもとづく薛侃の質問に対して、王陽明は、たしかに「意」ではあるが誠意であって私意ではないという。ここで意を誠意と私意に区別したのは、この時の思いつきではない。

人間の本性論として性善説を本旨としたから、悪はもっぱら後天的なものということになる。外物に身体が反応して悪を結果することになるのだが、もともと善なる本性と渾然《こんぜん》一体の心が発動作用するのである。悪を結果するといっても、悪そのものは根源的に非在なのである。だから、悪といっても、それは、発動して「時中」を得られず「過不及」となったものをいう。

未発本体＝善、已発作用＝善・不善と図式化できるが、已発作用の意を誠意と私意に分けて説明したのは、このような未発・已発、本体・作用論が根底にあってのことである。

伯生《はくせい》曰《いわ》く、「先生《せんせい》云《い》う、『草《くさ》妨礙《ぼうがい》有《あ》れば、理《り》として亦《また》宜《よろ》しく去《さ》るべし。』と。何《なに》に縁《よ》りて又是《またこ》れ軀殻《くかく》より念《ねん》を起《お》こすや。」と。

曰《いわ》く、「此《こ》れ須《すべ》からく汝《なんじ》の心《こころ》自《みずか》ら体当《たいとう》すべし。汝《なんじ》、

伯生曰、「先生云、『草有ニ妨礙一、理亦宜レ去。』縁レ何又是軀殻起レ念。」

曰、「此須ニ汝心自体当一。汝要レ

草《くさ》を去《さ》らんと要《す》るは、是《こ》れ甚麽《なん》の心《こころ》ぞや。周茂叔《しゅうもしゅく》、窓前《そうぜん》の草除《くさのぞ》かざるは、是《こ》れ甚《なん》麽の心《こころ》ぞや。」と。

去レ草、是甚麽心。周茂叔窓前草不レ除、是甚麽心。」

○伯生　孟源の字《あざな》。○周茂叔　周敦頤《しゅうとんい》の字が茂叔。『程氏遺書』巻三「明道先生曰く、周茂叔は窓前の草は除去せず。之を問えば、自家の意思と一般と云えり。」による。

〈口訳〉

孟伯生がいう、「先生は『草が邪魔ならば、天理として抜き取るべきだ。』といわれましたが、それならなぜ（さきの「草は抜き取る」のが）身体に制約された発想なのですか。」と。（先生が）いう。「この点は、きみ自身が自分で体認することだ。きみが草を抜き取ろうとするのはどんな『心』なのかね。周茂叔が窓辺の草を抜き取らなかったのはどんな『心』だったのかね。」と。

〈解説〉

前期における無善無悪説　孟源は、理解の早かった人ではなかったようだが、ものおじせずによく質問した、少々おっちょこちょいの人である。薛侃と王陽明のこの問答を傍聴していたわけだから、これまでの展開から理解できそうにも思えるけれども、王陽明の言葉にとらわれて主旨をとらえそこねている。王陽明は、自分で体認しなさいとつきはなして再度の説明はしない。説明できないからではない。しかし、主体そのもののあり方が問題なのだと王陽明がここで述べているのは、正解を与えたと同然である。

さて、この無善無悪問答が『伝習録』上巻に収められていること、換言すれば、致良知説を発見する以前から、心の本体を無善無悪ととらえていたこと、を軽視してはいけない。心即理説が主張されたとき、既にこの無善無悪説が展開されることは自然のこととして予想されるからである。

王陽明の思想を、致良知説発見を以て画期し、前期と後期に分けることには異論はない。しかし、そこに質的転換があったかの如くみるのはあたらない。致良知説は、それまでの思想表現の弱さを補強したのであって、竜場の大悟以後、王陽明の思想は一貫しており、朱子学徒の反論を受け、弟子との問答を重ね、自らの政治的体験を経ていく中で、表現技術を豊かにして、体系として緻密《ちみつ》さを増していったのである。

精金の比喩《ひゆ》　その二（上巻　一〇八条）

徳章曰《とくしょういわ》く、「先生《せんせい》の、精金《せいきん》を以《もっ》て聖《せい》を喩《たと》え、分両《ぶんりょう》を以《もっ》て聖人《せいじん》の分量《ぶんりょう》を喩《たと》え、鍛錬《たんれん》を以《もっ》て学者《がくしゃ》の工夫《くふう》を喩《たと》

徳章曰、「聞㆘先生以㆓精金㆒喩㆑聖、以㆓分両㆒喩㆓聖人之分量㆒、以㆓鍛錬㆒喩㆗学者之工夫㆖、最為㆓

うるを聞《き》き、最《もっと》も深切《しんせつ》と為《な》す。惟《た》だ謂《おも》えらく、尭《ぎょう》・舜《しゅん》を万鎰《ばんいつ》と為《な》し、孔子《こうし》を九千鎰《きゅうせんいつ》と為《な》すは、疑《うたが》うらくは未《いま》だ安《やす》からず。」と。

深切。惟謂尭・舜為二万鎰一、孔子為二九千鎰一、疑未レ安。」

○徳章　不詳。

〈口訳〉

徳章がいう、「先生は、純金で聖人の本質をたとえ、重さで聖人の力量をたとえ、（純度を）たかめることで学ぶものが努力することをたとえられたとお聞きいたしましたが、まことに切実なお教えかと存じます。しかしながら、尭・舜の力量は万鎰、孔子の力量は九千鎰と述べられましたことは、いかがかと存じます。」と。

〈解説〉

分量観への疑問

先にみた精金の比喩《ひゆ》の語録は、記録者である薛侃《せっかん》が問答の筋道を整理して文章化したものである。おそらく実際の問答は、よそ道にそれたり、同一内容を繰り返したり、強調するところは声音を改めて話したのであろう。話術にすぐれ、言下に開悟を促した、教化力抜群の王陽明の講席は、聴く者をひきつけて驚喜させたものである。だから、この質問者の徳章もその場に居あわせたら即座に納得したのかもしれない。後に要旨を聞かされただけなものだから、この意表をつく精金の比喩問答に疑問をいだいたのである。

徳章は本質論そのものには異論はない。しかし、分量の大小による人物評価・序列化にあまりにも慣れていた徳章は、自分の理解する分量の大小観と王陽明のそれとが異なることに気づいて、このように質問したのである。

先生《せんせい》曰《いわ》く、「此《こ》れ又是《またこ》れ軀殻《くかく》の上《うえ》に念《ねん》を起《お》こせり。故《ゆえ》に聖人《せいじん》に替《か》わりて分両《ぶんりょう》を争《あらそ》う。若《も》し軀殻《くかく》の上《うえ》より念《ねん》を起《お》こさざれば、即《すなわ》ち尭《ぎょう》・舜《しゅん》の万鎰《ばんいつ》も多《おお》しと為《な》さず、孔子《こうし》の九千鎰《きゅうせんいつ》も少《すく》なしと為《な》さず。尭《ぎょう》・舜《しゅん》の万鎰《ばんいつ》は、只是《ただこ》れ孔子《こうし》のもの、孔子《こうし》の九千鎰《きゅうせんいつ》は、只是《ただこ》れ尭《ぎょう》・舜《しゅん》のもの、原《もともと》彼我《ひが》無《な》し。所以《ゆえ》に之《これ》を聖《せい》と謂《い》う。只精一《ただせいいつ》をのみ論《ろん》じて、多寡《たか》を論《ろん》ぜず。只此《ただこ》の心《こころ》天理《てんり》に純《じゅん》なる処同《ところおな》じきを要《よう》すれば、便《すなわ》ち同《おな》じく之《これ》を聖《せい》と謂《い》う。是《こ》の力量気魄《りきりょうきはく》の若《ごと》きは、如何《いかん》ぞ尽《ことごと》く同《おな》じくし得《え》んや。

先生曰、「此又是軀殻上起レ念。故替二聖人一争二分両一。若不下従二軀殻上一起上念、即尭・舜万鎰不レ為レ多、孔子九千鎰不レ為レ少。尭・舜万鎰、只是孔子的、孔子九千鎰、只是尭・舜的、原無二彼我一。所以謂二之聖一。只論二精一一、不レ論二多寡一。只要下此心純二乎天理一処同上、便同謂二之聖一。若二是力量気魄一、如何尽同得。

○精一　『書経』大禹謨《だいうぼ》篇「惟《こ》れ精惟れ一、允《まこと》に厥《そ》の中を執れ」による。

〈口訳〉

先生がいう、「そういう考えが、身体に制約された発想なのです。だから、聖人のために重さを問題にするのです。もし、身体に制約されて発想しなかったならば、たとえ尭・舜が万鎰でも多くはありませんし、孔子が九千鎰でも少なくはありません。尭・舜の万鎰（の純金）は、孔子のものと全く同じですし、孔子の九千鎰（の純金）は、尭・舜のものと全く同じです。もともと両者の本質には差異はありません。だからそれを聖人の本質というのです。たかめて純度百パーセントにすることだけが問題なのであって、分量の多少は問題ではないのです。人格が天理そのものであるということが同じでさえあれば、同じくそれを聖人の本質といいます。力量や気魄《きはく》となると、どうしてすっかり同じくしえましょうか。

〈解説〉

個性をどう理解するのか

非本質的なことにとらわれて発想するから、分量の大小多少で人物評価をしてしまうのである。本質に視点を転換して分量の差異を透視するなら、尭・舜の万鎰も孔子の九千鎰も、そして凡人の一両も等価であるという。

ただ、ここで気になるのは、分量上の差異を捨象するなら、尭・舜も孔子も本質的に同じであり価値的に等価であるというとき、等価無差別論はわかりやすいが、質的に同じだというのは何を意味するのだろうか。各《おのおの》の相互間の差異は所詮《しょせん》は分量上のことにすぎないとなると、「個性」などというのは現象上の差異にすぎない、非本質的なことということになってしまい、分量上の差異を承認することは、個性の尊重であるかにみえて、実は唯一の価値観を基軸にした、その実現の仕方・程度の差異にすぎないということなのだろうか。それとも個々の人格は本質的に等質等価であるからこそ、それが発現して分量的差異を呈するのは、個々の本来性の発揮であると認められるのであろうか。

この問題を解く鍵《かぎ》は、王陽明が「本来聖人」「本来完全」というときの、その「本来性」の内容そのものを明確にすることにありそうである。

後儒《こうじゅ》は、只分両《ただぶんりよう》の上《うえ》に在《あ》りて較量《こうりよう》す。所以《ゆえ》に流《なが》れて功利《こうり》に入《はい》る。若《も》し分両《ぶんりよう》を比較《ひかく》するの心《こころ》を除去《じよきよ》し了《お》わり、各人儘《かくじんことごと》く自己《じこ》の力量精神《りきりようせいしん》を着《つ》けて、只此《ただこ》の心《こころ》天理《てんり》に純《じゆん》なるの上《うえ》に在《あ》りて功《こう》を用《もち》いなば、即《すなわ》ち人人《ひとびと》は自《おのずか》ら箇箇《ここ》円成有《えんじようあ》り。便《すなわ》ち能《よ》く大《だい》は以《もつ》て大《だい》を成《な》し、小《しよう》は以《もつ》て小《しよう》を成《な》し、外慕《がいぼ》を仮《か》らずして、具足《ぐそく》せ

後儒只在㆓分両上㆒較量。所以流入㆓功利㆒。若除㆘去了比㆓較分両㆒的心㆖、各人儘着㆓自己力量精神㆒、只在㆘此心純㆓天理㆒上㆖用㆑功、即人人自有㆓箇箇円成㆒。便能大以成㆑大、小以成㆑小、不㆑仮㆓外慕㆒、無㆑不㆓具足㆒。此便是実実落落、明㆑善誠㆑身的事。

ざる無《な》し。此《こ》れ便《すなわ》ち是《こ》れ実実落落《じつじつらくらく》に、善《ぜん》を明《あき》らかにし身《み》を誠《まこと》にするの事《こと》なり。

○精神　心的エネルギー。　○箇箇円成　もと禅学で用いられた俗語。おのおのがあるがままで円満に成就していること。　○明レ善誠レ身　『中庸』二十章「身を誠にするに道有り。善に明らかならざれば、身に誠ならず」による。

〈口訳〉

後世の学者は、重さばかりを比較するから、功利主義に堕落するのです。重さを比較する心根をとりはらい、それぞれが自分の力量や精力のままにとことん発揮して、ひたすら人格を天理そのものにすることに努力したならば、誰《だれ》もがそれぞれに円満成就し、（力量・精力の）大なる人は大なるものに、小なる人は小なるものになり、それでいて（本質そのものは）完全に具足して万人が平等ですから、後天的に慕い求める必要はありません。これこそが着実に（本性の）善を発揮し一身を誠にすることです。

〈解説〉

功利主義の原因　ここで王陽明は、知識を増して科挙に備え才力をつけて立身出世をはかる後儒（朱子後学・俗流朱子学）を功利主義に陥ったものときめつけている。朱子学の格物論が、知識・才力の分量を比較する心を誘発して功利主義を結果するのだという独特の発想である。

力量精神は各人が固有する大小のままに、人格的にも本来完全に固有する天理を発現してそのものになること、いずれも固有するものを回復・発現することである。そもそも本来は完全なのであるし、現実にその本来性が完全に発揮せずに「不足」「欠陥」を露呈していても、それを解消するためには、その原因を排除しさえすれば、本来性は再び輝くのであるから、主体者は、自らの不足・欠陥を補うために、外に求める必要は一切いらないのである。

後儒《こうじゅ》は聖学《せいがく》に明《あき》らかならざれば、自己《じこ》の心地《しんち》の良知《りょうち》良能《りょうのう》の上《うえ》に就《つ》きて、体認拡充《たいにんかくじゅう》するを知《し》らず、却《かえ》って去《ゆ》きて其《そ》の知《し》らざる所《ところ》を知るを求《もと》め、其《そ》の能《よ》くせざる所《ところ》を能《よ》くするを求《もと》め、一味《いちみ》に只是《ただこ》れ高《たか》きを希《のぞ》み大《だい》を慕《した》う。自己《じこ》は是《こ》れ桀《けつ》・紂《ちゅう》の心地《しんち》なるを知《し》らずして、動《やや》もすれば輒《すなわ》ち尭《ぎょう》・舜《しゅん》の事業《じぎょう》を做《な》さんと要《す》るも、如何《いかん》ぞ做《な》し得《え》んや。終年碌碌《しゅうねんろくろく》として、老死《ろうし》に至《いた》るも、竟《つい》に箇《こ》の甚麼《なに》を成就《じょうじゅ》し了《お》わるかを知《し》らず。哀《あわ》

後儒不レ明二聖学一、不レ知下就二自己心地良知良能上一、体認拡充上、却去求レ知二其所一レ不レ知、求レ能二其所一レ不レ能、一味只是希レ高慕レ大。不レ知二自己是桀・紂心地一、動輒要レ做二尭・舜事業一、如何做得。終年碌碌、至二於老死一、竟不レ知三成二就一了箇甚麼二。可レ哀也已。」

れむ可《べ》きなるのみ。」と。

○良知良能　『孟子』尽心篇上の語。　○拡充　『孟子』公孫丑篇上《こうそんちゅう》「凡《およ》そ我に四端有る者、皆拡《ひろ》めてこれを充《おお》いにするを知る」による。

〈口訳〉

後世の儒者は、本当の学問がわからないので、自己の人格が（本来固有する）主宰力や才能に即して（本来性を）体認し（それを社会的実践として）発揮することをわきまえずに、むしろ逆に、自分の知らないことを知ろうとつとめ、できないことをできるようになろうとして、ひたすら高のぞみをして過大な境地をねらっている。自己の心根は桀・紂に等しいことをわきまえもせずに、ともすれば尭・舜ほどの事業をおこそうとしても、とてもできることではない。一年中あくせくとして、年老いて死去するまでになっても、なにほどのことができるのかおぼつかない。誠に哀れむべきことである。」と。

〈解説〉

致良知説発見以前の良知　新たな思想体系が公言されると同時に展開される旧学批判は、おしなべて手厳しいものであるが、王陽明の場合、それが部分的修正論などではなくして、新儒教の根本原理を根底から批判しただけに、後儒に対する批判はまことに辛辣《しんらつ》である。

さて、精金の比喩《ひゆ》論の展開をふまえて、ここの良知良能論を読了して、思い当たることがある。この良知良能とは、もちろん『孟子』の「人の学ばずして能くする所の者は、其の良能なり。慮《おもんぱか》らずして知る所の者は、其の良知なり」をふまえる。この先天的に固有する良知・良能の概念を、明らかに知識と才力（力量）の語に対置させて使用していることである。

そこで、この語録が、王陽明が致良知説を創唱する以前の記録だということを思い起こされたい。ここでは良知は良能と同格の対概念なのであって、致良知説以後の如く、良知が良能を包越する概念ではないのである。ましてや、実践主体を渾一《こんいつ》的に表現する「心」と同格の意味で使用されてはいない。

ここでの良知がまさしくその一例なのだが、他にも例えば『伝習録』上巻の良知、否、そればかりではない、致良知説始掲以前の良知はいずれも、良能と対概念の意味で使用されているのである。

王陽明の「良知」理解の成熟については、後に述べるが、基本的な思想構造は、『伝習録』上巻において既にすべて開示されているが、個別的に問題にしてみると、実践論としては致良知説が発明されることによって本来の特色がより鮮明になり、思想としての力を倍加されたことがよくわかる。

持敬蛇足説（上巻　一三〇条）

蔡希淵《さいきえん》問《と》う、「文公《ぶんこう》の大学新本《だいがくしんぽん》は、格致《かくち》を先《さき》にして、誠意《せいい》の工夫《くふう》を後《あと》にす。首章《しゅしょう》の次第《しだい》と相合《あいがっ》するが似《ごと》し。若《も》し先生《せんせい》の旧本《きゅうほん》に従《したが》うの説《せつ》の如《ごと》きは、即《すなわ》ち誠《せい》意《い》は反《かえ》って格致《かくち》の前《まえ》に在《あ》り。此《ここ》に於《お》いて尚《な》お未《いま》だ釈然《しゃくぜん》たらず。」と。

蔡希淵問、「文公大学新本、先㆓格致㆒、而後㆓誠意工夫㆒。似㆘与㆓首章次第㆒相合㆖。若如㆘先生従㆓旧本㆒之説㆖、即誠意反在㆓格致之前㆒。於㆑此尚未㆓釈然㆒。」

○文公大学新本　朱熹《しゅき》は、『礼記』所収の「大学篇」は錯簡脱落があると考えて、本文を移し補って『大学章句』『大学或問』を著した。王陽明は『礼記』所収のままでよいと考えて『大学古本』『大学問』を著した。王陽明は『礼記』原本『大学古本』の立場から、朱熹の『大学章句』を新本という。

〈口訳〉

蔡希淵が問う、「朱子が改定した『大学』の新本では、格物致知が先で、誠意という努力は後になっていますから、（『大学』の）首章の順序と合致するかと思います。もし、（『礼記』所収のままの）古本に従うという先生のご説ですと、誠意は逆に格物致知の前にくることになります。ここのところがなんとも釈然としないのですが。」と。

〈解説〉

『大学』の解釈

この蔡希淵の質問もまた核心をついたよい質問である。『大学』は、宋《そう》・明《みん》の新儒教徒たちが、修己と治人の二焦点を包括的に主張するときにもっとも重宝したものである。

ことに朱熹は、もと『礼記』の一篇にすぎないものを取り出して顕彰し、四書の一つに持ち上げ、経一章伝十章に整理した。段階的工夫を主張する朱熹がそれに合致するように経伝の文章を移し補っているので形式上の矛盾はない。それに対して王陽明の古本説は、八条目の順序とは違って、誠意が最優先されているので、蔡希淵の質問となったのである。

一見すると、格物致知と誠意とのいずれを重視するのか、と問うているかにみえて、実は工夫論全体をどのように考えるのか、その工夫をする実践主体をどうとらえるのか、を八条目解釈にことよせて問うているのである。

先生《せんせい》曰《いわ》く、「大学《だいがく》の工夫《くふう》は、即《すなわ》ち是《こ》れ明徳《めいとく》を明《あき》らかにす。明徳《めいとく》を明《あき》らかにするは、只是《ただこ》れ箇《こ》の誠意《せいい》のみ。誠意《せいい》の工夫《くふう》は、只是《ただこ》れ格物《かくぶつ》致《ち》知《ち》のみ。若《も》し誠意《せいい》を以《もっ》て主《しゅ》と為《な》し、去《ゆ》きて格物《かくぶつ》致《ち》知《ち》の工夫《くふう》を用《もち》うれ

先生曰、「大学工夫、即是明㆓明徳㆒。明㆓明徳㆒只是箇誠意。誠意的工夫、只是格物致知。若以㆓誠意㆒為㆑主、去用㆓格物致知的工夫㆒、即工夫始有㆓下落㆒。即為㆑善

ば、即《すなわ》ち工夫《くふう》は始《はじ》めて下落有《げらくあ》り。即《すなわ》ち善《ぜん》を為《な》し悪《あく》を去《さ》るは、是《こ》れ誠意《せいい》の事《こと》に非《あら》ざる無《な》し。新本《しんぽん》の、先《さき》に去《ゆ》きて事物《じぶつ》の理《り》を窮格《きゅうかく》するが如《ごと》きは、即《すなわ》ち茫茫蕩蕩《ぼうぼうとうとう》として、都《す》べて着落《ちゃくらく》する処無《ところな》し。用《もっ》て箇《こ》の敬《けい》の字《じ》を添《そ》うるを須《ま》ちて、方《はじ》めて牽扯《けんしゃ》し得《え》て、身心《しんしん》の上《うえ》に向《む》かい来《き》たる。然《しか》れども終《つい》に是《こ》れ根源没《こんげんな》し。若《も》し用《もっ》て箇《こ》の敬《けい》の字《じ》を添《そ》うるを須《ま》たば、何《なに》に縁《よ》りて孔門《こうもん》は倒《かえ》って一箇《いっこ》の最緊要《さいきんよう》の字《じ》をば落了《おと》し、直《ただ》に千余年《せんよねん》の後《のち》を待《ま》ちて、人《ひと》の来《き》たりて補出《ほしゅつ》せんことを要《もと》むるや。

去レ悪、無レ非二是誠意的事一。如三新本先去窮二格事物之理一、即茫茫蕩蕩、都無二着落処一。須三用添二箇敬字一、方才牽扯得、向二身心上一来。然終是没二根源一。若須三用添二箇敬字一、縁レ何孔門倒将二一箇最緊要的字一落了、直待二千余年後一、要二人来補出一。

○明二明徳一　『大学』の三綱領（明徳を明らかにす、民に親しむ、至善に止まる）の一つ。　○誠意　『大学』の八条目（格物・致知・正心・誠意・修身・斉家・治国・平天下）の一つ。　○敬　朱熹《しゅき》が『大学或問』などで力説した、持敬・居敬の工夫のこと。

〈口訳〉

先生がいう、「『大学』に述べてある努力論とは、『明徳を明らかにする』ことである。『明徳を明らかにする』とは『意を誠にする』ことにほかならない。『意を誠にする』という努力とは、『格物致知』にほかならない。『意を誠にする』ことを第一義に考えて『格物致知』の努力をしていってこそ、その努力は初めてうまくいくめどが立つものだ。つまり善を実現し悪を排除することが、ほかでもない『意を誠にする』ことなのだ。もし（朱子の）新本のように（実践主体を確立する努力を後まわしにして）先に（客観界の）事物の理を窮めるなら、これではつかみどころがなくふらふらして、全くらちがあかないだろう。そこで『敬《つつし》む』という努力を新たに加えて、ようやく主体性を確立することに（関心を）引き寄せることができたのだが、そうしたところで所詮《しょせん》は根源はないのさ。もし、（『大学』の三綱領・八条目とは別に）新たに『敬む』ということをしなければならないのなら、どうしてまた孔子一門では、それほどに最重要なことを見落として、千余年も後になって誰《だれ》かが補ってくれるのをずっとまっていたのだろうか。

〈解説〉

八条目　王陽明が『大学』の三綱領・八条目をかりて表現する実践論・努力論について、包括的に説明しておかないと、ここでの問答は理解しにくいかもしれないので、基本的なことについて一括して説明しておきたい。

まず、八条目のほうから説明を始めたい。

左に図示したごとく、主体と客体の関係を「物」あるいは「事」という。実践主体のことを「心」という。「修己」というときは、主体者が自己を目的化した表現である。「修身」の身は己と同じである。客体は、人間とそれ以外のものとがある。「治人」というときは「斉家・治国・平天下」を包括していう。この修身・斉家・治国・平天下の、後の四条は理解しやすい。問題は前の四条である。

さて「格物」とは主客関係を緊張させてあるべき関係にすること。そこで「コトヲタダス」と読む。

次の「致知」は主客関係の場で主体が良知を発揮して客体に働きかけること。後期には「良知」が「心」と同格に位置づけられて「致良知」が主体性を確立発揮する意味になった。

次の「正心」は主体者（心）の本体（未発の中）を確立すること。

次の「誠意」は心が已発作用した場で善を結果するようにすること。

前半の四条をひとまず箇条書きに説明したけれど、これを読んだだけでは錯綜《さくそう》していて理解しにくいかもしれない。そこで、王陽明の『大学』理解、ひいては王陽明の思想構造を理解する鍵《かぎ》を説き明かしたい。それは王陽明が、存在と時間をどう考えていたか、である。

物＝事

主体	（心・己）
↔	
客体	（もの・人）

「総説」でも述べた通り、分割不可能な、この一瞬の今という時間に人は実在する、ととらえた。過去とか未来という時間は、人間の存在を考えるとき、思い出や予想をのせる時間ではあっても、真に我々が実在するのはこの一瞬の

竜場における王陽明（37歳）

今だけである。人間の現実存在＝現在を「今」という時間にのみ認めた。かく「現在」ととらえられた主体者の未発本体と已発作用を時間的に分別することはできない。なぜなら、主体者である「現実存在」は分割不可能な一瞬の今に実在しているのだから。だから、未発本体・已発作用というのは実践主体者の分相を便宜的に説明したまでであり、未発本体・已発作用とはいっても実態は渾然《こんぜん》一体なのである。

王陽明の思惟《しい》構造を特色づけるのがこの渾一論である。八条目を理解するときも、一条ごとを文義のうえで理解しようとすると混乱してしまうであろう。そうではなくして、先に示した主体と客体の関係図の中に格物—平天下の一つ一つを位置づけながら、実践論の全体構造を考察し、その中で八条目の一つ一つがどの部分に焦点をあわせて表現しているのかを考えることである。

ただし、その際、八条目の一つ一つは、この主客関係の全体構造の部分にとりあえず焦点をあてて表現したのであって、あくまでも構造全体と渾然一体だということを見落としてはいけない。文義論のレベルで理解しようとすると混乱するばかりである。文義の理解をふまえたうえで、それを実践主体が主客関係の場で実践する実態に即して八条目を考えるなら、八条目が渾然一体であることが理解できよう。

たとえば、「誠意」というとき、「誠意」の工夫をする主体は心であるから、その心を確立する「正心」の工夫が「誠意」の工夫とともになければ「誠意」の工夫はありえない。

ここで「ともに」といい、「前に」といわなかったことに特に注意されたい。もし、前に、「正心」の工夫を準備したところで、今、「誠意」の工夫をするときには、前の「正心」の工夫はもはや過去のものとなってしまい、今の「誠意」の工夫にはなんの役にも立たないのである。

また、心は特定の客体との関係のもとに已発作用するから、そこには主客関係（物＝事）が成立しており、心が誠意の工夫をすることはコトヲタダス（格物）ことでもある。そして、それは心が良知という機能を発揮して、誠意・格物の工夫を行うことでもある。等々。八条目が密接不可分に関連しており、実態としては複雑な主客関係の全体構造を、実践論として様式化して表現したものが八条目であることがこれで了解いただけたかと思う。

次に三綱領について簡単に説明しておこう。

三綱領

三綱領は八条目の綱領であるから、八条目を簡約に表現したものが三綱領だといってもよい。両者は、同一の実態を述べて表現の仕方を異にしたまでである。もちろん三綱領は、八条目同様、渾然一体である。三綱領と八条目は相互に入り組んで、全体が渾然一体のものとして表現される。文義的に説明すれば「明㆓明徳㆒」とは主体（心）が本来性を確立発揮すること、「親㆑民」とは主体（心）が客体（民）との緊張関係にあって真誠惻怛《そくだつ》の愛を及ぼすこと、「止㆓於至善㆒」とは主体が「明㆓明徳㆒」「親㆑民」の工夫をするとき、至善を基地にすること、である。

さて、以上の如く、三綱領・八条目は、あくまでも「現在」する人間が実践する実態の全体を、分相化して様式的に表現したものであり、それを実態にかえしてみると、三綱領・八条目と分けて表現されているけれども、実は渾然一体なのである。このことをわきまえると、ここで王陽明が「明明徳＝誠意＝格物致知」と表現していることがよく理解できよう。渾然一体ととらえながらも、誠意を中心にすえているのは、誠意といえばそこには格物・致知・正心の工夫が包括されていて、主客関係の中で実践主体が本来性を確立発揮することを表現するのにもっとも適切だからである。

実践主体が主体性を確立しないままに格物窮理の工夫をしたところで何の成果も得られまいと、渾一論をとらないで、漸進的工夫論を八条目に適用した朱子学の『大学』理解を批判する。『大学』を根本的に誤解したからこそ、持敬・居敬の工夫を捏造《ねつぞう》して弥縫《びほう》しようとしたのだと、朱子学の、格物・持敬を両輪とする工夫論をてきびしく論難する。

正《まさ》に謂《おも》えらく、誠意《せいい》を以《もっ》て主《しゅ》と為《な》せば、即《すなわ》ち敬《けい》の字《じ》を添《そ》うるを須《ま》たず。所以《ゆえ》に箇《こ》の誠意《せいい》を提出《ていしゅっ》し来《き》たりて説《と》けり。正《まさ》に是《こ》れ学問《がくもん》の大頭脳《だいずのう》の処《ところ》なり。此《ここ》に於《おい》て察《さっ》せざれば、真《しん》に所謂《いわゆる》毫釐《ごうり》の差《さ》、千里《せんり》の繆《あやま》りな

正謂、以二誠意一為レ主、即不レ須レ添二敬字一。所以提二出箇誠意一来説。正是学問的大頭脳処。於レ此不レ察、真所謂毫釐之差、千里之繆。大抵中庸工夫、只是誠レ身。

り。大抵《たいてい》、中庸《ちゅうよう》の工夫《くふう》は、只是《ただこ》れ身《み》を誠《まこと》にするのみ。身《み》を誠《まこと》にするの極《きょく》は、便《すなわ》ち是《こ》れ至誠《しせい》なり。大学《だいがく》の工夫《くふう》は、只是《ただこ》れ意《い》を誠《まこと》にするのみ。意《い》を誠《まこと》にするの極《きょく》は、便《すなわ》ち是《こ》れ至善《しぜん》なり。工夫《くふう》は総《す》べて是《こ》れ一般《いっぱん》なり。今《いま》、這裏《ここ》に箇《こ》の敬《けい》の字《じ》を補《おぎな》い、那裏《かしこ》に箇《こ》の誠《せい》の字《じ》を補《おぎな》うと説《と》かば、未《いま》だ蛇《へび》を画《えが》きて足《あし》を添《そ》うるを免《まぬが》れず。」と。

誠レ身之極、便是至誠。大学工夫、只是誠レ意。誠レ意之極、便是至善。工夫総是一般。今説下這裏補二箇敬字一、那裏補中箇誠字上、未レ免三画レ蛇添二足。」

○毫釐之差、千里之繆　『史記』太史公自序の語による。ささいな誤差が、大きな誤謬《ごびゅう》を結果すること。
○画レ蛇添レ足　『戦国策』による。余計なことをして真実を誤ること。

〈口訳〉

『意を誠にする』ということを第一義とするということは、とりもなおさず、新たに『敬《つつし》む』という努力を加えなくてもよいことなのです。『意を誠にする』ことを特に取り出して主張したのは、それこそ学問のいちばん肝心なところだからです。このことを明察しないと、それこそ、少しの誤差が大きな誤ちを結果するというものです。おおむね、『中庸』に述べる努力論は、『身を誠にする』ことにほかなりません。『身を誠にする』（という努力）

の窮極（の目標）は、至誠となることです。『大学』の述べる努力論は『意を誠にする』ことにほかなりません。『意を誠にする』（という努力）の窮極（の目標）は、至善となることです。（『大学』と『中庸』の）努力論は全部同じことなのです。いま、ここでは『敬む』ことを付け加え、あそこでは『誠にする』ことを付け加えるなどと主張するのは、蛇をえがいて足を書き加えるようなもので、余計なことです。」と。

〈解説〉

持敬は蛇足　朱子学の持敬説を蛇足《だそく》であると断言した著名な語録である。『大学』の格物窮理を、外在する定理を把握するものと誤解して、その定理を我が身にひきよせる持敬を併せ説くことを否定したのである。『大学』をよく理解しさえすれば、敬の工夫を補う必要はないからである。しかし、王陽明は敬そのものを否定したのではない。王陽明も敬を説く。ただし、その敬は、朱子学の如く天を畏敬《いけい》することではない。自らの本来性を厳粛にうけとめて、それを現実に発揮する緊張感をいう。

ここでもう一つ注意さるべきは、『中庸』の誠身の工夫と『大学』の誠意の工夫が同じことだといわれていることである。身と意との文義＝概念規定が異なるのであるから、文義のうえで考えるかぎり、同じことというのはおかしい。それでは王陽明が、非論理的な、むちゃくちゃなことを言っているのかというとそうではない。もし、そうだとしたなら、蔡希淵がさらに質問しているはずである。

彼は王陽明のこの返答で納得したのである。まさか超論理的にやみくもに納得したのではあるまい。蔡希淵その人は徐愛とともにもっとも古い門人であり、王陽明の思考方法にそれだけ久しく親しんだ人であるから、ここまでの論理の展開を追ってきて得心がいったから再質問の必要を認めなかったのである。それは記録者の薛侃《せっかん》も同様であったろう。

それではなぜ「誠身」と「誠意」を同じことといえたのか。ここであらためて、王陽明が八条目を渾一（渾然一体）と把握していたことを思い起こされたい。渾一論をとらない朱子学者の目からみれば、分析をせずに何もかも渾合するものと非難されるところであるが、身と意とは、「現在」の実態に即して考えれば渾然一体なのであるから、誠意の工夫と誠身の工夫が同じものと表現しても一向に不都合はないのである。

中巻

人の学を論ずるに答うるの書

この書簡の送り先の人名が伏せられているが、実名は顧璘《こりん》、字《あざな》は華玉、号は東橋居士（一四七六～一五四五）である。詩人として世評が高かった人である。

王陽明がこの書簡を執筆したのは五十四歳の時、父王華が死去したので喪に服するために郷里に帰っていた。王陽明が致良知説を創唱してからすでに五年。門人知己と講学活動にいそしんだ、王陽明の生涯の中でもっとも平安で充実した日々を過ごしていたころである。それだけにこのころに執筆された文章は、良知心学の本領をいかんなく発揮した力作が多い。この書簡がその中の一つである。なぜ実名を伏せたのかはわからない。

顧璘は朱子学的思考に立って王陽明の『大学』解釈、仏教との類似性、知行合一説、『朱子晩年定論』など、王陽明の思想の中核を構成する主題をほとんどすべて取り上げて質問してきた。それに答えて、王陽明は懇切丁寧に反論を展開し、良知心学と朱子学との差異を明《めい》晰《せき》に開示した、内容重厚な書簡である。

さりながら、あまりにも長文なので、ここでは、内容的に他と重複することを考慮したうえで、王陽明晩年の思想を考えるうえで参考となる、内容豊富な部分を収めた。なお後半に論述されている抜本塞源《そくげん》論は特に独立させて収めることにした。

人《ひと》の学《がく》を論《ろん》ずるに答《こた》うるの書《しょ》

来書《らいしょ》に云《い》う、「『真知《しんち》は即《すなわ》ち行為《こうた》る所以《ゆえん》にして、行《おこな》わざれば之《これ》を知《し》ると謂《い》うに足《た》らず。』と。此《こ》れ学者《がくしゃ》の為《ため》に喫緊《きっきん》に教《おし》えを立《た》て、躬行《きゅうこう》を務《つと》めしむるは、則《すなわ》ち可《か》なり。若《も》し真《しん》に、行《こう》は即《すなわ》ち是《こ》れ知《ち》なりと謂《い》わば、恐《おそ》らくは専《もっぱ》ら本心《ほんしん》を求《もと》めて、遂《つい》に物理《ぶつり》を遺《わす》れ、必《かなら》ず闇《くら》くして達《たつ》せざるの処有《ところあ》らん。抑《そもそも》豈聖門《あにせいもん》の知行《ちこう》並進《へいしん》の成法《せいほう》ならんや。」と。

答㆓人論㆒㆑学書

来書云、「『真知即所㆓以為㆒㆑行、不㆑行不㆑足㆑謂㆓之知㆒。』此為㆓学者㆒喫緊立㆑教、俾㆑務㆓躬行㆒則可。若真謂㆓行即是知㆒、恐専求㆓本心㆒、遂遺㆓物理㆒、必有㆓闇而不㆑達之処㆒。抑豈聖門知行並進之成法哉。」

〈口訳〉

（あなたは）お手紙で、「『本当に認識したというのは実践したということです。実践しないのでは（本当に）認識したとはいえません』というのは、（王陽明が）学ぶ者のために当面の緊要事として教えられたことであり、実行させようとされることは結構なことですが、もし、本当に『実践がそのまま認識（を生むもの）である』とお考えでしたら、きっと、専ら本来心（の自己実現）を追求するばかりで、あげくには主客関係の理法をなおざりにすることになり、必ずやわからないまま理解しえないことになりましょう。それが、そもそも認識と実践は並進するものだという聖門の定説といえるのでしょうか。」と述べておられる。

〈解説〉

知行合一説への疑問　知行合一説に関する質問である。顧璘《こりん》は、王陽明の知行合一説を、知識の世界にとどまらずに実践することを促すための方便論、つまり実践強調論としてなら、是認するという。このように知行合一説を理解するのは一人顧璘に限らない。あげくの果てには、王陽明の知行合一説を実践強調論、あるいは実践してみなければ本当にはわからないのだという体験主義のことだと理解して、高く評価するものもいる。いずれも誤解である。

顧璘が危惧《きぐ》したのは、知行合一説が実践強調論・体験主義などではなくして、「実践がそのまま認識（の場）である」という意味だとすると、ことさらに認識する工夫を必要としなくなり、そうだと実践ばかりが先行して、認識のほうは行き届かないところが生じてしまい、その結果、認識と実践は並進させるという定説と異なることになるということである。

この顧璘の反論・疑問の根本は、知と行とをはっきりと分別しており、そのうえで両者の同時進行を主張していることである。

知《ち》の真切篤実《しんせつとくじつ》の処《ところ》、即《すなわ》ち是《こ》れ行《こう》なり。行《こう》の明覚精察《めいかくせいさつ》の処《ところ》、即《すなわ》ち是《こ》れ知《ち》なり。知《ち》・行《こう》の工夫《くふう》は、本《もともと》離《はな》る可《べ》からず。只後世《ただこうせい》の学者《がくしゃ》、分《わ》かちて両截《りょうせつ》を作《な》して功《こう》を用《もち》い、知《ち》・行《こう》の本体《ほんたい》を失却《しっきゃく》するが為《ため》に、故《ゆえ》に合一《ごういつ》並進《へいしん》の説有《せつあ》り。真知《しんち》は即《すなわ》ち行為《こうた》る所以《ゆえん》、行《おこな》わざれば之《これ》を知《ち》と謂《い》うに足《た》らず、とは、即《すなわ》ち来書《らいしょ》に云《い》う所《ところ》の、食《しょく》を知《し》りて乃《すなわ》ち食《しょく》す等《とう》の説《せつ》の如《ごと》きに見《み》る可《べ》し。前《まえ》に已《すで》に略之《ほぼこれ》を言《い》えり。此《こ》れ喫緊《きっきん》に弊《へい》を救《すく》わんとして発《はっ》すと雖《いえ》ども、然《しか》れども知《ち》・行《こう》の本体《ほんたい》は、本来是《ほんらいか》くの如《ごと》し。己意《こい》を以《もっ》て其《そ》の間《かん》に抑揚《よくよう》し、姑《しば》らく是《こ》の説《せつ》を為《な》して、以《もっ》て一時《いちじ》の効《こう》を苟《いやし》くする者《もの》に非《あら》ざるなり。

知之真切篤実処、即是行。行之明覚精察処、即是知。知・行工夫、本不レ可レ離。只為下後世学者、分作二両截一用レ功、失中却知・行本体上、故有二合一並進之説一。真知即所三以為一レ行、不レ行不レ足レ謂二之知一、即如二来書所レ云、知レ食乃食等説一可レ見。前已略言レ之矣。此雖二喫緊救レ弊而発一、然知・行之本体、本来如レ是。非下以二己意一抑二揚其間一、姑為二是説一、以苟二一時之効一者上也。

○後世学者　朱子学者をいう。　○両截　両段。　○来書所レ云、知レ食乃食等説　これより一節前のところで顧璘のこの言を引用して反論している。

〈口訳〉

認識するその主体者が真切篤実にすること、それこそが実践です。実践するその主体者が明覚精察すること、それこそが認識です。認識と実践との行為はもともと分離できません。後世の学ぶ者が、二つに分けてとりくみ、認識と実践の本来のあり方を喪失してしまったがために、とりあえず（認識と実践とは）合一であるとか並進するとかの説を提起したまでのことです。本当に認識したということは、（主体者が）実践したということです。（主体者が）実践しないのでは、（本当に）認識したとはいえません。ということは、お手紙にいう、食物と知ってこそ食べる云々の説からもわかりますことは、前にすでに略述したとおりです。この（知行合一説を主張した）ことは、弊害を救抜することが緊要だと考えて発明したことですけれども、しかしながら、認識と実践の本来のあり方は、もともとこうなのです。小生が勝手な意見をさしはさんで手直しをして、当座はこの知行合一説を主張して、ひと時ばかりの効果をねらったのではありません。

〈解説〉

知行合一説の表現　ここでの王陽明の説明は、知行合一説の本質を開示していながらも、質問を受けての返書だという制約もあってか、表現にもう一つ工夫《くふう》がほしいところである。とくに、冒頭の一句はこれだけでは理解しにくい。そもそも真切篤実とは実践を形容する言葉であり、明覚精察とは認識を形容する言葉である。ところがここでは「知之真切篤実」「行之明覚精察」と逆に表現されているために読む者を困惑させる。王陽明は翌五十五歳の時に友人の問いに答えた書簡の中で次の如くいう。

若《も》し知る時、其《そ》の心真切篤実なる能わざれば、則《すなわ》ち其の知は便《すなわ》ち明覚精察なる能わず。是《こ》れ知るの時、只《ただ》明覚精察ならんとのみ要《ほっ》し、更に真切篤実ならんと要《ほっ》せずんばあらず。行うの時、其の心明覚精察なる能わざれば、則ち其の行は、便ち真切篤実なる能わず。是れ行うの時、只真切篤実ならんとのみ要し、更に明覚精察ならんと要せずんばあらず。〈「友人の問いに答う」〉

若知時、其心不レ能二真切篤実一、則其知便不レ能二明覚精察一。不下是知之時只要二明覚精察一、更不上レ要二真切篤実一也。行之時、其心不レ能二明覚精察一、則其行便不レ能二真切篤実一。不下是行之時只要二真切篤実一、更不上レ要二明覚精察一也。〈「答二友人問一」〉

認識するとき、実践主体が真切篤実になれなかったら、認識は明覚精察にはできない。認識するときは、明覚精察にしさえすればよいのであって、真切篤実にする必要は全くいらない、ということではない。実践するとき、実践主体が明覚精察になれなかったら、実践は真切篤実にはできない。実践するときは、真切篤実にしさえすればよいのであって、明覚精察にする必要は全くいらない、ということではない。

つまり、この知と行を実践主体の心にかえして理解することが肝心なのである。この点は王陽明の高弟である欧陽南野《おうようなんや》・王竜渓なども同様の発言をしており、この表現を解明する鍵《かぎ》である。

ここで「分離できない」といっているのは、分割不可能な時間である一瞬の今に「現在」する主体者の行為であるから、時間的には先後とか、価値的には軽重とかと分かつことはそもそも不可能なことだからである。意味的に知行と分かつのは、伝統的用語法にそった、あくまでも便宜上の、相対的分別にすぎない。

専《もっぱ》ら本心《ほんしん》を求《もと》めて、遂《つい》に物理《ぶつり》を遺《わす》る、とは、此《こ》れ蓋《けだ》し其《そ》の本心《ほんしん》を失《うしな》う者《もの》なり。夫《そ》れ物理《ぶつり》は吾《わ》が心《こころ》を外《そと》にせず。吾《わ》が心《こころ》を外《そと》にして物理《ぶつり》を求《もと》むるも、物理《ぶつり》無《な》し。物理《ぶつり》を遺《わす》れて吾《わ》が心《こころ》を求《もと》むるは、吾《わ》が心《こころ》は又何《またなに》物《もの》ぞや。心《こころ》の体《たい》は性《せい》なり。性《せい》は即《すなわ》ち理《り》なり。故《ゆえ》に親《おや》に孝《こう》するの心有《こころあ》れば、即《すなわ》ち孝《こう》の理《り》有《あ》り。親《おや》に孝《こう》するの心無《こころな》ければ、即《すなわ》ち孝《こう》の理《り》無《な》し。君《きみ》に忠《ちゅう》するの心有《こころあ》れば、即《すなわ》ち忠《ちゅう》の理《り》有《あ》り。君《きみ》に忠《ちゅう》するの心無《こころな》ければ、即《すなわ》ち忠《ちゅう》の理《り》無《な》し。理《り》豈《あに》吾《わ》が心《こころ》を外《そと》にせんや。晦菴《かいあん》謂《い》う、「人《ひと》の学《がく》を為《な》す所以《ゆえん》の者《もの》は、心《こころ》と理《り》との

専求二本心一、遂遺二物理一、此蓋失二其本心一者也。夫物理不レ外二於吾心一。外二吾心一而求二物理一、無二物理一矣。遺二物理一而求二吾心一、吾心又何物邪。心之体性也。性即理也。故有二孝レ親之心一、即有二孝之理一。無二孝レ親之心一、即無二孝之理一矣。有二忠レ君之心一、即有二忠之理一。無二忠レ君之心一、即無二忠之理一矣。理豈外二於吾心一邪。

晦菴謂、「人之所二以為一レ学者、心

み。心《こころ》は一身《いっしん》に主《しゅ》たりと雖《いえ》ども、而《しか》も実《じつ》に天下《てんか》の理《り》を管《かん》す。理《り》は万事《ばんじ》に散在《さんざい》すと雖《いえ》ども、而《しか》も実《じつ》は一人《いちにん》の心《こころ》を外《そと》にせず。」と。是《こ》れ其《そ》の一分一合《いちぶんいちごう》の間《かん》、未《いま》だ已《すで》に学者《がくしや》の心《こころ》と理《り》とを二《に》と為《な》すの弊《へい》を啓《ひら》くを免《まぬか》れず。此《こ》れ後世《こうせい》の、専《もっぱ》ら本心《ほんしん》を求《もと》めて物理《ぶつり》を遺《わす》るるの患《うれ》い有《あ》る所以《ゆえん》にして、正《まさ》に心《こころ》は即《すなわ》ち理《り》なるを知《し》らざるに由《よ》るのみ。

与レ理而已。心雖レ主二乎一身一、而実管二乎天下之理一矣。理雖三散‐在万事二、而実不レ外二乎一人之心一。」是其一分一合之間、而未レ免三已啓二学者心理為レ二之弊一。此後世所下以有中専求二本心一遺二物理一之患上、正由レ不レ知二心即理一耳。

〇晦菴謂　朱熹《しゅき》の『大学或問』の語。

〈口訳〉

「専ら本来心（の自己実現）を追求するばかりで、あげくには主客関係の理法をなおざりにする」というのは、それこそ本来心を喪失していることです。そもそも（主客関係＝物そのものが主体＝心の客体への働きかけをまって初めて成立するのですから）主客関係の理法は、われわれ実践主体が創造することにほかなりません。われわれ実践主体を疎外して主客関係の理法を探究したとしても、主客関係の理法なぞありません。主客関係をなおざりにして実践主体（の自己実現）を追求するというとき、その実践主体とはどんなものですか。心

（現存在する実践主体）の本体は性であります。（心と渾一であるこの）性が理法を創造するのです。ですから、親に孝行をしようとする実践主体者が存在してこそ、孝行という理法が出現するのです。親に孝行をしようとする主体者が存在しなければ、孝行という理法は生まれません。君に忠誠を尽くそうとする主体者が存在してこそ、忠誠という理法が出現するのです。君に忠誠を尽くそうとする主体者が存在しなければ、忠誠という理法は生まれません。理法とは、どうして我々主体者を疎外してありえましょうか。

朱晦菴《しゆかいあん》（朱子）は「人が学問をするには、心（主体）と理法による。心は一身を主宰するもの（主体者）であるが、実際は天下の理法をとりしきるものだ。理はあらゆる主客関係に内在しているけれども、実際はわれわれ一人一人の心（主体者）が関与することに他ならない」と述べている。心と理とは、一方では別々のものと分けながら、他方では密接に関係するというこの主張が、学ぶ者が心と理とを二つのものとみる病弊を生むことはいかにも免れない。このために後世、専ら本来心（の自己実現）を求めるばかりで、主客関係の理法をなおざりにする疾患が起こったのであり、それこそ実践主体が理法を創造するのだということを知らないからである。

〈解説〉

心即理　この一段は心即理を明晰《めいせき》に主張したものである。顧璘《こりん》は王陽明の心即理説をとらえて、「遂《つい》に物理を遺る」と批判する。この視点をもう一歩進めて表現すれば、社会関係、人倫を忘却無視して、反社会性を助長し、仏老の非政治性を結果してしまうではないか、ということを含んでいよう。もう一点、心に委せて定準を措定《そてい》しないとき、恣意《しい》放《ほう》縦《しょう》が結果しはすまいかという危惧《きぐ》もあろう。

それに対して王陽明は、理法はあくまでも主体者である我々（心）が創造するものであって、実践主体を疎外した、客観的定理などは存在しないという。そして、朱熹《しゅき》の『大学或問』の語を引いて、朱子学が、主体と理法とを二物と分別することが誤りであることを厳しく批判する。なお、王陽明は『大学問』においても朱子学の構造が「一分一合」であることを批判している。

夫《そ》れ心《こころ》を外《そと》にして以《もっ》て物理《ぶつり》を求《もと》む。是《ここ》を以《もっ》て闇《くら》くして達《たっ》せざるの処有《ところあ》り。此《こ》れ告子《こくし》の義外《ぎがい》の説《せつ》にして、孟子《もうし》の、之《これ》を義《ぎ》を知《し》らずと謂《い》う所以《ゆえん》なり。心《こころ》は一《いっ》のみ。其《そ》の全体《ぜんたい》の惻怛《そくだつ》を以《もっ》て言《い》えば、之《これ》を仁《じん》と謂《い》う。其《そ》の宜《よろ》しきを得《え》るを以《もっ》て言《い》えば、之《これ》を義《ぎ》と謂《い》う。其《そ》の条理《じょうり》を以《もっ》て言《い》えば、之《これ》を理《り》と謂《い》う。心《こころ》を外《そと》にして以《もっ》て仁《じん》を求《もと》む可《べ》からず。心《こころ》を外《そと》にして以《もっ》て義《ぎ》を求《もと》む

夫外レ心以求二物理一。是以有二闇而不レ達之処一。此告子義外之説、孟子所三以謂二之不一レ知レ義也。心一而已。以二其全体惻怛一而言、謂二之仁一。以二其得一レ宜而言、謂二之義一。以二其条理一而言、謂二之理一。不レ可二外レ心以求一レ仁。不レ可二外レ心以求一レ義。独可二

可《べ》からず。独《ひと》り心《こころ》を外《そと》にして以《もっ》て理《り》を求《もと》む可《べ》けんや。心《こころ》を外《そと》にして以《もっ》て理《り》を求《もと》むるは、此《こ》れ知行《ちこう》の二《に》たる所以《ゆえん》なり。理《り》を吾《わ》が心《こころ》に求《もと》むるは、此《こ》れ聖門《せいもん》の知行合一《ちこうごういつ》の教《おし》えなり。吾子《ごし》又何《またなに》をか疑《うたが》わんや。

外レ心以求レ理乎。外レ心以求レ理、此知行之所二以二一也。求二理於吾心一、此聖門知行合一之教。吾子又何疑乎。

○告子義外之説　『孟子』告子篇上の語。　○不レ知レ義　『孟子』公孫丑《こうそんちゅう》篇上の語。　○全体　完全なる本体。

〈口訳〉

そもそも実践主体を疎外して主客関係の理法を求め、その結果、わからないまま理解しえないことになる、というのは、義理は後天的に獲得するものだという告子の主張であって、だからこそ、孟子は、告子は義理の何たるかを理解していないと論評したのである。実践主体とは渾然《こんぜん》一体の存在である。主体の（固有する）完全なる本体が惻怛《そくだつ》（の愛）である点を、仁と表現し、それが宜しきにかなっている点を、義と表現し、それが条理にかなっている点を理と表現します。主体を疎外して仁（の実現）を追求することはできませんし、主体を疎外して義（の実現）を追求することはできません。主体を疎外して理（の創造）を追求することがいったいできましょうか。主体を疎外して理を追求するから、認識と実践が二つのことになるのです。理をわれわれ自身が創造するものだと追求するのが、聖門の認識と実践は不可分のものだという教則です。あなたはこれでもまた疑問視されますか。

〈解説〉

告子の本性論をめぐって

ここまで王陽明の書簡を読み進んできて気がつかれただろうか。王陽明は心即理説を基礎にして知行合一説を立論しており、顧璘《こりん》が疑問を表示した文章を逐一取り上げてきりかえしているのである。

告子は孟子の最大の論敵である。人間の本性を究明する動きは孔子門下にすでにみえるが、それを善と明言したのは孟子である。『孟子』告子篇などをみると、当時、本性論をめぐる熱い論争が展開されたことがうかがわれるが、告子は孟子と論争して一歩もひかない。

それほどの力量をもち、それなりの影響力があったと考えられるのに、先秦《せんしん》の文献には『墨子』にちょい役で登場する以外は、『孟子』に記録されるだけである。告子に関心を示したのが孟子一党だけであったということなのであろうか。不思議なことである。

それだけに興味のそそられる思想家である。『告子』が発掘品として出現したら、それこそおもしろいが、

詩人　王陽明（49歳）

『漢書』芸文志も『告子』の存在を記していないことを考えると、可能性は小さい。

新儒教が台頭するようになると、孟子の性善説が正統の地位を確保し、性無善無不善説を主張した告子は悪役を引き受けさせられた。朱熹《しゅき》は陸象山を、陸象山は朱熹を、現代の告子だと非難した。

相手を告子だと非難するときには、各人の思想によってその視点が異なるけれども、告子と非難されるということは、おまえは、孔子・孟子の道統路線からはずれた異端邪説であるということであるから、ことは深刻である。孟子が正統であるかぎり、告子が全面的に再評価されることはありえない。だから、論争が激化するときには、必ず告子論争が交わされることになる。

ここでの、顧璘が、王陽明の心即理・知行合一説を批判したその視角をさらに突き進めると、定理を無視した、告子の無善無不善説と同案だという非難になる。つまり、王陽明は現代の告子だということになる。事実、王陽明とその門流を告子だときめつけた非難は朱子学徒の常套《じょうとう》文句であった。その顧璘の反論の文句そのままを、朱子学に献呈している。朱子学こそが、後天的に定理を補修する、告子の義外説だときりかえしているのである。王陽明の心即理説の立場からみるとき、朱子学の格物窮理説は、それこそ、朱子学が似而非《えせ》の自力主義・性善説である何よりの証拠だということになる。

来書《らいしょ》に云《い》う、「聞《き》くならく、学者《がくしゃ》に語《かた》りて、乃《すなわ》ち、物《もの》に即《つ》きて理《り》を窮《きわ》むるの説《せつ》は、亦是《またこ》れ物《もの》を玩《もてあそ》びて志《こころざし》を喪《うしな》うと謂《い》う、と。又其《またそ》の繁《はん》を厭《いと》いて約《やく》に就《つ》き、本原《ほんげん》を涵養《かんよう》するの数説《すうせつ》を取《と》りて、学者《がくしゃ》に標示《ひょうじ》して、指《さ》して晩年《ばんねん》の定論《ていろん》と為《な》せり、と。此《こ》れ亦恐《またおそ》らくは非《ひ》ならん。」と。

来書云、「聞語二学者一、乃謂下即レ物窮レ理之説、亦是玩レ物喪上志。又取下其厭レ繁就レ約、涵二養本原一数説上、標二示学者一、指為二晩年定論一。此亦恐非。」

○玩レ物喪レ志　『書経』旅獒《りょごう》篇の語。程明道が単なる博識を批判した語として有名である。○本原　ここで主体性そのものを指していう。○晩年定論　王陽明が編集した『朱子晩年定論』のこと。

〈口訳〉

（あなたは）お手紙で「『聞くところによりますと、（王陽明は）学ぶ者に対して、（朱子の）物に即して理を窮める』という説は、『対象に溺《おぼ》れて目的意識を喪失するもの』と論評されたり、また朱子が『繁雑なものはやめて簡単にしよう』とか『根本を確立しよう』などとのべた説を選集して、学ぶ者に提示し、これが朱子晩年の定論だと指摘されているとのこと。これはきっと誤りでしょう。」と述べておられる。

〈解説〉

朱子学への誤解

ここでの質問の眼目は二点。第一点は、王陽明が朱子学の格物窮理を玩物喪志ときめつけたことを否定すること。第二点は、『朱子晩年定論』の朱熹《しゅき》理解そのものを否定すること。

羅欽順《らきんじゅん》は『朱子晩年定論』編集の杜撰《ずさん》さを非難しているが、顧璘《こりん》はそのことにはふれずに内容の点から問題にしたのである。

朱子《しゅし》の所謂格物《いわゆるかくぶつ》と云《い》う者《もの》は、物《もの》に即《つ》きて其《そ》の理《り》を窮《きわ》むるに在《あ》るなり。物《もの》に即《つ》きて理《り》を窮《きわ》むるは、是《こ》れ事物物《じぶつぶつ》の上《うえ》に就《つ》きて、其《そ》の所謂定理《いわゆるていり》なる者《もの》を求《もと》むるなり。是《こ》れ吾《わ》が心《こころ》を以《もっ》て、理《り》を事事物物《じじぶつぶつ》の中《なか》に求《もと》めて、心《こころ》と理《り》とを析《わ》かちて二《に》と為《な》せり。夫《そ》れ理《り》を事事《じじ》物物《ぶつぶつ》に求《もと》むることは、孝《こう》の理《り》を其《そ》の親《おや》に求《もと》むるが如《ごと》きの謂《い》いなり。孝《こう》の理《り》を其《そ》の親《おや》に求《もと》むれば、則《すなわ》ち孝《こう》の理《り》は、其《そ》れ果《は》たして吾《われ》の心《こころ》に在《あ》るか。抑《そもそも》果《は》たして親《おや》の身《み》に在《あ》るか。仮《かり》に果《は》たして親《おや》の身《み》に在《あ》れば、

朱子所謂格物云者、在三即レ物而窮二其理一也。即レ物窮レ理、是就二事事物物上一、求二其所謂定理者一也。是以二吾心一、而求二理於事事物物之中一、析二心与レ理而為レ二矣。夫求二理於事事物物一者、如レ求二孝之理於其親一之謂也。求二孝之理於其親一、則孝之理、其果在二於吾之心一邪。抑果在二於親之身一邪。仮而果在二於親之身一、則親没之後、吾心遂無二孝之理一

則《すなわ》ち親没《おやぼつ》するの後《のち》、吾《わ》が心《こころ》は遂《つい》に孝《こう》の理《り》無《な》きか。孺子《じゅし》の井《せい》に入《い》るを見《み》れば、必《かなら》ず惻隠《そくいん》の理《り》有《あ》り。是《こ》の惻隠《そくいん》の理《り》は、果《は》たして孺子《じゅし》の身《み》に在《あ》るか。抑《そもそも》吾《わ》が心《こころ》の良知《りょうち》に在《あ》るか。其《そ》れ或《あ》るいは以《もっ》て之《これ》に井《せい》に従《したが》う可《べ》からざるか。其《そ》れ或《あ》るいは手《て》を以《もっ》て之《これ》を援《たす》く可《べ》きか。是《こ》れ皆所謂理《みないわゆるり》なり。是《こ》れ果《は》たして孺子《じゅし》の身《み》に在《あ》るか。抑《そもそも》果たして吾《わ》が心《こころ》の良知《りょうち》に出《い》ずるか。是《ここ》を以《もっ》て之《これ》を例《れい》せば、万事万物《ばんじばんぶつ》の理《り》は、皆然《みなしか》らざる莫《な》し。是《こ》れ以《もっ》て心《こころ》と理《り》とを析《わ》かちて二《に》と為《な》すの非《ひ》なるを知《し》る可《べ》し。

歟。見二孺子之入一レ井、必有二惻隠之理一。是惻隠之理、果在二於孺子之身一歟。抑在二於吾心之良知一歟。其或不レ可三以従二之於井一歟。其或可二以レ手而援一レ之歟。是皆所謂理也。是果在二於孺子之身一歟。抑果出二於吾心之良知一歟。以レ是例レ之、万事万物之理、莫レ不二皆然一。是可下以知中析二心与一レ理為レ二之非上矣。

○格物　『大学』八条目の第一条。　○就二事事物物上一、求二其所謂定理者一　朱熹《しゅき》『大学或問』の語による。　○見二孺子之入一レ井、必有二惻隠之理一　『孟子』公孫丑《こうそんちゅう》篇上の語による。ただし、『孟子』は「惻隠之心」に作る。　○従二之於井一　『論語』雍也《ようや》篇の語。　○以レ手而援レ之　『孟子』離婁《りろう》篇上の語。

〈口訳〉

朱子の主張する格物説とは、事物に即してその理を窮めるということです。事物に即して理を窮めるとは、客観的存在に即して（その内在する）いわゆる定理を究明することです。この主張は、主体者が客観的存在物の中に理を究明することであり、（これでは）主体（心）と理とを分裂させることになります。そもそも客観的存在物に理を究明するとは、たとえば、孝という理を（客体としての）親に求めるということです。孝という理を親に求めるとなると、孝という理はいったいわれわれ主体者に具《そな》わるのでしょうか、それとも親の身体に具わるのでしょうか。かりにもし親の身体に具わるとしたら、親が死去した後には、（孝という理もなくなりますから）われわれ主体者はもはや孝という理とは無縁になるのでしょうか。幼児が井戸に入るのを見れば、必ず惻隠《かわいそう》だと思う理があります。この惻隠《かわいそう》だと思う理は、いったい幼児の身体に具わるのでしょうか、それともわれわれ主体者の良知に具わるのでしょうか。その場合、「自分も井戸に入っては（幼児を）救い出せない」にせよ、「手を差し伸べてでも救い出すべきである」にせよ、いずれも（朱子の）いわゆる理にかなっていることとです。それならその理はいったい幼児の身体に具わっているのでしょうか。それともわれわれ主体者の良知に具わっているのでしょうか。右の点から考えますと、あらゆる主客関係の理法はすべて同案なのですから、主体と理法とを分裂させることが誤謬《ごびゅう》であることがわかろうというものです。

〈解説〉『大学』理解

朱熹《しゅき》の『大学』理解、それもその格物解釈が誤りであることを心即理説を基礎にして説明する。いったい、朱熹の『大学』理解は『大学章句』『大学或問』に集中的に表現されている。『大学章句』が決定版なら、『大学或問』は『大学』を理解するときの基本的視角や問題点を、朱熹自身が自問自答したものである。朱熹その人の問題意識をみるためにはむしろ『大学或問』のほうが有意義かもしれない。

そこばかりではない。朱熹はいたるところで「定理」という。王陽明は、定理の二字を用いる場合は必ず「所謂《いわゆる》」の二字を冠した。例外はない。王陽明は、ことほどさように定理を嫌ったのである。朱熹は、一定不変な、安定せる規矩準縄《きくじゅんじょう》を志向した。王陽明はそれが既定のものとして固定してしまい、心の自主性を減殺滅却することを危惧《きぐ》したのである。朱熹は心そのものの不条理性・背理可能性を危惧したからこそ、「定理」を措定《そてい》したともいえる。王陽明は心それ自体が自在活発に自力で創造できると確信した。両者の現実感覚がそもそも核心のところで違っていたのである。それが格物解釈の相違となって発露したのである。

ただし、朱熹の格物論を、「孝の理を親に求めるもの」という理解は、朱子学者から容易に反論されよう。問題は、朱子学理解として正しいか否かではなくして、朱子学を王陽明がそのように理解していたこと、そしておそらくそのような理解が王陽明一人の孤絶した現象ではなかったということが重要である。「誤解」が新思想誕生の契機になることは、しばしばみられることだからである。

夫《そ》れ心《こころ》と理《り》とを析《わ》かちて二《に》と為《な》すは、此《こ》れ告子《こくし》の義《ぎ》外《がい》の説《せつ》にして、孟子《もうし》の深《ふか》く闢《しりぞ》けし所《ところ》なり。外《そと》を務《つと》めて内《うち》を遺《わす》れなば、博《ひろ》くして要寡《ようすく》なきこと、吾子《ごし》既已《すで》に之《これ》を知《し》れり。是《こ》れ果《は》たして何《なん》の謂《い》いにして然《しか》るや。之《これ》を物《もの》を玩《もてあそ》びて志《こころざし》を喪《うしな》うと謂《い》うは、尚《な》お猶《な》お以《もっ》て不可《ふか》と為《な》すか。鄙人《ひじん》の所謂《いわゆる》致知《ちち》格物《かくぶつ》の若《ごと》き者《もの》は、吾《わ》が心《こころ》の良知《りょうち》を事事《じじ》物物《ぶつぶつ》に致《いた》すなり。吾《わ》が心《こころ》の良知《りょうち》とは、即《すなわ》ち所謂天理《いわゆるてんり》なり。吾《わ》が心《こころ》の良知《りょうち》の天理《てんり》を事事《じじ》物物《ぶつぶつ》に致《いた》せば、則《すなわ》ち事事《じじ》物物《ぶつぶつ》は皆其《みなそ》の理《り》を得《う》るなり。吾《わ》が心《こころ》の良知《りょうち》を致《いた》すは、致知《ちち》なり。事事物《じじぶつ》物《ぶつ》、皆其《みなそ》の理《り》を得《う》るは、格物《かくぶつ》なり。是《こ》れ心《こころ》と理《り》とを合《がっ》して一《いち》と為《な》す者《もの》なり。心《こころ》と理《り》とを合《がっ》して一《いち》と為《な》さば、則《すなわ》ち凡《およ》そ区区《くく》の前《まえ》の云《い》う所《ところ》と、朱子《しゅし》の晩年《ばんねん》の論《ろん》とは、皆以《みなもっ》て言《い》わずして喩《さと》る可《べ》し。

夫析二心与レ理而為レ二、此告子義外之説、孟子之所二深闢一也。務レ外遺レ内、博而寡レ要、吾子既已知レ之矣。是果何謂而然哉。謂二之玩レ物喪レ志、尚猶以為二不可一歟。若二鄙人所謂致知格物一者、致二吾心之良知於事事物物一也。吾心之良知、即所謂天理也。致二吾心良知之天理於事事物物一、則事事物物皆得二其理一矣。致二吾心之良知一者致知也。事事物物皆得二其理一者格物也。是合二心与レ理而為レ一者也。合二心与レ理而為レ一、則凡区区前之所レ云、与二朱子晩年之論一、皆可二以不レ言而喩一矣。

○博而寡ㇾ要　司馬談が「六家要指」の中で儒者の学を評した語（『史記』巻百三十、太史公自序）。

〈口訳〉

そもそも主体と理法とを分裂させたのは、義理は後天的に獲得するものとした告子の主張であり、孟子がてきびしく論難したものです。これでは後天的学習を務めて本来性の発揮をなおざりにし、該博なばかりで焦点が定まらないということを、あなたはとうにご存知のはずなのに、どうしてまたこんなことをおっしゃるのですか。（小生が）これを対象に溺《おぼ》れて目的意識を喪失したものと論評したことを、これでもなお、そうではないと否定されますか。小生の主張する致知格物論とは、われわれ主体者の良知をあらゆる主客関係に発揮するということです。われわれ主体者の良知こそがいわゆる天理なのです。われわれ主体者の良知を天理としてあらゆる主客関係に発揮すると、あらゆる主客関係はすべて理法にかなうことになります。われわれ主体者の良知を発揮することが「致知」です。あらゆる主客関係がすべて理法にかなうことが「格物」です。これでこそ主体と理法を結合させて分裂させないのです。主体と理法を結合させて分裂させないということであれば、小生が先に述べたこと及び朱子晩年の主張は、すべて、ことさらに説明しなくてもご理解いただけますでしょう。

致良知説を格物致知解釈に適用した、著名な定義である。心即理説が致良知説を得て表現として豊かになったことをよく示しているところである。

〈解説〉

渾一論の構造

ここで「吾心良知之天理」と表現しているが、心と良知と天理の三つの概念は、内包・外延の関係で理解しようとすると混乱するかもしれない。そうではなくして「現在」する人間の実態に即して考えると、心・良知・天理の三概念は渾然《こんぜん》一体であることが了解できよう。すでに王陽明は致良知説を発明していたから、良知とは心の別表現であり、その心＝良知が本来完全であるから天理なのである。一つのものを丁寧に三つの概念で説明しただけのことである。

「致㆓吾心之良知㆒者致知也」というとき、この致知の主語は何か。吾が心の良知を発揮する実践主体は何か。もちろん心＝良知である。それでは、「心＝良知」が「心＝良知」を発揮するとはどういうことか。主体が主体自らを発揮するとは、主体が自己を実現することである。主体が自らの本来的完全性を現実に発現して自己の本来性を実現することである。本来完全であるがゆえに実現する能力を固有しているから可能なのである。自力により本来性善を実現して、非本来的現姿（悪）を自力で救済できるのである。

ここで王陽明は、朱子学を「心と理とを析《わ》かちて二と為《な》す」ものと非難し、反措定《そてい》として「心と理とを合して一と為す」を呈示した。

この「析」と「合」とは、朱子学と陽明学の思惟《しい》構造の特色をよく示した表現である。この「合」という表現はあくまでも朱子学の「析」に対する反措定として表現されたものであることに注意しなければならない。もともと一つなのだから「合する」必要などはいらないのである。知行合一という表現もそうであったが、この、合・合一という表現は、朱子学に対する反措定であることを明示するための措辞なのである。だから、「別々のものを合わせる」という意味ではなくして、「もともと分けられない」という意味なのである。

　このことを王陽明は苦心して表現しているのだが、ひとまず分析して考えることになれてしまった朱子学徒たちは、王陽明の発言の意図を理解しきれないまま、高飛車に反論することが多かった。

来書《らいしょ》に云《い》う、「道《みち》の大端《だいたん》は、明白《めいはく》にし易《やす》し。所謂良《いわゆるりょう》知良能《ちりょうのう》は、愚夫愚婦《ぐふぐふ》も、与《あず》かり及《およ》ぶ可《べ》き者《もの》なり。節《せつ》目事変《もくじへん》の詳《しょう》に至《いた》りては、毫釐千里《ごうりせんり》の繆《あやま》ちなれば、必《かなら》ず学《まな》ぶを待《ま》ちて而《しか》る後《のち》に知《し》る。今孝《いまこう》を語《かた》るに、温凊《おんせい》定省《ていせい》に於《お》いては、孰《たれ》か之《これ》を知《し》らざらん。舜《しゅん》の告《つ》げずして娶《めと》り、武《ぶ》の葬《ほうむ》らずして師《し》を興《おこ》し、志《こころざし》を養《やしな》い口《くち》を養《やしな》い、小杖大杖《しょうじょうだいじょう》、股《また》を割《さ》き墓《はか》に廬《いおり》する等《など》の事《こと》、常《つね》

来書云、「道之大端、易二於明白一。所謂良知良能、愚夫愚婦、可二与及一者。至二於節目事変之詳一、毫釐千里之繆、必待レ学而後知。今語レ孝、於二温凊定省一、孰不レ知レ之。至下於舜之不レ告而娶、武之不レ葬而興レ師、養レ志養レ口、小杖大杖、割レ股廬レ墓等

に処《しょ》し変《へん》に処《しょ》し、過《す》ぎたると及《およ》ばざるとの間《かん》に至《いた》りては、必《かなら》ず是非《ぜひ》を討論《とうろん》し、以《もっ》て事《こと》を制《せい》するの本《もと》と為《な》すを須《ま》ちて、然《しか》る後心《のちこころ》の体蔽《たいおお》わるること無《な》く、事《こと》に臨《のぞ》みて失《あやま》つこと無《な》からん。」と。

事、処レ常処レ変、過与レ不レ及之間上、必須下討ニ論是非一、以為中制レ事之本上、然後心体無レ蔽、臨レ事無レ失。」

○良知良能　『孟子』尽心篇上の語。○必待レ学而後知　『孟子』尽心篇上の「所三不レ慮而知一者、其良知也」を意識した表現。○温凊定省　『礼記』曲礼篇上の語。○舜之不レ告而娶　『孟子』万章篇上の語。○武之不レ葬而興レ師　『史記』伯夷列伝の語。○養レ志養レ口　『孟子』離婁《りろう》篇上の語。○小杖大杖　『孔子家語』六本篇の語。○割レ股　股《また》の肉を割《さ》いて病親を養うこと。『魏書』孝子伝。○廬レ墓　親の死後、墓に草廬を造って住むこと。孔子の墓に子貢が三年間廬したことは『孟子』滕文公《とうぶんこう》篇上にみえる。

〈口訳〉

（あなたは）お手紙でいわれる「道の根本はわかりやすい。（孟子の）いわゆる良知良能はいかな愚かな男女でも具有していますが、行動細目や状況における適切な対応などの詳細となると、ささいな手違いが大きな誤謬《ごびゅう》を招きかねませんので、（良知良能に任《まか》せるばかりではなく）必ず学習してこそ初めて了解できるものです。たとえば、孝行するという場合、冬は温かく夏は涼しく、夜は安堵《あんど》させ朝は機嫌をうかがう、ということなどは、誰《だれ》もがわきまえておりますが、舜《しゅん》が親にも告げずに結婚したこと、武王が親の喪があけないのに軍隊を発動したこと、親を扶養するのに志を養うのか口を養うのか、親の杖《つえ》をうけるとき小杖なのか大杖なのか、自分の股《また》を割《さ》いて親に食べさせ、親の墓の傍らに庵を結んで喪に服すること、などは、原則通り執行するのか融通をきかしてもよいのか、どの程度に行うのが適切なのかについて、必ずその是非を討論して、実行するときの基本綱領を決定してこそ初めて、主体者そのもの（の良知良能）が蔽《おお》われることがないので、実践にのぞんでも過失がおこらないのではありませんか。」と。

〈解説〉

異端論争　朱子学の立場に立つ顧璘《こりん》といえども、誰《だれ》もが良知良能を先天的に固有するということに関しては、王陽明と共通な理解を示す。この意味では、朱子学と陽明学は、根本原理を等しくするのである。

ここで「道の大端」というのは、根本原理をいう。いわずもがなのことではあるが、両者は「本来完全・本来性善」という根本原理を共有する。だから、顧璘と王陽明との間のこの論争は、あくまでも正統—異端論争であって、異教間論争ではない。勢い、論争は、根本原理の運用展開をめぐって繰り広げられることになる。

ここの例でいえば、「節目事変」については、顧璘は、先天的に固有する良知良能に任せるのではなくして、後天的に学習して、あらかじめその是非を検討して行動細則として確認してこそ、本体を確立することにせよ、作用させることにせよ、はじめて妥当性を得られるのだという。朱子学と陽明学の「本来・現実」構造の基本的差異が判然と露呈した質問である。

道《みち》の大端《だいたん》は、明白《めいはく》にし易《やす》し、と。此《こ》の語《ご》は誠《まこと》に然《しか》り。顧《かえり》みるに後《のち》の学者《がくしゃ》は、其《そ》の明白《めいはく》にし易《やす》き者《もの》を忽《ゆるがせ》にして由《よ》らず、其《そ》の明白《めいはく》にし難《がた》き者《もの》を求《もと》めて以《もっ》て学《がく》と為《な》せり。此《こ》れ其《そ》の道《みち》は邇《ちか》きに在《あ》りて諸《これ》を遠《とお》きに求《もと》め、事《こと》は易《やす》きに在《あ》りて諸《これ》を難《かた》きに求《もと》むる所以《ゆえん》なり。孟子《もうし》云《い》う、「夫《そ》れ道《みち》は大路《たいろ》の若《ごと》く然《しか》り。豈《あに》知《し》り難《がた》からんや。人《ひと》の由《よ》らざるを病《や》むのみ。」と。良知《りょうち》良能《りょうのう》は、愚夫愚婦《ぐふぐふ》も、聖人《せいじん》と同《おな》じ。但《た》だ惟《た》だ聖人《せいじん》は能《よ》く其《そ》の良知《りょうち》を致《いた》すも、而《しか》も愚夫愚婦《ぐふぐふ》は致《いた》す能《あた》わず。此《こ》れ聖愚《せいぐ》の由《よ》りて分《わ》かるる所《ところ》なり。節目事変《せつもくじへん》は、聖人夫《せいじんそ》れ豈《あに》知《し》らざらんや。但《た》だ専《もっぱ》ら此《これ》を以《もっ》て学《がく》と為《な》さざるのみ。而《しか》して其《そ》の所謂学《いわゆるがく》なる者《もの》は、正《まさ》

道之大端、易二於明白一。此語誠然。顧後之学者、忽下其易二於明白一者上而弗レ由、而求下其難二於明白一者上以為レ学。此其所下以道在レ邇而求二諸遠一、事在レ易而求中諸難上也。孟子云、「夫道若二大路一然。豈難レ知哉。人病レ不レ由耳。」良知良能、愚夫愚婦、与二聖人一同。但惟聖人能致二其良知一、而愚夫愚婦不レ能レ致。此聖愚之所二由分一也。節目事変、聖人夫豈不レ知。但不二専以レ此為一レ学。而其所謂学者、正惟致二其良知一、以精二察此心之天理一、而与二

後世之学ニ不レ同耳。吾子未レ暇ニ良知之致一、而汲汲焉顧是之憂。此正求下其難ニ於明白一者上、以為レ学之弊也。

に惟《こ》れ其《そ》の良知《りょうち》を致《いた》して、以《もっ》て此《こ》の心《こころ》の天理《てんり》を精察《せいさつ》して、後世《こうせい》の学《がく》とは同《おな》じからざるのみ。吾子《ごし》は未《いま》だ良知《りょうち》を之《こ》れ致《いた》すに暇《いとま》あらずして、汲《きゅう》汲焉《きゅうえん》として顧《かえり》みて是《これ》を之《こ》れ憂《うれ》う。此《こ》れ正《まさ》に其《そ》の明白《めいはく》にし難《がた》き者《もの》を求《もと》めて、以《もっ》て学《がく》と為《な》すの弊《へい》なり。

○道在レ邇、云々　『孟子』離婁《りろう》篇上の語。　○夫道若ニ大路一然、云々　『孟子』告子篇下の語。

〈口訳〉

「道の根本はわかりやすい」とは、誠に仰せの通りです。ところが後世の学ぶ者は、そのわかりやすいものを軽視して振り向きもせず、わかりにくいものを求めて、それが学問だと考えています。これだから「道は身近にあるのに遠くにそれを求め、なすべきことは易しいことにあるのにそれを難しいことに求める」ことになるのです。孟子が「そもそも道とは幅広い大通りのようなもので、なんでわかりにくいものか。人々がこの道を振り向きもしないことが、困りものだ」ということなのです。良知良能はいかに愚かな男女とて、聖人と等しく具有します。しかし、聖人はその良知をちゃんと発揮できますが、愚かな男女となると発揮できません。この点が聖人と愚者とが分かれるところです。行動細目や状況における適切な対応を、聖人が知らないわけはありません。しかし、そういうことだけを学問とはみなしません。聖人の主張する学問とは、それこそ良知を発揮して、主体者のあるべき姿を精察することそのことであり、後世の学問とは違うのです。あなたは良知を発揮することすらせぬうちに、あくせくとこんなことを心配しているのは、それこそちょうど「わかりにくいものを求めて、それが学問だ」とみなしたための弊害です。

〈解説〉

性善説の清教徒　万人が良知良能を先天的に固有するとは、性善説の別表現である。この根本原理を共有することは両者が確認ずみのことである。王陽明はこの根本原理を直截《ちょくさい》に展開する。

この根本原理はあまりにも明白なのに、それを棚上げして、現実の不条理性・背理可能性を考慮するあまり、実践主体者が具体的行動をとるときに依るべき実践細目を究明することを必須の条件とすることは、その全き遂行が困難なばかりではなくして、そもそもの根本原理である「本来性善・本来完全」がもつ自己実現能力・自己救済力に対する不信感を表明したことにほかならない。これでは、真に性善説を確信して構築された思想体系ではないということになる。

このように朱子学者を似而非《えせ》の性善説を主張するものと糾弾してやまない。

王陽明は、自分こそは、性善説という根本原理を純粋に確信し忠実に展開運用する清教徒《ピューリタン》と位置づけて、朱子学が後天的獲得を条件とするのは根本原理を冒瀆《ぼうとく》する不純な思想体系であるときびしく批判するのである。性善説を純粋に確信する王陽明の立論は、理路整然としており、現実態を加味して立論した朱子学を批判するその舌鋒《ぜっぽう》は鋭い。

なるほど、性善説の継承という点では、王陽明の理論構成は鮮明である。しかし、だからといって、このことからすぐさま朱子学が思想として劣るものだとは即断できない。王陽明は、現実に人々がかもす頽落《たいらく》現象をみつめること深刻であったからこそ、その深みより救抜せんとして、本来主義・性善説を高らかに掲げたのである。しかし、本来完全を覚醒《かくせい》することを促し、自得体認して自己実現せよというだけで、人々は自力で自己救済することが本当にできるのか。頽落を招いた原因をそんなに容易に排除できるのか。疑問は次々とわいてこよう。

顧璘《こりん》と王陽明のやりとりは、経文の解釈に形をかりてはいるものの、原理とその普遍妥当性をめぐる根本義についての論争なのである。

夫《そ》れ良知《りょうち》の節目事変《せつもくじへん》に於《お》けるや、猶《な》お規矩尺度《きくしゃくど》の方《ほう》円長短《えんちょうたん》に於《お》けるがごとし。節目事変《せつもくじへん》の預《あらかじ》め定《さだ》む可《べ》からざること、猶《な》お方円長短《ほうえんちょうたん》の勝《あ》げて窮《きわ》む可《べ》からざるがごときなり。故《ゆえ》に規矩《きく》誠《まこと》に立《た》たば、則《すなわ》ち欺《あざむ》くに方円《ほうえん》を以《もっ》てす可《べ》からずして、天下《てんか》の方円《ほうえん》は、勝《あ》げて

夫良知之於㆓節目事変㆒、猶㆔規矩尺度之於㆓方円長短㆒也。節目事変之不㆑可㆓預定㆒、猶㆓方円長短之不㆑可㆓勝窮㆒也。故規矩誠立、則不㆑可㆔欺以㆓方円㆒、而天下之方円、不㆑可㆓勝用㆒矣。尺度誠

用《もち》う可《べ》からず。尺度誠《しゃくどまこと》に陳《の》ぶれば、則《すなわ》ち欺《あざむ》くに長短《ちょうたん》を以《もっ》てす可《べ》からずして、天下《てんか》の長短《ちょうたん》は、勝《あ》げて用《もち》う可《べ》からず。良知誠《りょうちまこと》に致《いた》せば、則《すなわ》ち欺《あざむ》くに節目事変《せつもくじへん》を以《もっ》てす可《べ》からずして、天下《てんか》の節目事変《せつもくじへん》は、勝《あ》げて応《おう》ず可《べ》からず。毫釐千里《ごうりせんり》の謬《あやま》りは、吾《わ》が心《こころ》の良知《りょうち》の一《いち》念《ねん》の微《び》に於《お》て之《これ》を察《さっ》せざれば、亦将《またまさ》に何《なん》の所《ところ》か其《そ》の学《がく》を用《もち》いんや。是《こ》れ規矩《きく》を以《もっ》てせずして、天下《てんか》の方《ほう》円《えん》を定《さだ》めんと欲《ほっ》し、尺度《しゃくど》を以《もっ》てせずして、天下《てんか》の長《ちょう》短《たん》を尽《つ》くさんと欲《ほっ》するなり。吾其《われそ》の乖張謬戻《かいちょうびゅうれい》し、日《ひ》に労《ろう》して成《な》る無《な》きを見《み》るのみ。

陳、則不レ可三欺以二長短一、而天下之長短、不レ可二勝用一矣。良知誠致、則不レ可三欺以二節目事変一、而天下節目事変、不レ可二勝応一矣。毫釐千里之謬、不下於二吾心良知一念之微一而察上レ之、亦将何所レ用二其学一乎。是不レ以二規矩一、而欲レ定二天下之方円一、不レ以二尺度一、而欲レ尽二天下之長短一。吾見二其乖張謬戻、日労而無レ成也已。

（以下省略）

○規矩、云々　『礼記』経解《けいかい》篇の語による。

〈口訳〉

そもそも良知が、行動細目や状況の中に適切に対応するとは、ちょうどコンパスや定規、物差しが、方形・円形・長短の長さをえがき上げるのと同じです。行動細目や状況の中での適切な対応は、前もって決めてかかることができませんが、ちょうど方形・円形や長短の長さが無限にあってこれだけとは決めかねるのと同じです。だからコンパスや定規がちゃんとしていれば、方形・円形に戸惑うことなく、あらゆる方形・円形をえがくことができます。物差しをちゃんと当てたならば、長短の長さに戸惑うことなく、どんな長さも測ることができます。良知さえちゃんと発揮したならば、行動細目や状況変化に戸惑うことなく、あらゆる行動細目や状況の変化に対応できます。ささいな手違いが大きな誤謬《ごびゅう》を結果することについても、われわれ主体者の良知が発揮するその一瞬の判断に明察するのでなければ、いったいどこに学問を活用するのですか。コンパスや定規を使わないで、あらゆる方形・円形をえがこうとし、物差しを使わないで、あらゆる長さを測ろうとするなら、出来具合いはでたらめもいいところで、たんと苦労しても何の成果も得られないでしょう。

〈解説〉

良知は規矩尺度

良知と節目事変との関係を、規矩尺度と方円長短との関係に譬《たと》えて説明した一文である。

もし、方円長短を測る規矩尺度そのものを準備することをなおざりにして、一つ一つの方円長短を個別的に確認しようとしたところで、そもそも適切に確認することができるのだろうか。仮に確認できたとして、それを規準に新たな方円長短に対応しようとしても、その規準は同一の方円長短に対してしか有効性をもたないから、対象の方円長短が無限であることを考えると、これは労多くして、功は無きに等しい。

そうではなくして、まず、コンパスがあればどんな円でもえがけるし、定規があれば方形をもえがける。物差しがあればどんな長さも測れるではないか。これと同じように、良知を確立発揮しさえすれば、次々に生起する個別的現象がどれほどに複雑多様であったにしても、寸分も誤つことなく、ちゃんと対応できるのである。

朱子学の格物論が実践論として全く無効であることを指摘して、良知万能論を主張する。「良知―節目事変」を「規矩尺度―方円長短」の比喩《ひゆ》で説明したことは、説得技術としては確かにうまい。

しかし、比喩とは、類を異にしながらも、類似する属性をもつことに注目して、両者を対比し、相手を説得する方便であることを考えるとき、その比喩を用いた意図を離れて穿鑿《せんさく》することは、いらぬことかもしれない。しかし、意図を承知のうえで、なおその比喩のもつ意味を、意図をこえて検討することは、あながち無駄なことばかりではない。

さて、この比喩は、良知心学の原論を開示するための方便であり、原理的に考える限り、破綻《はたん》はない。しかし、この比喩はもう一つのことを考えさせる。いったい、実際の規矩尺度には大きさに限度があるから、えがきうる方円の大小、測定しうる長さにはおのずから限度がある。規矩尺度は原理的にはあらゆる方円長短に対して有効ではあるが、現実のこととなると決して万能ではない。

となると、規矩尺度をもって喩えた良知も現実にはあらゆる節目事変に対して必ずしも万能ではないということになるのか。

ここで、「精金の比喩」で説明した王陽明の聖人論を想い起こされたい。そこでは、等質である限り、個々人の定量的差異はむしろ積極的に承認されていた。規矩尺度が方円長短をえがき測るという点ではみな等しいが、実際の規矩尺度には物理的にも機能的にも大小の差異がある。

良知もまた節目事変に対応するということにかけては、万人の良知は等質である。しかし、等量に対応するわけではない。それぞれの分量にみあった対応をするのである。この意味では、甲にできたほどには乙にできないこともありうるのである。良知を万人が固有するからといって誰《だれ》もが等量の成果を生むわけではない。王陽明は単純平板に良知万能論を主張しているのではなさそうである。

抜本塞源論《ばつぽんそくげんろん》

夫《そ》れ抜本塞源《ばつぽんそくげん》の論《ろん》、天下《てんか》に明《あき》らかならざれば、則《すなわ》ち天下《てんか》の聖人《せいじん》を学《まな》ぶ者《もの》は、将《まさ》に日《ひ》に繁《しげ》く日《ひ》に難《かた》く、斯《こ》の人《ひと》は禽獣夷狄《きんじゅういてき》に淪《しず》みて、猶《な》お自《みずか》らは以《もっ》て聖人《せいじん》の学《がく》を為《な》さんとす。吾《われ》の説《せつ》、或《あるい》は蹔《しば》らく一時《いちじ》に明《あき》らか

夫抜本塞源之論、不㆑明㆓於天下㆒、則天下之学㆓聖人㆒者、将㆘日繁日難、斯人淪㆓於禽獣夷狄㆒、而猶自以為㆗聖人之学㆖。吾之説、雖㆔或蹔明㆓於一時㆒、終将㆘凍㆓解

なりと雖《いえ》ども、終《つい》に将《まさ》に西《にし》に凍解《とうかい》して、東《ひがし》に氷堅《ひょうけん》し、前《まえ》に霧釈《むしゃく》して、後《うし》ろに雲滃《うんおう》し、呶呶焉《どうどうえん》として危《き》困《こん》して以《もっ》て死《し》し、卒《つい》に天下《てんか》の分毫《ぶんごう》をも救《すく》うこと無《な》からんとするのみ。

於西一、而氷二堅於東一、霧二釈於前一、而雲二滃於後一、呶呶焉危困以死、而卒無レ救二於天下之分毫一也已。

○抜本塞源　悪事の根本原因を排除し弊害の源泉を塞ぐこと。『春秋左氏伝』昭公九年の語。　○禽獣夷狄　人間性を喪失することを禽獣夷狄にたとえる。『孟子』滕文公《とうぶんこう》篇下による。

〈口訳〉

そもそも弊害の根源を根絶する理論が世界に明らかにされないと、世界で聖人になろうと学んでいる人々は、日一日と繁雑になり困難になるばかりで、人々は夷狄・禽獣に墜落しながら、それでも自分は聖人になる学問をしていると思い込んでしまいます。小生の主張とて、一時的に明らかになることはありましても、やがては西に凍解したかと思うと東に氷結し、前方に霧が晴れたかと思うと後方では雲がわきおこるという具合いに、（小生は）述べたてては危難困苦のうちに死んでしまい、結局のところは、いささかも世界を救うことはないのでしょう。

〈解説〉

独立された論文

王陽明は、顧璘《こりん》の質問文に一つ一つ反論を展開してきたわけだが、この返書の最後に及んで、そのように個別的に問題点の一つ一つに答えていたのではきりがないと考えて、聖学に対する誤解・無理解・疑惑を生む本源そのものを発明してそれを抜塞しないことにはとてももらちがあかないと覚悟して、開陳したのが、以下に述べる抜本塞源論である。

良知心学の壮大な規模をよく示した、出色の論文である。それだけに後世、この部分だけが特に抽出《ちゅうしゅつ》されて、抜本塞源論として表彰されることもあった。便宜上、独立させて叙述することにしたい。

夫《そ》れ聖人《せいじん》の心《こころ》は、天地万物《てんちばんぶつ》を以《もっ》て一体《いったい》と為《な》す。其《そ》の天下《てんか》の人《ひと》を視《み》ること、内外遠近《ないがいえんきん》無《な》し。凡《およ》そ血気《けつき》有《あ》れば、皆其《みなそ》の昆弟赤子《こんていせきし》の親《しん》にして、安全《あんぜん》にして之《これ》を教《きょう》養《よう》し、以《もっ》て其《そ》の万物一体《ばんぶついったい》の念《ねん》を遂《と》げんと欲《ほっ》せざる莫《な》し。天下《てんか》の人心《じんしん》は、其《そ》の始《はじ》め亦聖人《またせいじん》に異《こと》なること有《あ》るに非《あら》ざるなり。特《た》だ其《そ》の有我《ゆうが》の私《わたくし》に間《へだ》てられ、

夫聖人之心、以㆓天地万物㆒為㆓一体㆒。其視㆓天下之人㆒、無㆓内外遠近㆒。凡有㆓血気㆒、皆其昆弟赤子之親、莫㆑不㆑欲㆘安全而教‐養㆓之㆒、以遂㆗其万物一体之念㆖。天下之人心、其始亦非㆑有㆑異㆓於聖人㆒也。特其間㆓於有我之私㆒、隔㆓

物欲《ぶつよく》の蔽《へい》に隔《へだ》てられ、大《だい》なる者《もの》は以《もっ》て小《しょう》に、通《つう》ずる者《もの》は以《もっ》て塞《ふさ》がる。人《ひと》は各《おのおの》心《こころ》有《あ》りて、其《そ》の父子兄弟《ふしけいてい》を視《み》ること仇讐《きゅうしゅう》の如《ごと》き者《もの》有《あ》るに至《いた》る。聖人之《せいじんこれ》を憂《うれ》うること有《あ》り。是《ここ》を以《もっ》て、其《そ》の天地万物一体《てんちばんぶついったい》の仁《じん》を推《お》して、以《もっ》て天下《てんか》に教《おし》え、之《これ》をして皆以《みなもっ》て其《そ》の私《わたくし》に克《か》ち、其《そ》の蔽《へい》を去《さ》りて、以《もっ》て其《そ》の心体《しんたい》の同然《どうぜん》に復《かえ》ること有《あ》らしむ。其《そ》の教《おし》えの大端《だいたん》は、則《すなわ》ち堯《ぎょう》・舜《しゅん》・禹《う》の相授受《あいじゅじゅ》せる、所謂道心惟《いわゆるどうしんこ》れ微《かす》かなり、惟《こ》れ精惟《せいこ》れ一《いつ》、允《まこと》に厥《そ》の中《ちゅう》を執《と》れ、にして、其《そ》の節目《せつもく》は、則《すなわ》ち舜《しゅん》の契《せつ》に命《めい》ぜる、所謂父子親有《いわゆるふししんあ》り、君臣義有《くんしんぎあ》り、夫婦別有《ふうふべつあ》り、長幼序有《ちょうようじょあ》り、朋友信有《ほうゆうしんあ》り、の五者《ごしゃ》のみ。

於物欲之蔽一、大者以小、通者以塞。人各有レ心、至レ有下視二其父子兄弟一如二仇讐一者上。聖人有レ憂レ之。是以推二其天地万物一体之仁一、以教二天下一、使丁之皆有丙以克二其私一、去二其蔽一、以復乙其心体之同然甲。其教之大端、則堯・舜・禹之相授受、所謂道心惟微、惟精惟一、允執二厥中一、而其節目、則舜之命レ契、所謂父子有レ親、君臣有レ義、夫婦有レ別、長幼有レ序、朋友有レ信、五者而已。

○其視二天下之人一、云々　『礼記』礼運篇「聖人は天下を以て一家と為す」をふまえる。　○凡有二血気一『中庸』「凡そ血気有る者、尊親せざる莫し」をふまえる。　○聖人有レ憂レ之　『孟子』滕文公《とうぶんこう》篇上の語。

○所謂道心惟微、云々　『書経』大禹謨《たいうぼ》篇の語。　○舜之命レ契、云々　『孟子』滕文公篇上の語。

〈口訳〉

そもそも聖人（理想的人格）は天地万物を己と一体のものとみなし、世界の人々に対しては内外遠近の区別を設けず、生きとし生けるものはすべて自分の兄弟・幼児と同じく愛しますから、彼らの生命を保全し教化養育して、万物と一体であるという理念を完遂しようとします。世界の人々は人格的にはもともと聖人となんら異なるものではありません。ところが、自分のことばかり考える利己主義に阻隔され、外物にひきまわされる欲望に遮蔽《しゃへい》されて、（本来は万物を一体とするほどに）偉大なのに、（現実には）矮小《わいしょう》となり、（本来は）開通するのに、（現実には）閉塞《へいそく》してしまい、その結果、人々はそれぞれが勝手に主体性を発揮し、親子兄弟でありながら仇讐《きゅうしゅう》の如くみなすものが出現することになります。聖人はこのありさまを憂慮して、天地万物を一体とみなす仁愛を推し広めて、世界を教化し、人々みんなに利己心にうちかち、遮蔽を除去し、人類に普遍的な人間性を回復させるのです。その教えの根本は、尭・舜・禹と伝授された、いわゆる「人間の本質は微妙ですから、現実をわきまえて本質をみつめ、真剣にあるべき姿を追求せよ」という主旨であり、行動細則は、舜が契に指示したいわゆる「親子関係には親愛、君臣の関係には正義、夫婦関係には区別、長幼関係には順序、朋友関係には信頼」の五つの徳目に尽きます。

岑猛父子を諭す（57歳）

〈解説〉

万物一体論の原理

まず、いわゆる万物一体論の原論を述べ、次にそれが抜本塞源論とどう関係するのかを述べている。

万物一体論とは、万物と融合することをいうのではない。そうではなくして、万物が本来あるべきあり方のままに存在することを理想として、現実にそうなっていない場合、我々がその本来的あり方を回復させる努力をすることを強調したものである。

本来的あり方は、我々主体者が自己の本来性に促されて決定する。だからといって恣《し》意的に決定するのではない。対象に対する一切の予見をすてた我々の前に対象自体が露《あらわ》にしたその本質をうけとめるのである。だから、まず、そのように物をみることができるように主体者が自らの本体を確立することが必須《ひっす》である。このことを「万物一体の体を立つ」という。万物の本来性を回復する熱源は我々実践者が本来固有する真誠惻怛《そくだつ》の愛・誠愛惻怛の仁である。これを「万物一体の仁」ともいう。万物一体の体は万物一体の仁である。

現実に万物のすべてが本来的あり方のままに存在するということはありえない。その原因を現実それ自体の中に求めて改良する道もあろう。その場合でも、それを求めて改良しようとする問題意識を主体者が自覚しないことにはなにもはじまらない。だからこそ、万物の本来性を回復しようと自覚することを妨げている本源的原因を根底から排除することがなによりも肝要なのである。このことを抜本塞源と述べたのである。

それでは主体者が抜本塞源する熱源は何か。もちろん、これもまた我々が本来固有する真誠惻怛の仁愛＝良知である。だから、万物一体論と抜本塞源論とは同一のことを表裏から表現したにすぎないのである。

以上の万物一体論の構造については、王陽明は、『大学問』『親民堂記』などで詳しく述べている。

いわずもがなのことかもしれないが、王陽明がここで述べる「聖人」を尭・舜・禹・湯・文・武・周公・孔子などと限定して考えるのは誤りである。「本来完全」であると主張する性善説の立場では、万人が本来は聖人なのであるから、特定の歴史的人物に固定するのは全くの誤りである。我々人間は本来はこうあるべきであるという本来の人格を「聖人」と表象しているのである。ただし、現実は万人が本来固有するはずの「聖人」を発現しきれていないのでその典型を歴史上の人物にかりて表現しているにすぎない。

唐虞《とうぐ》三代《さんだい》の世《よ》は、教《おし》うる者《もの》は惟《た》だ此《これ》を以《もっ》て教《おし》えと為《な》し、学《まな》ぶ者《もの》は惟《た》だ此《これ》を以《もっ》て学《がく》と為《な》す。是《こ》の時《とき》に当《あ》たりて、人《ひと》に異見無《いけんな》く、家《いえ》に異習無《いしゅうな》し。此《これ》に安《やす》んずる

唐虞三代之世、教者惟以レ此為レ教、而学者惟以レ此為レ学。当二是之時一、人無二異見一、家無二異習一。

者《もの》は之《これ》を聖《せい》と謂《い》い、此《これ》に勉《つと》むる者《もの》は之《これ》を賢《けん》と謂《い》い、此《これ》に背《そむ》く者《もの》は、其《そ》の啓明《けいめい》なること朱《しゆ》の如《ごと》きと雖《いえ》ども、亦之《またこれ》を不肖《ふしよう》と謂《い》う。下《した》は閭井田野《りよせいでんや》の農工商賈《のうこうしようか》の賤《いや》しきに至《いた》るまで、皆是《みなこ》の学有《がくあ》らざる莫《な》し。惟《た》だ其《そ》の徳行《とくこう》を成《な》すを以《もつ》て務《つと》めと為《な》す。何《なん》となれば、聞見《ぶんけん》の雑《ざつ》、記誦《きしよう》の煩《はん》、辞章《じしよう》の靡濫《びらん》、功利《こうり》の馳逐《ちちくあ》有ること無《な》く、但《た》だ之《これ》をして其《そ》の親《おや》に孝《こう》に、其《そ》の長《ちよう》に弟《てい》に、其《そ》の朋友《ほうゆう》に信《しん》にして、以《もつ》て其《そ》の心体《しんたい》の同然《どうぜん》に復《かえ》らしむ。是《こ》れ蓋《けだ》し性分《せいぶん》の固有《こゆう》する所《ところ》にして、外《そと》に仮《か》る者《もの》有《あ》るに非《あら》ず。則《すなわ》ち人亦孰《ひとまたたれ》か之《これ》を能《よ》くせざらんや。

安レ此者謂二之聖一、勉レ此者謂二之賢一、而背レ此者、雖二其啓明如レ朱、亦謂二之不肖一。下至二閭井田野農工商賈之賤一、莫レ不三皆有二是学一。而惟以レ成二其徳行一為レ務。何者無レ有二聞見之雑、記誦之煩、辞章之靡濫、功利之馳逐一、而但使下之孝二其親一、弟二其長一、信二其朋友一、以復中其心体之同然上。是蓋性分之所二固有一、而非レ有下仮二於外一者上。則人亦孰不レ能レ之乎。

○其啓明如レ朱　「朱」は、尭の子の丹朱。『書経』尭典篇、『孟子』万章篇上にみえる。

〈口訳〉

尭《ぎよう》・舜《しゆん》より三代（夏《か》・殷《いん》・周《しゆう》）の時代は、教化する者はこれだけを教えたのであり、学ぶ者はこれだけを学んだのです。この当時は、人々の間に意見の相違はなく、家ごとに慣習の相違はなかった。これを自由に発揮する人が聖人であり、これができるように努力する人が賢者であり、聡明なること丹朱のような人でもこれに背馳する人が、不肖者です。下《しも》じもの市井の商人・田野の農民職人など身分の低い人とても、誰《だれ》もがこの学問をしたのです。このように人格をみがき社会的に実践することにのみ努力を傾注したのです。なぜかといいますと、（当時は）情報に乱されることもなく、暗記する煩わしさもなく、美文が横溢《おういつ》することもなく、功利心に追い回されることもなく、（人々は）親に孝養を尽くし、年長者にはよく事《つか》え、友人には誠意を尽くして、万人共通の人間の本質を回復していたからです。この人間の本質は、誰もが生まれながらの持ち前として固有しているものであり、後天的に取得するものではありませんから、いったい誰ができないことがありましょうか。

〈解説〉

楽園の喪失

唐虞《とうぐ》三代の世には素質や職業のいかんをとわず、教育も学習も、純粋に人格の完成を求めるのみであった。なぜ、それが可能であったのか。誰もが本来固有する人間性の発現を阻害する雑駁《ざつぱく》な情報・煩瑣《はんさ》な暗記・華美に流れる修辞・求めてやまぬ功利などが、この時代にはなかったからである。唐虞三代の世はまさに黄金がそのままに輝いていた時代であった。

いったい、唐虞三代の世を、王陽明ばかりではなく、中国の儒教徒たちは本心から黄金時代と考えていたのかどうか、について忖度《そんたく》する材料がない。それは無前提なままに確信された信仰に近いものであったろう。考えてみれば不思議なことである。四書五経をひもといただけでも、そこに紹介されている唐虞三代の世は決して平和な時代ばかりではない。戦いや飢餓に満ちた時代であって、黄金時代などとは簡単には言えそうもない。

それでもなお回復さるべき古き良き時代と位置づけられた「唐虞三代の世」とは、事実としての「唐虞三代の世」ではなくして、解釈された（理想化された）「唐虞三代の世」のことなのである。そして、暗黒の現実社会を批判し改革する視点として、この「唐虞三代の世」が持ち出され、この「古」に復帰する復古運動という形をとって、革新運動が唱導されるとき、この「唐虞三代の世」は、歴史事実を飛翔《ひしよう》して、はるかな高みに解釈されたほうが、より厳しく現状を批判する力をもち、この理想と現実との乖離《かいり》が大きいほど革新の熱量を増すのである。「唐虞三代の世」とは失われた楽園である。

王陽明の楽園喪失感は深刻である。「性分の固有する所」がそのまま発現するにはそれを妨げるものがあまりにも多すぎる。なまはんかな気持ちでは世の風俗に押し流されてしまいかねない。

さればこそ抜本塞源論を力説したわけだが、人心の汚濁をまのあたりにしながら、それでも絶望せずに、この時代であればこそ必須《ひつす》なことだと抜本塞源論を主張したのは、「性分の固有する所」が、後天的（ということは現実的）に、どれほどに不足欠陥を現象していても、本来完全であることはいささかもかわらないことを確信するからである。誰もが本来完全なのだから、誰もがそれを回復できるのである。一人一人が本来性を回復しえたならば、おのずから唐虞三代の楽園が再び実現するというのである。
　ここで都会の人も田舎の人も農民も工人も商人もみな、本来性の回復を求めて自力で努力するのだと述べているところは、朱子学とは異なるところであり、これは王心斎などによってさらに展開された点である。

学校《がっこう》の中《なか》、惟《た》だ徳《とく》を成《な》すを以《もっ》て事《こと》と為《な》し、而《しか》して才《さい》能《のう》の異《こと》なること、或《あ》るいは礼楽《れいがく》に長《ちょう》じ、政教《せいきょう》に長《ちょう》じ、水土播植《すいどはんしょく》に長《ちょう》ずる者《もの》有《あ》れば、則《すなわ》ち其《そ》の成徳《せいとく》に就《つ》きて、因《よ》りて益《ますます》其《そ》の能《のう》を学校《がっこう》の中《なか》に精《くわ》しからしむ。夫《か》の徳《とく》を挙《あ》げて任《にん》ずるに迨《およ》びては、則《すなわ》ち之《これ》をして終《しゅう》身《しん》其《そ》の職《しょく》に居《お》らしめて易《か》えず。之《これ》を用《もち》うる者《もの》は、惟《た》だ心《こころ》を同《おな》じくし徳《とく》を一《いつ》にして、以《もっ》て共《とも》に天下《てんか》の民《たみ》を安《やす》んずるを知《し》るのみ。民《たみ》の称否《しょうひ》を視《み》るに、崇卑《すうひ》を以《もっ》て軽重《けいちょう》を為《な》し、労逸《ろういつ》もて美悪《びあく》を為《な》さず。用《よう》を効《いた》す者《もの》も、亦《また》惟《た》だ心《こころ》を同《おな》じくし徳《とく》を一《いつ》にして、以《もっ》て共《とも》に天《てん》下《か》の民《たみ》を安《やす》んずるを知《し》るのみ。苟《いやし》くも其《そ》の能《のう》に当《あ》た

学校之中、惟以レ成レ徳為レ事、而才能之異、或有下長二於礼楽一、長二於政教一、長二於水土播植一者上、則就二其成徳一、而因使三益精二其能於学校之中一。迨三夫挙レ徳而任一、則使三之終身居二其職一而不レ易。用レ之者、惟知三同レ心一レ徳、以共安二天下之民一。視二民之称否一、而不下以二崇卑一為二軽重一、労逸為中美悪上。効レ用者、亦惟知下同レ心一レ徳、以共安中天下之民上。苟当二其能一、則終身処二於煩劇一、而不二以為一レ労、安二於卑瑣一、

らば、則《すなわ》ち終身煩劇《しゅうしんはんげき》に処《お》りて、以《もっ》て労《ろう》と為《な》さず、卑《ひ》　而不㆓以為㆑賤。
瑣《さ》に安《やす》んじて、以《もっ》て賤《いや》しと為《な》さず。

○水土播植　土地・水利を管理し種をまき栽培すること。

〈口訳〉

学校では、人格をみがき上げることを任務としていたので、ある人は礼楽にすぐれ、ある人は政治・教化にすぐれ、ある人は土地・水利の管理や播種栽培にすぐれるなど、すぐれた才能の持ち主の場合、みがき上げられた人格に即して、各人の才能を学校においてますますみがきをかけます。人格を見込んで任用したならば、一生涯その職にとどめて改めない。任用する者は、（彼らと）心を一つにして一緒に世界の人々を安定させることにのみ関心をはらう。人々の才能が仕事に適合しているか否かには注意するが、身分の上下でその仕事の価値評価をしたり、楽なのか辛いのかでその仕事の良否を決めたりしない。任用された人も、心を一つにして一緒に世界の人々を安定させることにのみ関心をはらう。もしその仕事が自分の才能に適合していたなら、一生涯どんなに辛い仕事であっても苦労とも思わず、身分の低い瑣細《ささい》な仕事であっても、それをつまらない仕事だとはみなさない。

〈解説〉

職分について

才能に応じて人材を育成すること、任用したなら転職させずに全《まっと》うさせること、ついで使用する側、される側のありようなどを述べている。

官僚社会にあって、恣意《しい》的に改職されたり、上下の意志がかみあわずに理想の実現をはかるほどに、一般民衆がわりをくう結果を、王陽明はあまりにも見すぎた。ここでの発言には、辛酸をなめつくした王陽明が、かくあれかしと願う想《おも》いが込められているにちがいない。最後の一文は、才能に応じた人材育成を主張した最初の一文と呼応するものだが、それにつけても王陽明という人は人心の機微をよくわきまえた発言をする人である。

是《こ》の時《とき》に当《あ》たりて、天下《てんか》の人《ひと》、熙熙皞皞《ききこうこう》として、皆《みな》相視《あいみ》ること一家《いつか》の親《しん》の如《ごと》し。其《そ》の才質《さいしつ》の下《げ》なる者《もの》は、則《すなわ》ち其《そ》の農工商賈《のうこうしようか》の分《ぶん》に安《やす》んじて、各《おのおの》其の業《ぎよう》を勤《つと》め、以《もつ》て相生《あいい》き相養《あいやしな》いて、高《たか》きを希《のぞ》み外《そと》を慕《した》うの心有《こころあ》ること無《な》し。其《そ》の才能《さいのう》の異《こと》なれる、皐《こう》・夔《き》・稷《しよく》・契《せつ》の若《ごと》き者《もの》は、則《すなわ》ち出《い》でて各《おのおの》其の能《のう》を効《いた》すこと、一家《いつか》の務《つと》めの若《ごと》し。或《ある》いは其《そ》の衣食《いしよく》を営《いとな》み、或《ある》

当㆓是之時㆒、天下之人、熙熙皞皞、皆相視如㆓一家之親㆒。其才質之下者、則安㆓其農工商賈之分㆒、各勤㆓其業㆒、以相生相養、而無㆑有㆓乎希㆑高慕㆑外之心㆒。其才能之異、若㆓皐・夔・稷・契㆒者、則出而各効㆓其能㆒、若㆓一家之務㆒。或営㆓其衣食㆒、或通㆓其有無㆒、或

いは其《そ》の有無《うむ》を通《つう》じ、或《ある》いは其《そ》の器用《きよう》を備《そな》え、謀《はかりごと》を集《あつ》め力《ちから》を幷《あわ》せて、以《もっ》て其《そ》の仰《あお》いでは事《つか》え俯《ふ》して育《はぐ》くむの願《ねが》いを遂《と》げんことを求《もと》む。惟《た》だ其《そ》の事《こと》に当《あ》たる者《もの》の或《ある》いは怠《おこた》りて、己《おのれ》の累《わずら》いを重《かさ》ねんことを恐《おそ》るるなり。故《ゆえ》に稷《しょく》は其《そ》の稼《か》を勤《つと》めて、其《そ》の教《おし》えを知《し》らざるを恥《は》じず、契《せつ》の善《よ》く教《おし》うるを視《み》ること、即《すなわ》ち己《おのれ》の善《よ》く教《おし》うるがごときなり。夔《き》は其《そ》の楽《がく》を司《つかさど》りて、礼《れい》に明《あき》らかならざることを恥《は》じず。夷《い》の礼《れい》に通《つう》ずるを視《み》ること、即《すなわ》ち己《おのれ》の礼《れい》に通《つう》ずるがごときなり。

備二其器用一、集レ謀幷レ力、以求レ遂二其仰事俯育之願一。惟恐下当二其事一者之或怠、而重中己之累上也。故稷勤二其稼一、而不レ恥二其不一レ知レ教、視二契之善教一、即己之善教也。夔司二其楽一、而不レ恥二於不一レ明レ礼。視二夷之通一レ礼、即己之通レ礼也。

○熙熙皥皥　人々の安堵《あんど》して満足していること。○皐・夔・稷・契　『書経』舜典《しゅんてん》にみえる。いずれも舜の臣下で才能に応じて役割分担を命ぜられている。○仰事俯育　『孟子』梁恵《りょうけい》王篇上の語。

〈口訳〉

その当時、世界の人々は満ち足りて安んじていたので、誰《だれ》もが相互に一家族のように親しくしていた。才能や素質の劣る者は、それぞれ農業・工業・商業の仕事に従事してその職業に励み、相互に生活を援助しあって、高い地位や能力以上のことを望んだりすることはなかった。すぐれた才能の持ち主、例えば、皐・夔・稷・契などは、政府に出仕して、それぞれの能力を発揮して、まるで一家族の仕事を分担するのと同じであった。ある人は衣食を整え、ある人は経理を担当し、ある人は器物道具を準備して、知恵を集め力を合わせて父母への孝養と妻子の養育を完《まっと》うしようとし、分担者が職務を怠って、それが自分の重荷にのしかかってくることだけを恐れたのです。ですから、稷は農業に精を出して、教育についてはとんと知らなくても恥とはせず、契がちゃんと教育しているのを確認すると、自分がちゃんと教育しているのと同様にみなした。夔は音楽を担当して、礼についてはとんとわきまえていなくても、伯夷《はくい》が礼に精通しているのを確認すると、自分が礼に精通しているのと同様にみなした。

〈解説〉

分業について　才能素質の分量上の差異に基づいた理想社会における分業論・役割分担論を述べたくだりである。すでにみた聖人を精金にたとえた上巻の語録を合わせ考えられたい。

この記述を、才能素質の差異を持ち出して封建的身分制をより固定化することを訴えたものと理解するか、それとも、現実の社会身分をその一代限りの個々人の才能素質にのみ基づいて主張しているのであって、このことが自己展開すると身分社会は崩壊する危険性があると理解するか、意見の分かれるところであろう。

王陽明の主観的意図としては、身分制社会を打破するという考えはなかったであろう。しかし、社会身分を才能素質の高下に応じた役割分担ととらえて職分論を主張し、この職分には本質的に差等はないと主張する王陽明の、この人間の本質を平等と認めたうえでの職分論は注目されてよい。

ここで、黄宗義《こうそうぎ》の『明夷待訪録』を想《おも》い起こされたい。君主の本来のあり方を述べた「原君篇」において、君主が必要であることを否定する発言はひとことも述べていないにもかかわらず、黄宗義の理想的君主像からみると、現実には君主は存在しないほうがよいのだという結論が得られるのと同様のことが、王陽明の職分論から考えられないだろうか。黄宗義にとっては君主の存在しない政治制度は考えられなかったのと同様に、王陽明にとっても身分制のない社会制度は想像されなかったにちがいない。そうではあるけれども、この職分論は、社会身分を世襲的なものと固定的にとらえてしまうことをゆるさないだけに、この原理論は既成の秩序を突き崩すことになりかねない。

もう一点、ここでの職分論において、あらためて注意さるべきは、王陽明が主張する聖人とは、決して全知全能であることをいささかも要求されてはいないということである。あくまでも素質才能に応じて自分の持ち分を満開させることが要請されているに過ぎない。聖人とは超人のことではないのである。精金の比喩《ひゆ》は、王陽明の聖人観(理想的本来的人間像)の原論をみるのに格好の語録である。ここでの職分論はその一展開である。それがもっとも端的に表現されたのが、後出する、「街ゆく人はみな聖人だ」という発言である。

蓋《けだ》し其《そ》の心学《しんがく》は純明《じゅんめい》にして、以《もっ》て其《そ》の万物一体《ばんぶついったい》の仁《じん》を全《まっと》うすること有《あ》り。故《ゆえ》に其《そ》の精神《せいしん》は流貫《りゅうかん》し、志気《しき》は通達《つうたつ》して、人己《じんこ》の分《ぶん》、物我《ぶつが》の間《へだ》て有《あ》ること無《な》し。之《これ》を一人《いちにん》の身《み》に譬《たと》うれば、目《め》は視《み》、耳《みみ》は聴《き》き、手《て》は持《も》ち、足《あし》は行《ゆ》き、以《もっ》て一身《いっしん》の用《よう》を済《な》せり。目《め》は其《そ》の聡《そう》無《な》きを恥《は》じず、耳《みみ》の渉《わた》る所《ところ》は、目《め》必《かなら》ず営《いとな》む。足《あし》は其《そ》の執《と》る無《な》きを恥《は》じず、手《て》の探《さぐ》る所《ところ》は、足《あし》必《かなら》ず前《すす》む。蓋《けだ》し其《そ》の元気《げんき》は充周《じゅうしゅう》し、血脈《けつみゃく》は条暢《じょうちょう》すればなり。是《ここ》を以《もっ》て痒痾《ようあ》呼吸《こきゅう》、感触《かんふ》れ神応《しんおう》じ、言《い》わずして喩《さと》るの妙有《みょうあ》り。此《こ》れ聖人《せいじん》の学《がく》は、至易至簡《しいしかん》、知《し》り易《やす》く従《したが》い易《やす》く、学《がく》は能《よ》くし易《やす》く、才《さい》は成《な》り易《やす》き所以《ゆえん》の者《もの》は、正《まさ》に大端《だいたん》は惟《た》だ心体《しんたい》の同然《どうぜん》に復《かえ》るに在《あ》るのみにして、知識技能《ちしきぎのう》は、与《あず》かり論《ろん》ずる所《ところ》に非《あら》ざるを以《もっ》

蓋其心学純明、而有㆔以全㆓其万物一体之仁㆒。故其精神流貫、志気通達、而無㆑有㆓乎人己之分、物我之間㆒。譬㆓之一人之身㆒、目視耳聴手持足行、以済㆓一身之用㆒。目不㆑恥㆓其無㆑聡、而耳之所㆑渉、目必営焉。足不㆑恥㆓其無㆑執、而手之所㆑探、足必前焉。蓋其元気充周、血脈条暢。是以痒痾呼吸、感触神応、有㆓不㆑言而喩之妙㆒。此聖人之学、所㆔以至易至簡、易㆑知易㆑従、学易㆑能、而才易㆑成者、正以㆘大端惟在㆑復㆓心体之同然㆒、而知識技能、非㆖所㆓与論㆒也。

てなり。

○条暢　のびのびしていること。　○不レ言而喩　『孟子』尽心篇上の語。　○至易至簡、云々　『易経』繋辞《けいじ》上伝の語をふまえたもの。

〈口訳〉

思うに、その当時の人間学が純粋明瞭であったので、人々は、万物の本来態を実現させる仁愛の心を完全に発揮できた。だから人々の精神（心的エネルギー）は万人に貫流し、志気がくまなくゆきわたり、他人と自己、客体と主体とを分別しなかった。一人の身体にたとえるならば、目は物を視、耳は音を聴き、手は物を持ち、足は歩くことによって、身体の作用を果たしている。目は聴こえないことを恥とはせずに、耳の働きかけたものには、目は必ず関心を寄せるし、足は物を手にとることをしないことを恥とはせずに、手が物をとろうとするものに向かって、足は必ず進んでいくものです。そもそも元気が一身に充溢《じゅういつ》し、血管は身体のすみずみまでゆきわたっているので、皮膚の痒痾《ようあ》や呼吸作用は、五官が感触すれば敏速に反応するので、言葉で表現しなくても了解する精妙なところがある。この聖人の学が、このうえなく簡易で、理解しやすく実践しやすく、学べば力をつけやすく、才能を成就しやすいのは、それこそ、根本を、誰《だれ》もが固有する人格の本質を回復することにおいており、（後天的な）知識（の量）や（人格の本質とは直接には無関係な）技能などは無視しているから社会を構成する一人一人が何をなすべきかをわきまえて自らの職分を全《まっと》うしたので、その社会は有機的に機能したことを、身体構成になぞらえて主張した一文である。あくまでも比喩であるから、論旨の証明になるわけではないが、説得の方法としては巧みである。

なのです。

〈解説〉

知識・技能について

良知心学が実践論として簡易であることを述べていることは興味深い。王陽明はこの旨をいたるところで繰り返し主張しているわけだが、簡易だということは安易であることを意味しない。第二義的工夫を最初から切りすてて、本質的命題に直截《ちょくさい》に取り組むことを主意とするがゆえに簡易なのである。ここで知識・技能が切りすてられたのは、それが後天的に習得されるものであり、本来完全に固有する本質（本体）を回復しさえすれば、その本体は自ら知識・技能として発揮するからである。知識・技能それ自体の習得を独自の工夫論として否定したのは、朱子学の格物窮理論を意識しての発言ではあろうが、我々は疑義を覚えないわけにはいかない。

しかし、ここで王陽明がいう知識・技能の内容が今日の我々とは大きく異なることを考えるならば、納得がいくかもしれない。高度工業化社会における技術の果たす役割、情報化社会における知識の価値の重要なことに慣れすぎている今日の我々の概念理解を、王陽明の

「知識・技能」の概念に重ねて理解することは厳に慎まねばならない。王陽明の生きた社会が前近代の中国であったという意味で異なるだけではない。この言葉が使用されているこの文脈は、抜本塞源論・万物一体論を述べたものであり、あくまでも性善説を基盤にした主体性論の位相で、実践倫理、人格主義を主張する中でこの語は使用されているのである。それ自体では価値中立的な今日の知識・技能論とはそもそも問題の立て方が違うのである。

古典を読むときには、現今通用する概念内容のままに読もうとすると、誤解に終わることがある。

三代《さんだい》の衰《おとろ》うるや、王道《おうどう》は熄《や》みて霸術《はじゆつ》は焻《さか》んなり。孔《こう》・孟《もう》既《すで》に没《ぼつ》して、聖学《せいがく》は晦《くら》くして邪説《じやせつ》は横《ほしいまま》なり。教《おし》うる者《もの》復《ま》た此《これ》を以《もつ》て教《おし》えと為《な》さず、学《まな》ぶ者《もの》は復《ま》た此《これ》を以《もつ》て学《がく》と為《な》さず。霸者《はしや》の徒《と》は、窃《ひそ》かに先王《せんおう》の近似《きんじ》せる者《もの》を取《と》りて、之《これ》を外《そと》に仮《か》りて、以《もつ》て内《うち》に其《そ》の私己《しこ》の欲《よく》を済《な》し、天下《てんか》は靡然《びぜん》として之《これ》を宗《むね》とし、聖人《せいじん》の道《みち》は、遂《つい》に以《もつ》て蕪塞《ぶそく》す。相倣《あいなら》い相効《あいなら》い、日《ひ》に富強《ふきよう》にする所以《ゆえん》の説《せつ》を求《もと》めなば、傾詐《けいさ》の謀《ぼう》、攻《こう》

三代之衰、王道熄而霸術焻。孔・孟既没、聖学晦而邪説横。教者不二復以レ此為一レ教、而学者不二復以レ此為一レ学。霸者之徒、窃取二先王之近似者一、仮二之於外一、以内済二其私己之欲一、天下靡然而宗レ之、聖人之道、遂以蕪塞。相倣相效、日求下所二以富強一之説上、傾詐之謀、攻伐之計、一切欺レ天罔レ人、苟一時之得三以猟二取声利一

伐《ばつ》の計《けい》、一切《いっさい》の天《てん》を欺《あざむ》き人《ひと》を罔《し》い、苟《いやし》くも一時《いちじ》の以《もっ》て声利《せいり》を猟取《りょうしゅ》するを得《う》るの術《じゅつ》、管《かん》・商《しょう》・蘇《そ》・張《ちょう》の属《ぞく》の若《ごと》き者《もの》は、名数《めいすう》す可《べ》からざるに至《いた》る。既《すで》に其《そ》の久《ひさ》しきや、闘争劫奪《とうそうごうだつ》、其《そ》の禍《わざわ》いに勝《た》えず。斯《こ》の人《ひと》は禽《きん》獣夷狄《じゅういてき》に淪《しず》みて、霸術《はじゅつ》も亦行《またおこな》う能《あた》わざる所有《ところあ》り。

之術、若二管・商・蘇・張之属一者、至レ不レ可二名数一。既其久也、闘争劫奪、不レ勝二其禍一。斯人淪二於禽獣夷狄一、而霸術亦有レ所レ不レ能レ行矣。

○仮二之於外一　『孟子』公孫丑篇上《こうそんちゅう》「力を以て仁を仮る者は霸たり」による。　○管・商・蘇・張　管仲・商鞅《しょうおう》・蘇秦《そしん》・張儀《ちょうぎ》。春秋戦国期の政治家、遊説家。霸道の実践者とみなされている。

〈口訳〉

夏《か》・殷《いん》・周《しゅう》の三代の政権が衰えてしまうと、王道政治は姿を消して霸道政治が幅をきかした。孔子・孟子が死去してしまうと、真の学問は見失われて、邪悪な主張が横行して、教育者はもはや真の学問を教えなかったし、学ぶ者ももはや真の学問を学ばなかった。霸者のともがらは、先王の王道政治まがいのものをぬすみとって外面を飾りながら、内実は一個人の欲望を満たそうとし、世の人々はそれになびいてよしとしたのです。（その結果）聖人の道はすっかり窒息させられてしまった。世の人は誰《だれ》もがそれにならい、日々富強になるための理論を追求し、他国を欺き転覆を企てる謀略、攻撃して征伐する計略、およそ天を欺き人をくらまし、仮にもその時だけでも名声や利益を得られる術策であれば、たとえば管仲・商鞅・蘇秦・張儀のやったことなどは、ここに数えあげきれるものではありません。それが久しく続くと、闘争強奪が展開されて人々はその惨禍に堪えきれずに、(無道徳な) 禽獣 (無文明な) 夷狄《いてき》同様に転落してしまい、覇術すら実行できなくなってしまった。

〈解説〉

暗黒時代　黄金時代であった三代が衰えて春秋戦国期に入ると、急転直下して覇術邪説が横溢《おういつ》する暗黒時代となる。それがあまりにも永く続いたので覇術すら行えなくなったという。

ここで「禽獣夷狄に淪《しず》む」と表現しているが、人間が鳥・獣になるわけでもないし、中華民族が異民族になるわけでもない。これは道徳と文化 (礼) を基準にして、その社会と人間を価値評価して表現したことばである。儒教の理想は王道政治の実現であり、この社会は構成員が善なる本性を開花させることが原動力となるのであるから、道徳と文化を人間とその社会の徴表とみた。覇者の徒は、王道そのものは実行できなかったけれども、王道・聖学にことよせて権力政治を実行せざるを得なかった。この当時は、名分としてではあれ、王道・聖学はまだ余命をもっていたのである。

ところが権力政治が長期化すると、単なる名分としても王道・聖学は顧みられなくなり、人間とその社会は人間であることの徴表をすっかり見失ってしまい、こうなってしまうと、王道・聖学に仮る覇術すら実行する手がかりを失うことになってしまったのである。王陽明は、王道の時代、霸術の時代、霸術すら行えなかった時代と三期に区分して人間の歴史を理解しており、王陽明が生きた当代の社会を、霸術すら行うことのできなくなってしまった全くの暗黒社会と認識していたのである。王陽明が当代社会に理解されることを当初から期待せずに「狂者」と自己認識せざるを得なかったことはあまりにもいたましい。

世《よ》の儒者《じゆしや》は、慨然《がいぜん》として悲傷《ひしよう》し、先聖王《せんせいおう》の典章法制《てんしようほうせい》を蒐猟《しゆうりよう》して、煨燼《わいじん》の餘《よ》に掇拾修補《てつしゆうしゆうほ》す。蓋《けだ》し其《そ》の心《こころ》為《た》るや、良《まこと》に亦以《またもつ》て先王《せんおう》の道《みち》を挽回《ばんかい》せんと欲《ほっ》するも、聖学《せいがく》は既《すで》に遠《とお》く、霸術《はじゆつ》の伝《でん》は、積漬《せきし》已《すで》に深《ふか》し。賢知《けんち》に在《あ》りと雖《いえ》ども、皆習染《みなしゆうせん》を免《まぬか》れず。其《そ》の講明《こうめい》修飾《しゆうしよく》して、以《もつ》て世《よ》に宣暢光復《せんちようこうふく》せんことを求《もと》むる所以《ゆえん》の者《もの》は、僅《わず》かに以《もつ》て霸者《はしや》の藩籬《はんり》を増《ま》すに足《た》るのみにして、聖学《せいがく》の門墻《もんしよう》は、遂《つい》に復《ま》た観《み》る可《べ》からず。是《ここ》に於《おい》てか訓詁《くんこ》の学有《がくあ》り、之《これ》を伝《つた》えて以《もつ》て名《な》と為《な》す。記誦《きしよう》の学有《がくあ》り、之《これ》を言《い》いて以《もつ》て博《はく》と為《な》す。詞章《ししよう》の学有《がくあ》り、之《これ》を侈《おご》りて以《もつ》て麗《れい》と為《な》す。是《か》くの若《ごと》き

世之儒者、慨然悲傷、蒐㆓-猟先聖王之典章法制㆒、而掇㆓-拾-修-補於煨燼之餘㆒。蓋其為㆑心、良亦欲㆔以挽㆓-回先王之道㆒、聖学既遠、霸術之伝、積漬已深。雖㆑在㆓賢知㆒、皆不㆑免㆓於習染㆒。其所㆕-以講明修飾、以求㆔宣㆓-暢-光-復於世㆒者、僅足㆔以増㆓霸者之藩籬㆒、而聖学之門墻、遂不㆓復可㆒㆑観。於㆑是乎有㆓訓詁之学㆒、而伝㆑之以為㆑名。有㆓記誦之学㆒、而言㆑之以為㆑博。有㆓詞章之学㆒、而侈㆑之以為㆑麗。若㆑是者、紛紛籍

者《もの》、紛紛籍籍《ふんぷんせきせき》として、群起《ぐんき》して天下《てんか》に角立《かくりつ》すること、又其《またそ》の幾家《いくか》なるを知《し》らず。万径千蹊《ばんけいせんけい》、適《ゆ》く所《ところ》を知《し》る莫《な》し。

籍、群起角二立於天下一、又不レ知二其幾家一。万径千蹊、莫レ知レ所レ適。

○煨燼　焼け残り。秦《しん》の始皇帝の時の焚書《ふんしよ》を免れたものを指すか。○霸者之藩籬　藩籬は垣根。境界のこと。○聖学之門墻　『論語』子張篇の子貢《しこう》の発言をふまえたもので、聖学の全体像を指す。

〈口訳〉

そこで、世の学者たちは、このありさまを慨嘆して、過去の聖人王者の儀礼法制を収集し、（秦《しん》の始皇帝の）焚書《ふんしよ》の焼け残りを拾い集めて補修した。いったいに彼らの主観的意図は、先王の道を挽回《ばんかい》復興しようとしたのであるが、真実の学問は遠い過去のものとなってしまい、霸術が伝承されて人心に浸透することあまりに深かったので、賢者知者といえども、霸術に汚染されることを免れなかった。彼らが究明し整理して、世界にふたたび宣明しようとした努力も、単に霸者の領域を拡大しただけであって、真実の学問そのものの全体像は結局はもはやみることはできなかった。その結果、文字訓詁《くんこ》の学がおこり、その学を伝えて名誉とし、暗記暗唱の学がおこり、それを述べたてては博識をほこり、文章表現の学がおこり、詩文の華麗さを競《きそ》った。このような学問が世界にやたらと入り乱れておこり、互いに競いあい、そのグループは数知れず、各学派が勝手に主張して、どれが真実なのかわからなくなってしまった。

〈解説〉

伝統的儒学を批判　前節の、霸術を実行する手がかりを失ってしまい、むき出しの権力政治が行われた時代とは、焚書坑儒《ふんしょこうじゅ》に象徴される、秦の始皇帝の法術政治を以て終局したことを念頭において記述されたのかもしれない。もし、そうだとすると、この一節は漢代以降の儒学の情況を述べていることになる。王陽明は、この抜本塞源《ばっぽんそくげん》論を、各時代の学術思想界の推移に即して論理展開しているので、どうもそのように理解するのが妥当のようである。

ただし、三代が衰えて以後の各時代の学術思想界の弊風を指摘しているが、その指摘がそのまま、王陽明が生きた明《みん》代社会の批判であることを忘れてはいけない。歴史的記述であるかにみえて、実はまぎれもなく現実批判の一文なのである。

この一節では、先王の道を挽回せんとする「儒者」の主観的意図は良しとしながらも、霸術の伝統に飲み込まれてしまい、ついに聖学の本領を覚悟しきれないまま、結果的には霸者の権力政治を補強する役割を果たしたにすぎないと鋭く批判する。訓詁・詞章・記誦《きしょう》の学を、それが人間学として無意味であるということにとどまらず、霸術に無批判な学問であると論評していることは興味深い。

世《よ》の学《まな》ぶ者《もの》は、百戯《ひやくぎ》の場《じよう》に入《い》るが如《ごと》し。讙譃跳踉《かんぎやくちようろう》し、奇《き》を騁《は》せ巧《こう》を闘《たたか》わし、笑《わら》いを献《けん》じ妍《けん》を争《あらそ》う者《もの》、四面《しめん》より競《きそ》い出《い》で、前《まえ》に瞻《み》、後《うし》ろに眄《にら》み、応接《おうせつ》に遑《いとま》あらず。而《しか》して耳目《じもく》は眩瞀《げんぼう》し、精神《せいしん》は恍惑《こうわく》し、日夜《にちや》其《そ》の間《かん》に遨遊淹息《ごうゆうえんそく》して、狂《きよう》を病《や》み心《こころ》を喪《うしな》えるの人《ひと》、自《みずか》ら其《そ》の家業《かぎよう》の帰《き》する所《ところ》を知《し》る莫《な》きが如《ごと》し。時《とき》の君《きみ》、世《よ》の主《あるじ》も、亦皆其《またみなそ》の説《せつ》に昏迷顚倒《こんめいてんとう》して、終身《しゆうしん》無用《むよう》の虚文《きよぶん》に従事《じゆうじ》して、自《みずか》ら其《そ》の謂《い》う所《ところ》を知《し》る莫《な》し。間其《ままそ》の空疏謬妄《くうそびゆうもう》、支離牽滞《しりけんたい》を覚《さと》り、卓然《たくぜん》として自《みずか》ら奮《ふる》い、以《もつ》て諸《これ》を行事《ぎようじ》の実《じつ》に見《あらわ》さんと欲《ほつ》する者有《ものあ》るも、其《そ》の抵《いた》る所《ところ》を極《きわ》むれば、亦富強功利《またふきようこうり》五霸《ごは》の事《じ》業《ぎよう》を為《な》すに過《す》ぎざるのみ。

世之学者、如㆑入㆓百戯之場㆒。讙譃跳踉、騁㆑奇闘㆑巧、献㆑笑争㆑妍者、四面而競出、前瞻後眄、応接不㆑遑。而耳目眩瞀、精神恍惑、日夜遨㆔遊-淹-息其間㆒、如㆕病㆑狂喪㆑心之人、莫㆔自知㆓其家業之所㆒㆑帰。時君世主、亦皆昏㆓迷-顚-倒於其説㆒、而終身従㆓事於無用之虚文㆒、莫㆔自知㆓其所㆒㆑謂。間有㆘覚㆓其空疏謬妄、支離牽滞㆒、而卓然自奮、欲㆔以見㆓諸行事之実㆒者㆖、極㆓其所㆒㆑抵、亦不㆑過㆑為㆓富強功利五霸之事業㆒而止。

○百戯之場　さまざまな演芸の行われる芝居小屋。　○見㆓諸行事之実㆒　『史記』巻百三十、「太史公自序」に引く孔子の言葉「我はこれを空言に載せんと欲するも、これを行事に見《あらわ》すの深切著名なるに如《し》かざるなり」をふまえる。

〈口訳〉

当世の学ぶ者は、まるで芝居小屋に入ったようなもので、歓声あげては人を笑わせ、跳びはねたり、奇抜巧妙をきそい、にっこり笑っては悩殺したりする者が、四方から争って登場し、観客は、前を見るやら後ろを見るやらで、応接にいとまがない。目は眩《くら》み耳は聞こえなくなり、精神はぼんやりとなったまま、昼となく夜となくその世界に耽溺《たんでき》しつづけて、まるで精神を病んだり心神を喪失した者が、自分の家業に従事することを忘れ果てたようである。当時の君主たちも、誰《だれ》もがそれらの思潮におろかにも惑わされだまされて、生涯の間、ものの役にも立たない文章の作成に従事しながら、その文章の意味を知らない。その中には、そのような学問が実は内容空疎ででたらめであり、（人格の完成とは）無関係な、むしろ阻害するものであることに気がついて、雄々しくも発奮して、その意図を実践の場で発揮しようとするものもあったが、その行きつくところは、とどのつまり、富強・功利・五覇の事業をこえるものではなかった。

〈解説〉

暗黒社会　前節では学術思想の担い手について述べていたけれども、この節では、それをこれから継承する「学者」の実態を描写する。彼らをとりまく社会環境は喧噪《けんそう》をきわめ、誘惑に満ち、そのあまりの刺激の強さに抗しきれずに、それにひたすら流されてしまい、自己を喪失して自らの所業のゆくすえをわきまえぬ状態に陥っていることを指摘する。

いつの時代においても真実をみきわめて生きるということは困難なようである。王陽明のここでの指摘は今なお新鮮である。

儒者・学者ばかりではない。君主もまた聖学に晦《くら》いことにおいては同様である。時に気がついて実践しようとしても所詮《しよせん》は覇術でしかないという。政治とはそもそも権力闘争であろうから、そこに聖学をじかに求めるのはどだい無理というものである。むき出しの権力闘争を意味づけるときに道具として聖学が利用されるのが関の山であって、それ以上に聖学の政治的効用を権力者に期待するのはそれこそ非現実的なのかもしれない。

権力者にとって聖学はあくまでも道具であるから、真の目的は聖学の実現ではない。そうではなくして、国家が富み強くなり、功名があがり利益を得て、覇者としての地位が強化されることである。政治家とは現実にはそういうものであろう。

政界でもみくちゃにされた王陽明が、理想の王国が速やかに実現されるなどとは夢にも思ってはいなかったのであろう。ここに述べたことは儒者の常語をつらねただけの如き印象を受けるかもしれないが、王陽明の現実批判がこのような表現形態をとったことを考えると、王陽明が幻想に一人酔うているわけではないことが了解できよう。

聖人《せいじん》の学《がく》は、日《ひ》に遠《とお》く日《ひ》に晦《くら》くして、功利《こうり》の習《しゆう》は、　聖人之学、日遠日晦、而功利之愈趨《いよいよはし》り愈下《いよいよくだ》る。其《そ》の間《かん》、嘗《かつ》て仏老《ぶつろう》に瞽惑《こわく》すと雖《いえ》ども、仏老《ぶつろう》の説《せつ》は、卒《つい》に亦未《またいま》だ以《もっ》て其《そ》の功利《こうり》の心《こころ》に勝《か》つこと有《あ》る能《あた》わず。又嘗《またかつ》て群儒《ぐんじゅ》の論《ろん》に折衷《せっちゅう》すと雖《いえ》ども、群儒《ぐんじゅ》の論《ろん》も、亦未《またいま》だ以《もっ》て其《そ》の功利《こうり》の見《けん》を破《やぶ》ること有《あ》る能《あた》わず。蓋《けだ》し今《いま》に至《いた》るまで、功利《こうり》の毒《どく》、人《ひと》の心髄《しんずい》に淪浹《りんしょう》して、習《なら》いて以《もっ》て性《せい》を成《な》すこと、幾千《いくせん》年《ねん》なり。

習、愈趨愈下。其間雖㆔嘗瞽㆓惑於仏老㆒、而仏老之説、卒亦未㆑能㆑有㆔以勝㆓其功利之心㆒。雖㆔又嘗折㆓衷於群儒之論㆒、而群儒之論、亦未㆑能㆑有㆔以破㆓其功利之見㆒。蓋至㆓於今㆒、功利之毒、淪㆓浹於人之心髄㆒、而習以成㆑性也、幾千年矣。

〈口訳〉

かくして、聖人の学（＝真実の学問）は、日一日と遠ざかりわからなくなってしまい、逆に功利を求める風習は、人々がますます助長すればするほど品が下がっていった。その中にあって、仏教や老荘の思想に魅惑されたこともあったが、仏教・老荘の思想もまた結局のところ人々の功利を求める心に勝つことはできなかった。さらにさまざまな儒家の理論に真理を探究したこともあったが、儒家たちの理論もまた功利を求める人々の意見を打破することはできなかった。かくして今日に至るまでの、幾千年の間というもの、功利主義の害毒は、人々の心臓骨髄にまでしみこみ、その習癖はまるで本性のごとくなってしまった。

〈解説〉

功利主義　聖人の学とは、もともと個々人が本来固有する善なる本性＝道義心を発揮して王道社会が形成されることを理想とする。為政者の徳治もさることながら、構成員各自の自己開発が基本的原動力である。人々が聖学を実学実行することである。だから、人々がどのような学問を実践するかが、その社会のあり方を決定することになる。逆にいうと、三代が衰えて以後、暗黒時代になってしまったのは、聖学が顧みられずにその当時実践された学問が悪かったからである。こうして、暗黒時代の歴史は学問のあり方を以て象徴させてつづられることになる。王陽明のここでの歴史観察が学問の変遷史の形をとっているのはそのためである。

さて、聖学が失われた結果、功利心が人間の「第二の性」となってしまったことを慨嘆してやまない。インド渡来の仏教思想、仏教に刺激されて教学体系を整備した道教思想も、この功利心を打破することはできなかった。聖学を標榜《ひょうぼう》する儒学の徒も出現したが、やはり功利心を克治することはできなかったという。この「群儒」の中に朱子学も含まれよう。要するに功利主義が今日まで横溢《おういつ》しているのである。

相矜《あいほこ》るに知《ち》を以《もっ》てし、相軋《あいきし》るに勢《いきお》いを以《もっ》てし、相争《あいあらそ》うに利《り》を以《もっ》てし、相高《あいたか》ぶるに技能《ぎのう》を以《もっ》てし、相取《あいと》る

相矜以レ知、相軋以レ勢、相争以レ利、相高以二技能一、相取以二声

に声誉《せいよ》を以《もっ》てす。其《そ》の出《い》でて仕《つか》うるや、銭穀《せんこく》を理《おさ》むる者《もの》は、則《すなわ》ち夫《か》の兵刑《へいけい》を兼《か》ねんと欲《ほっ》す。礼楽《れいがく》を 典《つかさど》る者《もの》は、又銓軸《またせんじく》に与《あず》からんと欲《ほっ》す。郡県《ぐんけん》に処《お》れば、則《すなわ》ち藩臬《はんげつ》の高《たか》きを思《おも》い、台諫《だいかん》に居《お》れば、則《すなわ》ち宰執《さいしつ》の要《かなめ》を望《のぞ》む。故《もと》より其《そ》の事《こと》を能《よ》くせざれば、則《すなわ》ち以《もっ》て其《そ》の官《かん》を兼《か》ぬることを得《え》ず。其《そ》の説《せつ》に通《つう》ぜざれば、則《すなわ》ち以《もっ》て其《そ》の誉《ほま》れを要《もと》む可《べ》からず。記誦《きしょう》の広《ひろ》きは、適《まさ》に以《もっ》て其《そ》の敖《おご》りを長《ちょう》ずるなり。知識《ちしき》の多《おお》きは、適《まさ》に以《もっ》て其《そ》の悪《あく》を行《おこな》うなり。聞見《ぶんけん》の博《ひろ》きは、適《まさ》に以《もっ》て其《そ》の辨《べん》を 肆《ほしいまま》にするなり。辞章《じしょう》の富《と》むは、適《まさ》に以《もっ》て其《そ》の偽《いつわ》りを飾《かざ》るなり。是《ここ》を以《もっ》て皐《こう》・夔《き》・稷《しょく》・契《せつ》の兼《か》ぬる能《あた》わざる所《ところ》の事《こと》にして、而今《いま》の初学《しょがく》の小生《しょうせい》は、皆其《みなそ》の説《せつ》に通《つう》じ、其《そ》の術《じゅつ》を究《きわ》めんと欲《ほっ》す。其《そ》の名《な》を称《しょう》し号《ごう》を借《か》るや、未《いま》だ嘗《かっ》て吾《われ》は以《もっ》て共《とも》に天下《てんか》の務《つと》めを成《な》さんと欲《ほっ》すと曰《い》わずんばあらず。而《しか》も其《そ》の誠心《せいしん》

誉㆒。其出而仕也、理㆓銭穀㆒者、則欲㆑兼㆓夫兵刑㆒。典㆓礼楽㆒者、又欲㆑与㆓於銓軸㆒。処㆓郡県㆒、則思㆓藩臬之高㆒、居㆓台諫㆒、則望㆓宰執之要㆒。故不㆑能㆓其事㆒、則不㆑得㆔以兼㆓其官㆒。不㆑通㆓其説㆒、則不㆑可㆔以要㆓其誉㆒。記誦之広、適以長㆓其敖㆒也。知識之多、適以行㆓其悪㆒也。聞見之博、適以肆㆓其辨㆒也。辞章之富、適以飾㆓其偽㆒也。是以皐・夔・稷・契、所㆑不㆑能㆑兼之事、而今之初学小生、皆欲㆘通㆓其説㆒、究㆗其術㆖。其称㆑名借㆑号、未㆓嘗不㆑曰㆕、吾欲㆔以共成㆓天下之務㆒。而其誠心実意之所㆑在、以為不㆑如㆑是、則無㆘以済㆓其私㆒、而満㆗其欲㆖也。

実意《じつい》の在《あ》る所《ところ》は、以為《おも》えらく、是《か》くの如《ごと》からざれば、則《すなわ》ち以《もっ》て其《そ》の私《わたくし》を済《な》し、其《そ》の欲《よく》を満《み》たす無《な》きなり、と。

○成㆓天下之務㆒　『易経』繋辞上伝の語。

〈口訳〉

彼らは知識を自慢し、権勢を競い、利益を争奪し、技能をほこり、栄誉をとりあらそう。世に出て仕官するや、財政を担当する者は軍事法政までも担当しようとする。文教を担当する者は、さらに人事にも関与しようとする。郡や県（の地方行政）に携わる者はより上級の官位をねらい、（中央の）台諫の位にある者は宰相執政の要職をねらう。もとよりその仕事ができなければ、その官を兼務することはできない。諸事に通暁していなければ、それなりの栄誉を求めることはできない。こうして、暗記暗唱が広範なほど、それこそ傲慢《ごうまん》さを増長することになる。知識が多いほど、それこそ悪事を働かせることになる。見聞が博いほど、それこそ弁舌を上手にする。文章表現力が豊富なほど、それこそ、虚偽をごまかすことになる。その結果、皐陶《こうよう》・夔《き》・后稷《こうしょく》・契《せつ》ほどの人ですら兼務できなかったことを、近ごろの学び初めたばかりの若造までが、誰《だれ》もが諸事に通暁して施策を究めたいと願っている。彼らはスローガンとして、「自分は天下の事業を力をあわせて果たしたい」といわないことはない。

しかし、本音のところは、もしそうしなかったならば、個人的野望を満たすことができない、と考えているのである。

〈解説〉

学問の功利化　今日、学問が全くなされていないわけでは決してない。そうではなくて、むしろ、今日ほど学問が盛んな時代はあるまい。しかし、その学問のことごとくが自らの功利心を満たすための道具と化していることが問題なのである。

かつて、前漢の董仲舒《とうちゅうじょ》は、「夫《そ》れ仁人は、其《そ》の誼《ぎ》を正して其の利を謀《はか》らず、其の道を明らかにして其の功を計らず。是《ここ》を以《もっ》て仲尼《ちゅうじ》の門は、五尺の童すら五伯と称さるを羞《は》ず。其の詐力《りょく》を先にして仁誼《じんぎ》を後にするが為なり」（『漢書』巻五十六、董仲舒伝）と述べた。群儒の一人である、この董仲舒の発言は、近世に新儒教が興隆するや着目されて、朱熹《しゅき》は「学規」の中に特にこの語を掲げたほどである。

功利主義に対する警戒がそれだけ古くから強かったわけだが、この功利主義の排斥は、功名利益を求める心を排斥することにとどまらないのであって、道・誼と切り離された事功のすべてを排斥するのである。ともあれ、功利主義にとっぷりとつかりきっている当世の人心を根本から矯《た》めなおすことはあまりにも困難である。事柄は深刻といわねばならない。

嗚呼《ああ》、是《か》くの若《ごと》きの積染《せきせん》を以《もっ》てし、是《か》くの若《ごと》きの心《しん》志《し》を以《もっ》てして、而《しか》して又之《またこれ》を講ずるに是《か》くの若《ごと》きの学術《がくじゅつ》を以《もっ》てす。宜《う》べなり其《そ》の吾《わ》が聖人《せいじん》の教《おし》えを聞《き》きて、之《これ》を視《み》て以《もっ》て贅疣枘鑿《ぜいゆうぜいさく》と為《な》すこと。即《すなわ》ち其《そ》の良《りょう》知《ち》を以《もっ》て未《いま》だ足《た》らずと為《な》して、聖人《せいじん》の学《がく》を謂《い》いて、用《もち》うる所無《ところな》しと為《な》すこと、亦其《またそ》の勢《いきお》いの必《かなら》ず至《いた》る所《ところ》有《あ》り。

嗚呼《ああ》、士斯《しこ》の世《よ》に生《う》まれて、而《しか》も尚《な》お何《なに》を以《もっ》て聖人《せいじん》の学《がく》を求《もと》めんや。尚《な》お何《なに》を以《もっ》て聖人《せいじん》の学《がく》を論《ろん》ぜんや。士斯《しこ》の世《よ》に生《う》まれて、而《しか》も以《もっ》て学《がく》を為《な》さんと欲《ほっ》する者《もの》は、亦労苦《またろうく》にして繁難《はんなん》ならざらんや。亦拘滞《またこうたい》して険艱《けんかん》ならざらんや。嗚呼《ああ》、悲《かな》しむ可《べ》きのみ。幸《さいわ》いとする所《ところ》は天理《てんり》の人心《じんしん》に在《あ》りて、終《つい》に泯《ほろ》ぼす可《べ》からざる所有《ところあ》り。而《しか》して良知《りょうち》の明《あき》らかなること、万古《ばんこ》一日《いちじつ》なれば、則《すなわ》ち其《そ》の吾《わ》が抜本塞源《ばっぽんそくげん》の論《ろん》を聞《き》かば、

嗚呼、以ニ若レ是之積染一、以ニ若レ是之心志一、而又講レ之以ニ若レ是之学術一。宜其聞ニ吾聖人之教一、而視レ之以為ニ贅疣枘鑿一。則其以ニ良知一為レ未レ足、而謂ニ聖人之学一為レ無レ所レ用、亦其勢有レ所ニ必至一矣。

嗚呼、士生ニ斯世一、而尚何以求ニ聖人之学一乎。尚何以論ニ聖人之学一乎。士生ニ斯世一、而欲ニ以為レ学者一、不ニ亦労苦而繁難一乎。不ニ亦拘滞而険艱一乎。嗚呼、可レ悲也已。所レ幸天理之在ニ人心一、終有レ所レ不レ可レ泯。而良知之明、万古一日、則其聞ニ吾抜本塞源之論一、必有下惻然而悲、戚然而

必《かなら》ず惻然《そくぜん》として悲《かな》しみ、戚然《せきぜん》として痛《いた》み、憤然《ふんぜん》として起《た》ち、沛然《はいぜん》として江河《こうが》を決《けっ》するが若《ごと》くにして、禦《ふせ》ぐ可《べ》からざる所有《ところあ》る者有《ものあ》らん。夫《か》の豪傑《ごうけつ》の士《し》の、待《ま》つ所無《ところな》くして興起《こうき》する者《もの》に非《あら》ざれば、吾誰《われだれ》と与《とも》にか望《のぞ》まんや。

痛、憤然而起、沛然若レ決二江河一、而有レ所レ不レ可レ禦者上矣。非二夫豪傑之士、無レ所レ待而興起者一、吾誰与望乎。

○贅疣枘鑿　「贅」はこぶ、「疣」はいぼ。ともに余計なもの。「枘」は四角のほぞ、「鑿」は丸い穴。くいちがうこと。以上で役に立たないものをたとえている。○沛然若レ決二江河一、云々・非二夫豪傑之士一、云々　ともに『孟子』尽心篇上の語をふまえた表現である。

〈口訳〉

ああ、つもりつもった悪癖がこんなありさまで、人々の心意気がこのていたらくで、そのうえ、きわめている学術がこのざまでは、我々が主張する聖人の教えを耳にしても、無用の長物とみなすのは、もっともなことである。だから、世の人々が、良知とは不完全なものであるとみて、聖人の学などはなんの役にも立たないと評価するのも、論理的には必然のことなのである。

ああ、男として、こんな世の中に生まれながら、しかもなお、どのようにして聖人の学を求めるのであろうか。なお、どのようにして聖人の学を論議するのであろうか。男として、こんな世の中に生まれながら、学問しようとするのは、なんと苦労が多く困難に満ちているではないか。なんとあまりにも（我々を）ひきとどめ危難をあびせるではないか。ああ、なんと悲しいことではないか。ただ、幸いなことには、天理が人心に固有するという事実は、あくまでもほろぼすことはできません。そして、良知が明らかであることは、永遠に不変のことですから、彼ら（の良知）が、わたしの「抜本塞源の論」を耳にしたならば、惻然《そくぜん》として悲しみ、慼然《せきぜん》として心を痛め、憤然として奮いたち、沛然として大河を切れば水勢をとどめることができない、そのような人がきっといるにちがいない。何ものにも依存せずに独力で奮起する、豪傑の士でなければ、わたしは、いったい誰《だれ》に望みをかけましょうか。

〈解説〉

楽天主義　かくまで功利主義に汚染されてしまい、それを助長するばかりの学問が喧伝《けんでん》されている当節において、真の学問を訴えても今日の時勢では無用なものとばかにされ、良知は本来完全であるといってみたところで、現実の世人をみれば不足欠陥と酷評されるのはいかにもやむをえない。しかもなお、いかなる困難をもひきうけて聖学を明らかにしてその実現を夢みるのは、世間知らずのドン＝キホーテか。自らは悲劇の主人公と覚悟していても、はたからみれば喜劇以外の何物でもない。

しかし、理想主義が掲げられるときはいつもそうなのではあるまいか。現実社会が泥沼の様相を露呈しているからこそ、理想の旗は空高く掲げられてこそ、心ある人々に強く訴えて、次代を開拓する原動力になりうるものであろう。

王陽明は理想の実現に楽観はしていないが、また絶望もしていない。それはなぜか。万人に賦与されている良知は本来は永遠に明らかであり、この抜本塞源論の訴えを聞き届ければ、必ずや、聖学の発明を妨げている根本原因の、功利主義を根こそぎ払いのけて、万物一体の仁を発揮して、大同社会の実現に邁進《まいしん》することを確信するからである。

この意味では王陽明は基本的には楽天主義者であったといえる。ただし、この楽天主義は、人間が功利主義に深くおかされ、その克服には多大の困難がともなうことを前もって承知のうえで敢然とひきうけ、「本来良知」とのきびしい緊張関係に自らをおいたうえでの楽天主義であることを忘れてはいけない。

この抜本塞源論は王陽明の現実をみる眼のするどさ、それをはねのけていく力強さをまのあたりに示した雄篇中の雄篇である。

羅整菴少宰《らせいあんしょうさい》に答《こた》うるの書《しょ》

某《それがし》、頓首《とんしゅ》して啓《けい》す。昨《さく》、教《おし》えの大学《だいがく》に及《およ》ぶを承《う》けり。舟《ふね》を発《はっ》すること匆匆《そうそう》なれば、未《いま》だ奉答《ほうとう》し能《あた》わ

某、頓首啓。昨、承㆔教及㆓大学㆒。発㆑舟匆匆、未㆑能㆓奉答㆒。暁来、

ず。暁来《ぎょうらい》、江行稍暇《こうこうややいとま》あれば、復《ま》た手教《しゅきょう》を取《と》りて之《これ》を読《よ》む。恐《おそ》らくは贛《かん》に至《いた》るの後《のち》、人事《じんじ》復《ま》た紛沓《ふんとう》せん。先《ま》ず其《そ》の略《りゃく》を具《ぐ》して以《もっ》て請《こ》わん。

江行稍暇、復取二手教一而読レ之。恐至レ贛後、人事復紛沓。先具二其略一以請。

○某、頓首啓　書簡の冒頭につける慣用的表現。　○大学　四書の中の『大学』。　○暁来　明け方。　○人事　公私を含めた交際交渉のこと。
○手教　羅欽順《らきんじゅん》の王陽明あての書簡。今『困知記』附録に収める。　○贛　江西省贛州。

〈口訳〉

謹んで申しあげます。先日は『大学』についてお教えいただきながら、舟旅の出発に慌ただしく、お返事を差し上げることもできませんでした。今朝方になって、舟旅にも少しはゆとりができましたので、もう一度お手紙を取り出して拝読いたしました。贛についてしまいますと、人との交渉がひきもきらないでしょうから、今のうちに（お手紙の質問に対する私の答えの）大略を述べてお教えを請う次第です。

〈解説〉

論争の意義

この一段は冒頭のあいさつ文である。王陽明がこの書簡を認《したた》めたのは、正徳十五（一五二〇）年、四十九歳の秋のことである。この時期、寧王宸濠《しんごう》の反乱を平定しおえた王陽明は、その戦後処理のために辛酸をなめていた。またこの直後に致良知説を発見している。

羅欽順のこのたびの詰問が、王陽明が致良知説を発見することにどれほどの刺激になったかは知る由もないが、たとえ、それを直接に導かなかったとしても、王陽明の実に大胆な発言を引き出したという意味では、大きな役割を果たしたといえる。その意味では、このやりとりは王陽明にとっては大きな意義があった。羅欽順にとっての意義も小さくない。

羅欽順は字《あざな》は允升、号は整菴。成化元（一四六五）年に生まれ、嘉靖《かせい》二十六（一五四七）年に死去した。王陽明の七歳年長であるから、この時は五十六歳である。羅欽順は朱子学を信奉はしていたものの、朱子学内部の矛盾を解決できなくて、みずからの学問にいまだ絶対の自信を得ていない時のことであった。羅欽順が朱子学を整理して独自の世界を発見したと公言したのは六十歳の時である。このたびの論争は羅欽順にとっても、みずからの晩年定論を確立するその少し前のことであった。

この両者の書簡のやりとりが、我々に教えてくれる最大のものは、同じく新儒教とはいっても、朱子学と陽明学とでは、その思考方法が非常に違うのだということを如実に開示していることである。この書簡のみが致良知説発見以前のものでありながら、『伝習録』中巻に収められたのは、この論争の開示する意味がよく理解されたからである。

来教《らいきょう》に云《い》う、「道《みち》を見《み》るは固《もと》より難《かた》し。而《しか》して道《みち》を体《たい》すること尤《もっと》も難《かた》し。道《みち》は誠《まこと》に未《いま》だ明《あき》らかにし易《やす》からず。而《しか》も学《がく》は誠《まこと》に講《きわ》めざる可《べ》からず。恐《おそ》らくは未《いま》だ見《み》る所《ところ》に安《やす》んじて、遂《つい》に以《もっ》て極則《きょくそく》を為《な》す可《べ》からざるなり。」と。

来教云、「見レ道固難。而体レ道尤難。道誠未レ易レ明。而学誠不レ可レ不レ講。恐未レ可下安ニ於所ロ見、而遂以為中極則上也。」

〈口訳〉

（あなたは）お手紙で「道を理解することはもちろん難しいけれども、道を体認することがもっとも難しい。道は本当に明らかにしやすいものではない。さればといって学ぶことを本当に究めないわけにはいきません。自分の理解に満足して、あげくにはそれを絶対的なものと思い込むことは許されまいと思います。」と述べておられます。

〈解説〉

羅欽順の忠告　以下、羅欽順の書簡の部分は独立させて取り扱っていきたい。

真に理解するということは容易なことではないから、よくよく研究を重ねて、決して自分の考えに固執しないように、と忠告する。王陽明が羅欽順のこの忠告をそのままここに引き出したのは、そこに問題があるからではなくして、逆に全く異論がないからである。そして実は、この忠告を、王陽明の思想を論評する世の儒者たちにお返ししたかったのである。

幸甚幸甚《こうじんこうじん》。何《なに》を以《もっ》てか斯《こ》の言《げん》を聞《き》くを得《え》んや。其《そ》れ敢《あ》えて自《みずか》ら以《もっ》て極則《きょくそく》と為《な》して、之《これ》に安《やす》んぜんや。正《まさ》に天下《てんか》の有道《ゆうどう》に就《つ》きて、以《もっ》て之《これ》を講明《こうめい》せんことを思《おも》うのみ。而《しか》も数年以来《すうねんいらい》、其《そ》の説《せつ》を聞《き》きて之《これ》を非笑《ひしょう》する者有《ものあ》り。之《これ》を詬訾《こうし》する者有《ものあ》り。之《これ》を置《お》きて之《これ》を較《こう》量辨議《りょうべんぎ》するに足《た》らずとする者有《ものあ》り。其《そ》れ肯《あ》えて遂《つい》に以《もっ》て我《われ》を教《おし》えんや。其《そ》れ肯《あ》えて遂《つい》に以《もっ》て我《われ》を教《おし》えて、反覆暁諭《はんぷくぎょうゆ》し、惻然《そくぜん》として惟《た》だ之《これ》を救正《きゅうせい》するに及《およ》ばざらんことを恐《おそ》れんや。然《しか》らば則《すなわ》ち天下《てんか》の我《われ》を愛《あい》する者《もの》は、固《もと》より執事《しつじ》の心《こころ》の深《ふか》く且《か》つ至《いた》れるが如《ごと》きもの有《あ》る莫《な》し。感激《かんげき》当《まさ》に何如《いか》にすべけんや。

幸甚幸甚。何以得レ聞二斯言一乎。其敢自以為二極則一、而安レ之乎。正思下就二天下之有道一、以講中明之上耳。而数年以来、聞二其説一而非二笑之一者有矣。詬二訾之一者有矣。置レ之不レ足三較二量─辨─議之一者有矣。其肯遂以教レ我乎。其肯遂以教レ我、而反覆暁諭、惻然惟恐レ不レ及三救二正之一乎。然則天下之愛レ我者、固莫レ有レ如二執事之心深且至一矣。感激当二何如一哉。

○就二天下之有道一　『論語』学而篇《がくじ》「就二有道一而正焉」による。批判を求めること。　○執事　相手を尊敬して直接呼称することをさけていう。

〈口訳〉

（貴重なご教示を賜り）深く感謝いたします。（私ごときが）どうしてこのようなお言葉を頂戴《ちょうだい》できるのでしょうか。私は、自分の理解を絶対的なものと思い込んでそれに満足しているものでは決してありません。むしろ、世の有識者の指教を参考にしながら道を究明したいものと念願しているものです。それなのにここ数年というもの、私の主張を聞いては、非難嘲笑《ちょうしょう》する者はいます。誹謗《ひぼう》する者はいます。比較検討するだけの値うちはないと無視する者はいます。（それにつけても）誰《だれ》ひとりとして進んで私を教え諭《おしさと》そうとしたことはありません。誰ひとりとして進んで私を教え諭し、繰り返して明らかに諭して、心を痛めて私（の誤り）を矯正《きょうせい》しきれないのではないかと危惧《きぐ》したことはありません。それを考えますと、世の中で私を愛してくださる方は、まことにあなたの心ほどに深くかつ周到な方はおられないのです。これ以上の感激はございません。

〈解説〉

理解しようとすること　旧学に泥《なず》んだ者は、新しく提起された問題の意味を理解しきれないままに非難したり、新たに問題提起すること自体を嘲笑したり、強がっては無視したりする。そういう者はいくらもいた。そういう人たちにこそ、羅欽順の忠告を聞かせたい。

先入観をすてて検討の対象にとりあげた結果、正しいと判断して賛同するか、やはり誤っていると判断して訂正を要求してくるか、最終的判断はいずれにせよ、ここには真剣に理解しようとする姿勢がある。賛同を得られれば、大きな励みにもなろう。逆に誤りを指摘されたとしても、それは自らの学問を反省する契機となる。

それを、最初から己見を絶対視してそこに安住し、居丈高に非難嘲笑し、あげくには無視する徒輩は、共に学ぶ者ではない。要するに不親切なのである。それに比べると、羅欽順は、後輩の問題提起を真剣にうけとめて検討し、異議のあるところを丁寧に書き送ってきたのである。王陽明はいたく感激したことを告白している。

王陽明のこの措辞《そじ》は、先輩に対する美辞を全く含まないとはいえないかもしれない。ただ、王陽明がおかれた、当時の思想界の状況を考えるとき、あながち美辞とばかりはいいきれない。


夫《そ》れ徳《とく》の修《おさ》まらざる、学《がく》の講《きわ》めざる、孔子《こうし》は以《もっ》て憂《うれ》いと為《な》せり。而《しか》して世《よ》の学者《がくしゃ》は、稍能《ややよ》く訓詁《くんこ》を伝習《でんしゅう》すれば、即《すなわ》ち皆自《みなみずか》ら以《もっ》て学《がく》を知《し》れりと為《な》して、復《ま》た所謂講学《いわゆるこうがく》を之《こ》れ求《もと》むること有《あ》らず、悲《かな》しむ可《べ》し。夫《そ》れ道《みち》は必《かなら》ず体《たい》して而《しか》る後見《のちみ》る。已《すで》に道《みち》を見《み》て而《しか》る後《のち》に道《みち》を体《たい》するの功《こう》を加《くわ》うるに非《あら》ざるなり。道《みち》は必《かなら》ず

夫徳之不レ修、学之不レ講、孔子以為レ憂。而世之学者、稍能伝二習訓詁一、即皆自以為レ知レ学、不三復有二所謂講学之求一、可レ悲矣。夫道必体而後見。非三已見レ道而後加二体レ道之功一也。道必学而後明。非下外二講学一而復有中所謂

学《まな》びて而《しか》る後明《のちあき》らかなり。講学《こうがく》を外《そと》にして復《ま》た所謂《いわゆる》道《みち》を明《あき》らかにするの事有《ことあ》るに非《あら》ざるなり。然《しか》るに世《よ》の講学《こうがく》する者《もの》に二《に》有《あ》り。之《これ》を講《きわ》むるに身心《しんしん》を以《もっ》てする者有《ものあ》り。之《これ》を講《きわ》むるに口耳《こうじ》を以《もっ》てする者有《ものあ》り。之《これ》を講《きわ》むるに口耳《こうじ》を以《もっ》てするは、揣摸測度《しもそくたく》し、之《これ》を影《えい》響《きょう》に求《もと》むる者《もの》なり。之《これ》を講《きわ》むるに身心《しんしん》を以《もっ》てするは、行《おこな》いて著《あき》らかに習《なら》いて察《つまび》らかに、実《じつ》に諸《これ》を己《おのれ》に有《ゆう》する者《もの》なり。此《これ》を知《し》れば則《すなわ》ち孔門《こうもん》の学《がく》を知《し》る。

明レ道之事上也。然世之講学者有レ二。有下講レ之以二身心一者上。有下講レ之以二口耳一者上。講レ之以二口耳一、揣摸測度、求二之影響一者也。講レ之以二身心一、行著習察、実有二諸己一者也。知レ此則知二孔門之学一矣。

○徳之不レ修　『論語』述而篇《じゅつじ》「子曰く、徳の修まらざる、学の講めざる、……、是れ吾が憂いなり」による。○講学　道を追求して同志と切磋琢磨《せっさたくま》すること。○揣摸測度　あて推量をすること。○行著習察　『孟子』尽心篇上「孟子曰く、これを行いて著《あき》らかならず、習いて察《つまび》らかならず、身を終うるまでこれに由りて、其の道を知らざる者は、衆《おお》し」による。○有二諸己一　『大学』の語。

〈口訳〉

そもそも人格をみがかず、学問を講究しないことは、孔子その人が憂慮されました。それなのに、世の学ぶ者は、少しばかり古典の読み方ができると、もう誰《だれ》もがみな学問がわかった気になって、もはや（孔子のいう）本当の講学を追求しようとしないのは、悲しいことです。そもそも道とは必ず体認してこそはじめてわかるのですから、先に道を理解してからやおら道を体認する努力をするのではありません。道とは学んでこそはじめて明らかになるのですから、講学を無視して他に本当に道を明らかにする方法があるわけではありません。それなのに、世の講学する者には二つのタイプがあります。一つは体認・実践をめあてに道を究める人々です。もう一つは口先だけのこととして道を究める人々です。口先だけのこととして道を究めれば、あて推量して、（実体ではない）派生的なものに求めることになります。体認・実践をめあてに道を究めれば、実践において明晰《めいせき》に体認し、確実に道を会得します。このことがわかれば、孔子一統の学問（の真髄）はわかります。

〈解説〉

俗学　ここで三たび使用されている「而後」の二字に注目されたい。朱子学の知行分割論・知先行後論的思考方法に対する反措定としての措辞である。また、身心の学と対比して口耳の学を非難しているのは、世間通行の講学の実態をとらえて非難したものとうけとれるが、あるいは、体認・実践とはひとまず切り離して、格物窮理を主張する俗流朱子学を非難しているともとれよう。

ともあれ体認すること、真にわかることが肝心であることを力説した一文である。

来教《らいきょう》に謂《い》う、「某《それがし》の大学古本《だいがくこほん》の復《ふく》は、以《おも》えらく、人《ひと》の学《がく》を為《な》すや、但《た》だ当《まさ》に之《これ》を内《うち》に求《もと》むべし。而《しか》るに程朱《ていしゅ》の格物《かくぶつ》の説《せつ》は、之《これ》を外《そと》に求《もと》むるを免《まぬか》れず、と。遂《つい》に朱子《しゅし》の分章《ぶんしょう》を去《さ》りて、其《そ》の補《おぎな》う所《ところ》の伝《でん》を削《けず》る。」と。

来教謂、「某大学古本之復、以人之為レ学、但当レ求ニ之於内一。而程朱格物之説、不レ免レ求ニ之於外一。遂去ニ朱子之分章一而削ニ其所レ補之伝一。」

○大学古本　朱子の『大学章句』は『礼記』大学篇のままでは誤脱があるとみて、文章を移動し補い、経一章伝十章と分かって再編集したが、王陽明は再び『礼記』所収の原文のままでよいとみて『大学古本』の復活を主張した。　**○程朱格物之説**　『大学』八条目の第一項「格物」を「物に格《いた》りて理を窮む」と解釈したこと。

〈口訳〉

（あなたは）お手紙で「私（王陽明）が『大学古本』を復活させたのは、人が学問をする場合、道を（我々は先天的に固有するのだから）我々自身に求むべきであるのに、それなのに、程子・朱子の格物解釈（にもとづいて学問したの）では、道を（我々の）外に求めることになることは避けがたい、と（王陽明が）考えたからであろう。その結果、朱子の（『大学章句』が経一章伝十章と『大学』本文を）章に分けたのをとりはらい、朱子の補った（格物）補伝を削除したのである。」と述べておられる。

〈解説〉

『大学古本』

王陽明の初期の語録が『伝習録』として初刻されたのは王陽明が四十七歳のときである。この年に、『大学古本』『朱子晩年定論』の二書も刊行された。朱子学に対して公然と高らかに反旗をひるがえしたのである。羅欽順《らきんじゅん》は初刻『伝習録』を刊行された翌年に読んでいた。『大学古本』『朱子晩年定論』は刊行されて二年後の夏に王陽明から寄贈されて一読し、折り返し読後の疑問点を王陽明に書き送った書簡が「与㆓王陽明㆒書」(『困知記』附録、所収)である。王陽明の「答㆓羅整菴少宰㆒書」はこれに対する返書である。

勢い、論争の直接的主題は『大学古本』『朱子晩年定論』の評価ということになる。この主題を仮りて両者の間で、儒教の原点をどう理解するのか、原朱子学をどう評価するのが妥当なのか、が問われたのである。王陽明が二書を刊行して朱子学に挑戦したことに対する直接的反応の一つが、羅欽順の質問であった。

羅欽順はまず、朱子学の『大学』理解をすてて『大学古本』を刊行した王陽明の意図を推測して述べている。ここで羅欽順が「内」と「外」を分別したうえで、王陽明は「内」、程朱は「外」と配当していることに注目されたい。この点は王陽明に即座に反撃されることになるのだが、この「内・外」論争は、古くは『孟子』にみえる孟子・告子論争にみえ、先秦《せんしん》諸子の間でも大きな問題となった主題である。内は先天的なもの、本質的なもの、主体が固有するもの、外は後天的なもの、副次的なもの、客観的に存在するもの、などと文脈の中で訳し分けることができよう。この内・外は、自力主義・他力主義ともからんで重要な概念である。

敢《あ》えて然《しか》るに非《あら》ざるなり。学豈内外有《がくあにないがいあ》らんや。大学《だいがく》古本《こほん》は、乃《すなわ》ち孔門《こうもん》の相伝《あいつた》うる旧本《きゅうほん》のみ。朱子《しゅし》は、其《そ》の脱誤《だつご》する所有《ところあ》るを疑《うたが》いて、之《これ》を改正補緝《かいせいほしゅう》せり。某《それがし》に在《あ》りては、則《すなわ》ち謂《おも》えらく、其《そ》れ本《もともと》脱誤《だつご》無《な》ければ、悉《ことごと》く其《そ》の旧《きゅう》に従《したが》うのみ。失《あやま》ちは孔子《こうし》を過信《かしん》するに在《あ》るは則《すなわ》ち之《こ》れ有《あ》り。故《ことさ》らに朱子《しゅし》の分章《ぶんしょう》を去《さ》りて、其《そ》の伝《でん》を削《けず》るに非《あら》ざるなり。夫《そ》れ学《がく》は之《これ》を心《こころ》に得《う》るを貴《とうと》ぶ。之《これ》を心《こころ》に求《もと》めて非《ひ》なれば、其《そ》の言《げん》の孔子《こうし》に出《い》ずと雖《いえ》ども、敢《あ》えて以《もっ》て是《ぜ》と為《な》さざるなり。而《しか》るを況《いわ》んや其《そ》の未《いま》だ孔子《こうし》に及《およ》ばざる者《もの》をや。之《これ》を心《こころ》に求《もと》めて是《ぜ》なれば、其《そ》の言《げん》の庸常《ようじょう》に出《い》ずと雖《いえ》ども、敢《あ》えて以《もっ》て非《ひ》と為《な》さざるなり。而《しか》るを況《いわ》んや

非㆓敢然㆒也。学豈有㆓内外㆒乎。大学古本、乃孔門相伝旧本耳。朱子、疑㆓其有㆑所㆓脱誤㆒、而改㆔正‐補‐緝之㆒。在㆑某、則謂、其本無㆓脱誤㆒、悉従㆓其旧㆒而已矣。失在㆔於過‐信孔子㆒則有㆑之。非㆘故去㆓朱子之分章㆒、而削㆗其伝㆖也。夫学貴㆑得㆓之心㆒。求㆓之於心㆒而非也、雖㆔其言之出㆓於孔子㆒、不㆓敢以為㆒㆑是也。而況其未㆑及㆓孔子㆒者乎。求㆓之於心㆒而是也、雖㆔其言之出㆓於庸常㆒、不㆓敢以為㆒㆑非也。而況其出㆓於孔子㆒者乎。且旧本之伝、数千載矣。今

其《そ》の孔子《こうし》に出《い》ずる者《もの》をや。且《か》つ旧本《きゅうほん》の伝《つた》わること、数千載《すうせんさい》なり。今《いま》、其《そ》の文詞《ぶんし》を読《よ》めば、既《すで》に明白《めいはく》にして通《つう》ず可《べ》し。其《そ》の工夫《くふう》を論《ろん》ずれば、又易簡《またいかん》にして入《い》る可《べ》し。亦何《またなん》の按拠《あんきょ》する所《ところ》にして、其《そ》の此《こ》の段《だん》の必《かなら》ず彼《かれ》に在《あ》り、彼《か》の段《だん》の必《かなら》ず此《ここ》に在《あ》りと、此《こ》れの如何《いか》にして欠《か》け、彼《か》の如何《いか》にして誤《あやま》るかとを断《だん》じて、遂《つい》に之《これ》を改正補緝《かいせいほしゅう》せんや。無乃《むしろ》朱《しゅ》に背《そむ》くを重《おも》んじて、孔《こう》に叛《そむ》くを軽《かろ》んずるかな。

読二其文詞一、既明白而可レ通。論二其工夫一、又易簡而可レ入。亦何所二按拠一而断下其此段之必在二於彼一、彼段之必在二於此一、与中此之如何而欠、彼之如何而誤上、而遂改二正-補-緝之一。無乃重二於背レ朱、而軽二於叛レ孔已乎。

○大学古本……　朱子は、『礼記』所収の「大学」本文を、経一章は孔子の教え、伝十章は曾子《そうし》の解釈と分けて理解した。そのうえ、本文に錯簡脱誤があるとみなして、本文を移動し欠文を補った。その成果が『大学章句』『大学或問』である。これに対して王陽明は、『礼記』所収のままで正しいと理解したから、朱子の『大学章句』を新本と貶《おと》しめて、『礼記』所収のままをあらためて『大学古本』と称して顕彰したのである。永楽年間に三大全（性理大全・四書大全・五経大全）が刊行されて朱子学は標準教学と措定されたが、この際『大学』『中庸』の二篇は『礼記大全』より割愛されて『四書大全』に収められた。その結果、この二篇がもともと『礼記』の一篇であること、「大学」は本文が『大学章句』とは異なることを人々は既に忘れていたという。王陽明が『大学古本』を提示したことは朱子学のつきくずしに大きな作用を発揮することになったのである。

〈口訳〉

決してそうではありません。学ぶということに、いったい内・外（の区分）がありますか。『大学古本』こそ、孔子一門の継承した正しいテキストです。朱子は『大学』には脱誤があると疑って、（本文を）改正し補いました。私は『大学』にはもともと脱誤などないと考えましたので、全面的に古本《こほん》のままをよしとしたに過ぎません。孔子を過信するのが誤ちならばそれは認めますが、わけもなく朱子の（経伝の）章分けを取り去り、（格物の）補伝を削除したのではありません。そもそも学ぶということは、我々自身（心）が本当にわかることこそ基本です。我々自身が本当にわかろうとした結果、（ひとたび我々自身が）正しくないと判断したならば、その言葉がたとえ孔子の口から出たものであっても、決して正しいものとは認めません。ましてや、孔子以下の人間の場合はもちろんです。我々自身が本当にわかろうとした結果、（ひとたび我々自身が）正しいと判断したならば、その言葉がたとえ凡庸《ぼんよう》な人の口から出たものであっても、決して正しくないとは認めません。ましてや孔子の発言ならもちろんです。そのうえ、『大学古本』の伝承されること数千年に及んでおります。いま、その文章を読んでみても意味は明瞭で通解できますし、その実践論も、わかりやすく実行しやすくて、とっかかることができます。それなのに何の根拠があって、（『大学』本文の）この文章はあそこに、あの文章はここに移すべきだ、ここはこういうわけで欠けており、あそこはこういうわけで間違っている、と断定し、あげくは（本文を）改正し補修までしたのだろうか。（あなたのような考えは）むしろ、朱子に背くことを重大視して、孔子に叛《そむ》くことを軽視してはいませんか。

〈解説〉

爆弾発言

我々自身が自分で考えて、正しくないと判断したならば、その言葉がたとえ孔子の口から出たものであっても、決して正しいものとは認めません。

いったい、儒教の歴史の中でこれほどの激しい発言をした者がいただろうか。まさしく爆弾発言である。ただし、王陽明が孔子を過信することをも辞さないことを言明していることからも明白なように、孔子の価値をいささかも否定しているわけではない。王陽明が『大学古本』を提示したねらいは、それが孔子の旧本であることを強調して、朱子学の桎梏《しっこく》から自由になることであった。

もしそのとき、王陽明が、孔子に無批判に従って『大学古本』を提示したのであれば、朱子学の代わりにこんどは孔子にしばられることになってしまうだけである。そうではなくして、王陽明は自分一己の考えで『大学古本』を本来の『大学』であると判断したことを宣言したのが、さきの爆弾発言なのである。

この宣言は、朱子学・孔子の権威から、王陽明一個人が自由であろうとしたことを発明して役割を終えたわけではない。その宣言は王陽明の心学の本質をいかんなく発揮しているからである。王陽明が羅欽順に問いつめられて苦しまぎれにこの発言をしたのではない。先にみた、無善無悪説や、聖人を精金と喩《たと》えた、王陽明の初期の語録を想い起こされたい。これらの語録も心即理説の必然的な産物であり、このたびの爆弾発言もまた、その発生基盤は王陽明その人があたためてきたものであり、決して唐突な発言ではない。

確かにそうではあるが、このように確然と宣言されてしまうと、その衝撃は大きい。それだけに、この発言に対する守旧派の非難は激しい。朱子学者の中には、王陽明の良知心学に対して精一杯に好意を示す者もいるが、ことこの宣言に対しては、おしなべて承認することをためらっているのが実情である。

他方、この宣言は、既成の権威、とりわけ朱子学に繫縛《けいばく》されて懊悩《おうのう》していた人々にとってはまさに福音であった。王陽明のこの発言は、世の非難を超《こ》えて、王陽明の門人はもとよりのこと、王陽明以後の明《みん》末思想界全体を揺り動かす原動力の一つとして大きな役割を果たすことになる。

王陽明の心学は、孔子・朱子の権威すら相対化した。儒教の教学体系の枠が「心」の前にはずされたのである。勢い、この「心」の前では、仏教・道教の枠もはずされ、三教は「心」の前では、心が思索する、真理を発見創造するための、素材・滋養であっても、もはや心にただ従うことを強いるものではなくなったのである。

王陽明の心学が出現して、思想界がにわかに活況をおびてきて、百花斉放をもたらしたのには、十分に理由があったのである。

来教《らいきょう》に謂《い》う、「如《も》し必《かなら》ず学《がく》は外《そと》に求《もと》むるに資《よ》らず、但《ただ》当《まさ》に反観内省《はんかんないせい》して以《もっ》て務《つと》めと為《な》すべしと以《おも》わば、則《すなわ》ち正心誠意《せいしんせいい》の四字《よじ》は、亦何《またなん》ぞ尽《つ》くさざること之《こ》れ有《あ》らん。何《なん》ぞ必《かなら》ずしも入門《にゅうもん》の際《さい》に於《お》いて、便《すなわ》ち困《くる》しむるに格物《かくぶつ》の一段《いちだん》の工夫《くふう》を以《もっ》てせんや。」と。

来教謂、「如必以下学不レ資二於外一求上、但当中反観内省以為上務、則正心誠意四字、亦何不レ尽之有。何必於二入門之際一、便困以二格物一段工夫一也。」

〈口訳〉

（あなたは）お手紙で「もし必ず、学ぶということは、（我々自身の）外に（規範を）求める必要はない、ともかく（我々自身の本来性を）内観・省察することに務めるべきだというのであれば、（『大学』の方法論は）正心・誠意の四字ですべて尽くされることになり、入門のおりに『格物』という実践を課して苦しめる必要などありますまい。」と述べておられます。

〈解説〉

無理解に基づく批判　王陽明の心即理説が、心外に定理を求める「格物」の工夫を必要と認めないことを問題にとりあげて、それならば、正心・誠意の工夫だけで十分ではないか、と詰問する。「格物」の工夫が不可欠だからこそ『大学』は八条目の冒頭に位置づけて説いているのであり、それを不要という王陽明の『大学』解釈は誤りだと主張したいのである。

ここで、羅欽順は、八条目とは実践主体が努力するときの漸進的階梯《かいてい》であり、格物（致知）・正心・誠意の工夫は、連続はするものの、それぞれは別個の工夫であると理解している。羅欽順は、あくまでも思考方法は朱子学のままに、その立場から、王陽明の表現の当相の矛盾を指摘しているのである。王陽明の心即理説、『大学』解釈そのものを、ひとまず没価値的に理解したうえで、そのうえで批判しているのではない。無理解なままに詰問しているのである。

誠《まこと》に然《しか》り誠《まこと》に然《しか》り。若《も》し其《そ》の要《かなめ》を語《かた》れば、則《すなわ》ち修身《しゅうしん》の二字《にじ》にて亦《また》足れり。何《なん》ぞ必《かなら》ずしも又正心《またせいしん》を言《い》わんや。正心《せいしん》の二字《にじ》にて亦《また》足れり。何《なん》ぞ必《かなら》ずしも又誠意《またせいい》を言《い》わんや。誠意《せいい》の二字《にじ》にて亦《また》足れり。何《なん》ぞ必《かなら》ずしも又致知《またちち》を言《い》わんや。又格物《またかくぶつ》を言《い》わんや。惟《た》だ其《そ》の工夫《くふう》の詳密《しょうみつ》なるも、而《しか》も之《これ》を要《よう》するに只是《ただこ》れ一事《いちじ》のみ。此《こ》れ精一《せいいつ》の学《がく》為《た》る所以《ゆえん》なり。此《こ》れ正《まさ》に思《おも》わざ

誠然誠然。若語二其要一、則修身二字亦足矣。何必又言二正心一。正心二字亦足矣。何必又言二誠意一。誠意二字亦足矣。何必又言二致知一。又言二格物一。惟其工夫之詳密、而要レ之只是一事。此所三以為二精一之学一。此正不レ可レ不レ思者也。夫理無二内外一、性無二内外一。故学無二内外一。講習討論、未二

る可《べ》からざる者《もの》なり。夫《そ》れ理《り》に内外《ないがいな》無く、性《せい》に内外《ないがい》無《な》し。故《ゆえ》に学《がく》に内外無《ないがいな》し。講習討論《こうしゅうとうろん》は、未《いま》だ嘗《かつ》て内《うち》に非《あら》ずんばあらざるなり。反観内省《はんかんないせい》は、未《いま》だ嘗《かつ》て外《そと》を遺《わす》れず。夫《そ》れ学《がく》は必《かなら》ず外《そと》に求《もと》むるに資《よ》ると謂《い》わば、是《こ》れ己《おのれ》の性《せい》を以《もっ》て外有《そとあ》りと為《な》すなり。是《こ》れ義外《ぎがい》なり。智《ち》を用《もち》うる者《もの》なり。反観内省《はんかんないせい》は、之《これ》を内《うち》に求《もと》むと為《な》すと謂《い》わば、是《こ》れ己《おのれ》の性《せい》を以《もっ》て内有《うちあ》りと為《な》すなり。是《こ》れ我有《があ》るなり。自私《じし》する者《もの》なり。是《こ》れ皆性《みなせい》の内外無《ないがいな》きを知《し》らざるなり。故《ゆえ》に曰《いわ》く、「義《ぎ》を精《くわ》しくして神《しん》に入《い》り、以《もっ》て用《よう》を致《いた》すなり。用《よう》を利《り》して身《み》を安《やす》んじ、以《もっ》て徳《とく》を崇《たか》くするなり。」と。「性《せい》の徳《とく》なり、内外《ないがい》を合《がっ》するの道《みち》なり。」と。此《こ》れ以《もっ》て格物《かくぶつ》の学《がく》を知《し》る可《べ》し。

嘗非レ内也。反観内省、未二嘗遺レ外也。夫謂三学必資二於外求一、是以二己性一為レ有レ外也。是義外也。用レ智者也。謂二反観内省、為レ求二之於内一、是以二己性一為レ有レ内也。是有レ我也。自私者也。是皆不レ知三性之無二内外一也。故曰、「精レ義入レ神、以致レ用也。利レ用安レ身、以崇レ徳也。」「性之徳也、合二内外一之道也。」此可三以知二格物之学一矣。

○精一之学　『書経』大禹謨《たいうぼ》篇「惟《こ》れ精惟れ一」による。　○理無二内外一、云々　程明道『定性書』の記述をふまえた表現である。　○精レ義入レ神、云々　『易経』繋辞下伝の語。　○性之徳也、云々　『中庸』

章句』二十五章の語。

〈口訳〉

まことに仰せの通りです。もし（『大学』の実践論の）要点をいえば、「修身」の二字でそれで十分です。そのうえ「正心」をいう必要はありません。「正心」の二字でそれで十分です。そのうえ「誠意」をいう必要はありません。「誠意」の二字でそれで十分です。そのうえ「致知」をいい「格物」をいう必要はありません。ともあれ『大学』の実践論は詳細綿密ですが、（実践そのものは）とどのつまりはただの一つの事にほかなりません。これだからこそ「精一」の学なのです。このことをとくと考えないわけにはいきません。そもそも理に内外（の区分）はありませんし、性に内外（の区分）はありません。だから、学ぶことに内外（の区分）はありません。（人々と）講習討論する場合でも、（その主体は我々ですから）自己が関与しないわけはありませんし、（本来性を）内観省察する場合でも、（我々は社会的存在ですから）社会への働きかけを放棄していません。そもそも「学ぶとは必ず（我々の）外に（規範を）求めることだ」と考えるのは、我々の本来性を（不完全なものと考えて）外から（後天的に）補充しようとするものであり、これは（義は後天的に獲得するものと考えた）告子の義外説であり、（ことさらに智を働かす）程明道の用智説であります。（本来性を）内観省察するとは、（規範を）我々自身に求め（社会を無視す）るものだときめつけるのは、我々の本来性を一個人の世界に跼蹐《きょくせき》させるものであり、これは（孔子のいう）「我」

を立てるものであり、(自分のことしか考えない、程明道のいう)「自私」なのです。両者ともに(人間の本来)性は個人と社会を包越するものであることに気がついていないのです。だから(『易経』では)「(人間が固有する)義理を精察し神妙の域に達して社会的実践に発揮し、実践を正しく行い我が身を安定させて人格をたかめるのである。」といい、(『中庸』では)「(誠を説いて)本来性として固有せる徳で、個人と社会を包越するものだ。」などと述べておりますから、このことからも格物の学の意味は理解できます。

〈解説〉

渾一論の構造　王陽明は、羅欽順《らきんじゅん》の言辞を逆手にとって反論する。『大学』の八条目のうち、前の四条(格物・致知・正心・誠意)は修身(修己)に収斂《しゅうれん》する。斉家・治国・平天下は対社会的実践(治人)である。

この八条目を、形式論理としてではなくして、主体者が実践するときの実態を考え、それに即してみると、王陽明がここで述べていることを理解することがより容易になるであろう。

王陽明の、「物＝事＝主客関係」論をもう一度、思い浮かべられたい。人であれ、ものであれ、客体との緊張関係を放棄するなら、それは、自分一己の世界に埋没する「私」であり、老仏であると非難されること必定である。儒学の正統を自任するものは、社会に対しては積極的に関心を示し、働きかけて、理想社会の実現を模索する。これは正統であることの徴表の一つである。

　さて、格物の物を文義として事と解釈する点は朱子学も陽明学も等しい。しかし、格を王陽明は「正す」と解釈し、格物を主客関係を正すことと理解した。次の致知の知については、この時点ではいまだ致良知説を発見していなかったので、八条目の工夫全体を主宰する主体者とは位置づけてはいない。だから、致知とは、主体（心）が、主客関係の場で、先天的知覚能力＝良知を発揮すること。次の正心とは、客体との緊張関係にある主体そのものを確立すること。主体が客体に発動して緊張関係を結んでいるときのその主体の表象を意といい、それを善に導くことを誠意という。

　右のごとく述べると堂々めぐりのような印象をうけるかもしれない。そもそも、われわれが言語を用いて表現する場合、対象の全体を完全に表現することは不可能であるし、だからといって丸ごと全体を「これ」と指示したところで無意味である。意味的に限定して表現するからこそ意義がある。

「全体」を「一」（渾一《こんいつ》）とすると、その限定的表現は無限であるから「多」という。「多」の中の一つで表現すると、それはその一つの視点から全体である「一」を開示したのであり、「一」が開示されたとき、そこには「多」のすべてが共にあるのである。

　実践論の全体を、『大学』では、三綱領・八条目を用いて限定的に表現した。より限定して表現すると、全体はより詳細綿密に表現できるのであるが、あまりに細分化すると全体を見失いかねないので、三・八に集約して表現したまでである。そこで、この限定的表現に眼を奪われることなく、この言語表現をもとの全体に返して、そこで占める位置を確認する作業を試みられたい。

物・知・心・意は、主客関係の構造全体を静態的に捉《とら》えて、おのおのの部分を特に抽出して表現したものである。これを動態的に捉えて表現したのが、格物・致知・正心・誠意である。この四条を包越したのが修身である。

この身は同時に家・国・天下との関係にある。だから、たとえば、格物と表現したとき、他の七条目は、この格物とともにある。それも別体の工夫と同時にあるのではなくして、八条目の工夫すべてが密接不可分な、渾然《こんぜん》一体の関係の工夫としてあるのである。工夫論としては、どれか一条目をあげれば、他の七条は芋《いも》づる式、あるいは数珠つなぎ（というも分別的語弊があるが）に包括されるから、それで十分なのである。それを八条目と多層に表現したのは人間と社会の複層性を配慮した結果である。

次の内外論は程明道の『定性書』の叙述をふまえた議論である。

格物《かくぶつ》なる者《もの》は、大学《だいがく》の実《じつ》に手《て》を下《くだ》す処《ところ》にして、徹首《てつしゅ》徹尾《てつび》、始学《しがく》より聖人《せいじん》に至《いた》るまで、只此《ただこ》の工夫《くふう》のみ。但《た》だに入門《にゅうもん》の際《さい》、此《こ》の一段有《いちだんあ》るに非《あら》ざるなり。夫《そ》れ正心《せいしん》・誠意《せいい》・致知《ちち》・格物《かくぶつ》は、皆身《みなみ》を修《おさ》むる所以《ゆえん》にし

格物者、大学之実下レ手処、徹首徹尾、自二始学一至二聖人一、只此工夫而已。非三但入門之際、有二此一段一也。夫正心・誠意・致知・格物、皆所二以修一レ身、而格物者、其

て、格物《かくぶつ》なる者《もの》は、其《そ》の力《ちから》を用《もち》うる所《ところ》の、日《ひ》に見《み》る可《べ》きの地《ち》なり。故《ゆえ》に格物《かくぶつ》とは、其《そ》の心《こころ》の物《もの》を格《ただ》すなり。其《そ》の意《い》の物《もの》を格《ただ》すなり。其《そ》の知《ち》の物《もの》を格《ただ》すなり。正心《せいしん》とは、其《そ》の物《もの》の心《こころ》を正《ただ》すなり。誠意《せいい》とは、其《そ》の物《もの》の意《い》を誠《まこと》にするなり。致知《ちち》とは、其《そ》の物《もの》の知《ち》を致《いた》すなり。此《こ》れ豈《あに》内外《ないがい》彼此《ひし》の分有《ぶんあ》らんや。

所レ用レ力、日可レ見之地。故格物者、格二其心之物一也。格二其意之物一也。格二其知之物一也。正心者、正二其物之心一也。誠意者、誠二其物之意一也。致知者、致二其物之知一也。此豈有二内外彼此之分一哉。

〈口訳〉

格物とは『大学』の（八条目の実践論の中で）文字通り第一着手点です。最初から最後まで、初学者から聖人に至るまで、ただこの工夫だけです。単に入門の時にのみこの格物が該当するわけではありません。そもそも、正心・誠意・致知・格物は、みな「身を修める」ための工夫です。その中でも格物は、我々の努力が日常的に実現される場なのです。ですから、格物とは、我々主体の客体との緊張関係そのものを格《ただ》しくすることであり、主体が客体に向けてすでに意として発動している主客関係を格すこと、主体が知として作用している主客関係を格すことです。正心とは、客体との緊張関係にある主体そのものを確立すること。誠意とは、主体が客体との緊張関係に発動した、その意を善に導くこと。致知とは、客体との緊張関係にある主体の知覚能力を発揮することです。ここには先天と後天、主体と客体との截然《せつぜん》たる区別なぞあるわけがありません。

〈解説〉

修身の実態

この部分は、直接的にはさきの羅欽順《らきんじゅん》の質問文の最後の「何ぞ必ずしも入門の際に於《おい》て、便《すなわ》ち困《くる》しむるに格物の一段の工夫を以《もっ》てせんや」に答えた一文である。

ここでの口訳がくどくなってしまったのは、逐語訳しただけでは、王陽明がここで言おうとしていることが全く理解されないのではないかと危惧《きぐ》したからである。王陽明のこの言表を、文義にとらわれたままに理解しようとしたならば、途方に暮れてしまうにちがいない。

ここでも王陽明は、格物・致知・正心・誠意の四条が渾然《こんぜん》一体となって修身の工夫を構成することを、あらためて強調するために、このような表現をしているのである。

理《り》は一《いつ》のみ。其《そ》の理《り》の凝聚《ぎょうしゅう》を以《もっ》て言《い》えば、則《すなわ》ち之《これ》を性《せい》と謂《い》う。其《そ》の凝聚《ぎょうしゅう》の主宰《しゅさい》を以《もっ》て言《い》えば、則《すなわ》ち之《これ》を心《こころ》と謂《い》う。其《そ》の主宰《しゅさい》の発動《はつどう》を以《もっ》て言《い》えば、則《すなわ》ち之《これ》を意《い》と謂《い》う。其《そ》の発動《はつどう》の明覚《めいかく》を以《もっ》て言《い》えば、則《すなわ》ち之《これ》を知《ち》と謂《い》う。其《そ》の明覚《めいかく》の感応《かんおう》を以《もっ》て言《い》えば、則《すなわ》ち

理一而已。以㆓其理之凝聚㆒而言、則謂㆓之性㆒。以㆓其凝聚之主宰㆒而言、則謂㆓之心㆒。以㆓其主宰之発動㆒而言、則謂㆓之意㆒。以㆓其発動之明覚㆒而言、則謂㆓之知㆒。

之《これ》を物《もの》と謂《い》う。故《ゆえ》に物《もの》に就《つ》きて言《い》えば、之《これ》を格《ただ》すと謂《い》う。知《ち》に就《つ》きて言《い》えば、之《これ》を致《いた》すと謂《い》う。意に就《つ》きて言《い》えば、之《これ》を誠《まこと》と謂《い》う。心《こころ》に就《つ》きて言《い》えば、之《これ》を正《ただ》すと謂《い》う。正《ただ》すとは此《これ》を正《ただ》すなり。誠《まこと》にすとは此《これ》を誠《まこと》にするなり。致《いた》すとは此《これ》を致《いた》すなり。格《ただ》すとは此《これ》を格《ただ》すなり。皆所謂《みないわゆる》理を窮《きわ》めて以《もっ》て性《せい》を尽《つ》くすなり。天下《てんか》に性外《せいがい》の理《り》無《な》く、性外《せいがい》の物無《ものな》し。学《がく》の明《あき》らかならざるは、皆世《みなよ》の儒者《じゅしゃ》の、理《り》を認《みと》めて外《そと》と為《な》し、物《もの》を認《みと》めて外《そと》と為《な》して、義外《ぎがい》の説《せつ》は、孟子《もうし》蓋《けだ》し嘗《かつ》て之《これ》を闢《しりぞ》けしを知《し》らず。乃《すなわ》ち其《そ》の内《うち》に襲陥《しゅうかん》して覚《さと》らざるに至《いた》るに由《よ》る。豈亦是《あにまたぜ》に似《に》て明《あき》らかにし難《がた》き者有《ものあ》るに非《あら》ずや。以《もっ》て察《さつ》せざる可《べ》からざるなり。

以二其明覚之感応一而言、則謂二之物一。故就レ物而言、謂二之格一。就レ知而言、謂二之致一。就レ意而言、謂二之誠一。就レ心而言、謂二之正一。正者正レ此也。誠者誠レ此也。致者致レ此也。格者格レ此也。皆所謂窮レ理以尽レ性也。天下無二性外之理一、無二性外之物一。学之不レ明、皆由下世之儒者、認レ理為レ外、認レ物為レ外、而不レ知二義外之説、孟子蓋嘗闢一レ之。乃至中襲二陥其内一而不上レ覚。豈非三亦有二似レ是而難レ明者一歟。不レ可二以不一レ察也。

○凝聚　後の発動に対する語。形而上《けいじじょう》的意味で使用されているので「未発」と訳しておいた。○所謂窮レ理以尽レ性　『易経』説卦《せっか》伝の語。○世之儒者　当代の朱子学徒をいう。○孟子蓋嘗闢レ之　『孟子』告子篇上で告子が主張したことに孟子が反論したこと。

〈口訳〉

理とは（性・心・意・知・物と）渾然《こんぜん》一体なのです。理が賦与されて未発のままにあることをそれを性といい、未発の性が主宰すると、それを心といい、主宰する心が発動すると、それを意といい、発動した意が明晰《めいせき》に知覚すると、それを知といい、明晰に知覚する知が（客体に）感覚し反応すると、それを物といいます。ですから、主客関係については「格《ただ》す」といい、明晰な知覚作用については「発揮する」といい、発動した意については「善に導く」といい、主宰者については「確立する」というのです。（心・意・知・物とは渾然一体なるものの分相であるから）確立する、善に導く、発揮する、格すというのは（すべて）渾一的全体者への働きかけなのです。いずれも『易経』でいう、理を窮めて性を尽くすということなのです。世の中に（主体者の）本性を疎外して理はありませんし、（主体者の）本性を疎外して主客関係は成立しません。学問が明らかでないのは、あげて世間の学者どもが、理は（主体者を）疎外して存在すると考え、主客関係は（主体者を）疎外して成立すると考えながら、この義（理）は外在する（人間が先天的に固有するものではない）という（告子の）主張は、孟子がかつて論駁《ろんばく》したことをとんと忘れ、その誤った考え方を踏襲しながら気がついていないからです。正しそうにみえるため、その誤ちを明らかにしにくいことがあるからでしょうか。それだけに明察しなければいけません。

〈解説〉

かさねての説明

この一段は、羅欽順《らきんじゅん》の質問からひとまず離れて、王陽明が自説を述べたところである。ただし、論旨はこれまで述べてきたことを繰り返したまでであって、内容的に新たな展開はない。前段の一文が、朱子学徒の羅欽順には、すぐには理解できないであろうことを考慮して、重複をもあえて辞さずに丁寧に説明して、理解を促したものである。ここで、世の朱子学徒を義外説を主張した告子の徒であると非難していることに注意されたい。

なお、ここで「理之凝聚」という表現に疑義をさしはさむ向きもあるが、それは、形而下のものを形容するときのイメージで「凝聚」の字義をとらえ、それをそのまま形而上の理にあてはめて考えるからである。この「凝聚」は発動・発散の対語であること、理は気と渾然一体であることを考えるならば、「凝聚」が形而上の理を形容する表現として使われても少しもおかしくない。

凡《およ》そ執事《しつじ》の疑《うたが》いを格物《かくぶつ》の説《せつ》に致《いた》す所以《ゆえん》の者《もの》は、必《かなら》ず其《そ》の内《うち》を是《ぜ》として外《そと》を非《ひ》とすと謂《い》うなり。必《かなら》ず其《そ》の専《もっぱ》ら反観内省《はんかんないせい》の為《い》を事《こと》として、其《そ》の講習討論《こうしゅうとうろん》の功《こう》を遺棄《いき》すと謂《い》うなり。必《かなら》ず其《そ》の綱領本原《こうりょうほんげん》の約《やく》に一意《いちい》に

凡執事所㆔以致㆓疑於格物之説㆒者、必謂㆓其是㆑内而非㆑外也。必謂㆘其専事㆓於反観内省之為㆒、而遺㆗棄其講習討論之功㆖也。必謂㆘其一㆓意於綱領本原之約㆒、而

して、支条節目《しじょうせつもく》の詳《しょう》を脱略《だつりゃく》せりと謂《い》うなり。必《かなら》ず其《そ》の枯槁虚寂《ここうきょじゃく》の偏《へん》に沈溺《ちんでき》して、物理人事《ぶつりじんじ》の変《へん》を尽《つ》くさずと謂《い》うなり。

審《も》し是《か》くの如《ごと》くんば、豈但《あにた》だ罪《つみ》を聖門《せいもん》に獲《え》、罪《つみ》を朱《しゅ》子《し》に獲《う》るのみならんや。是《こ》れ邪説《じゃせつ》もて民《たみ》を誣《し》い、道《みち》に叛《そむ》き正《せい》を乱《みだ》すものにして、人《ひと》は得《え》て之《これ》を誅《ちゅう》するなり。而《しか》るを況《いわ》んや執事《しつじ》の正直《せいちょく》に於《お》いてをや。

審《も》し是《か》くの如《ごと》くんば、世《よ》の稍訓詁《ややくんこ》を明《あき》らかにし、先《せん》哲《てっ》の緒論《しょろん》を聞《き》く者《もの》は、皆其《みなそ》の非《ひ》を知《し》るなり。而《しか》るを況《いわ》んや執事《しつじ》の高明《こうめい》なるをや。

凡《およ》そ某《それがし》の所謂格物《いわゆるかくぶつ》は、其《そ》の朱子《しゅし》九条《きゅうじょう》の説《せつ》に於《お》ける、皆其《みなそ》の中《なか》に包羅統括《ほうらとうかつ》せり。但《た》だ之《これ》を為《な》すに要《かなめ》有《あ》りて、作用《さよう》は同《おな》じからず。正《まさ》に所謂毫釐《いわゆるごうり》の差《さ》のみ。然《しか》れども毫釐《ごうり》の差《さ》にして、千里《せんり》の繆《あやま》りは、実《じつ》に此《ここ》に起《お》これり。辨《べん》ぜざる可《べ》からず。

脱㆗略於支条節目之詳㆖也。必謂㆘其沈㆓溺於枯槁虚寂之偏㆒、而不㆖尽㆓於物理人事之変㆒也。

審如㆑是、豈但獲㆓罪於聖門㆒、獲㆓罪於朱子㆒。是邪説誣㆑民、叛㆑道乱㆑正、人得而誅㆑之也。而況於㆓執事之正直㆒哉。

審如㆑是、世之稍明㆓訓詁㆒、聞㆓先哲之緒論㆒者、皆知㆓其非㆒也。而況執事之高明哉。

凡某之所謂格物、其於㆓朱子九条之説㆒、皆包㆔羅‐統‐括於其中㆒。但為㆑之有㆑要、作用不㆑同。正所謂毫釐之差耳。然毫釐之差、而千里之繆、実起㆓於此㆒。不㆑可㆑不㆑辨。

○朱子九条之説　朱子は『大学或問』の中で、格物補伝を説明した際、程伊川《ていいせん》の格物説を九条にわたって引用している。これを朱子九条説と表現した。

〈口訳〉

そもそもあなたが、私の格物説に疑問をいだいた理由は、私が先天的本来性を重視して後天的修得を軽視していると理解されたからです。私が専ら《もっぱ》（本来性を）内観省察する努力をするばかりで、人々と講習討論する努力を無視していると理解されたからです。私が大綱根源に努力を集中することに熱中して、根源から派生する細目のことを詳しく検討することを軽視していると理解されたからです。私が社会に背を向けて自己省察する偏向した考え方に耽溺《たんでき》し、人間社会の動態を究明しないと理解されたからです。

もし、その通りならば、聖門に罪を犯し、朱子に罪を犯したばかりではなく、邪説を唱えて人民を惑わし、正道にそむき、みだすものであり、どなたでも私を誅殺できます。ましてやあなたのような真正な人はもちろんです。

もし、その通りならば、世間の一応は経典が読め、先哲の論議を聞きかじった者なら、私の誤ちを誰《だれ》もがみぬきましょう。ましてやあなたほどの高明な方ならもちろんです。

そもそも小生の主張する格物説は、朱子が（『大学或問』で述べた）九条にわたる主張をすべて包括しております。しかし格物の実践には重点のおきどころがあり、（そのために）実践となると同じではありません。それこそささいな差異にすぎませんが、しかし、このささいな差異が大きな誤ちを結果しますので、わきまえないといけません。

〈解説〉

王陽明のきり返し

この一段はまことに興味深い。羅欽順《らきんじゅん》はなぜ王陽明の格物説を非難するのか。王陽明の格物説に対する羅欽順の理解そのものに問題があるのではないのか、と王陽明は考えた。そこで羅欽順の理解を推測して四条に分類し、列挙して問い返している。

前の二条は、羅欽順の質問書から帰納したもの。後の二条はそれを基に演繹《えんえき》したものである。ここには、朱子学徒からこれまで繰り返して投げかけられた批判が、あるいは投影しているかもしれない。そのうえで、王陽明は、そのように理解されることは全く不本意であることを述べ、最後に王陽明の格物説が朱子学の格物説を包越することを述べている。

ここで「包羅統括」していると表現しているのは、格物の理解において朱子学と同案であることを主張しているのではない。そうではなくして、王陽明の格物説は、『大学或問』の九条にわたる格物説の内容すべてをその中に包括して、しかもなお余り有る。実践論としてはより秀れたものだと主張しているのである。つまり、王陽明は自分の格物説のほうが、朱子学のそれより優《まさ》るものだというのである。だから、同案であることを主張したのではなくして、むしろ両学の差異を強調したのである。このように理解することによって、次の一節が容易に理解できるのである。

孟子《もうし》は、楊《よう》・墨《ぼく》を闢《しりぞ》けて、父《ちち》を無《な》みし君《きみ》を無《な》みするに至《いた》る、と。二子《にし》も亦当時《またとうじ》の賢者《けんじゃ》なれば、使《も》し孟子《もうし》と世《よ》を並《なら》べて生《う》まれなば、未《いま》だ必《かなら》ずしも之《これ》を以《もっ》て賢《けん》と為《な》さずんばあらず。墨子《ぼくし》の兼愛《けんあい》は、仁《じん》を行《おこな》いて過《す》ぎたるのみ。楊子《ようし》の為我《いが》は、義《ぎ》を行《おこな》いて過《す》ぎたるのみ。此《こ》れ其《そ》の説為《せった》る、亦豈《またあに》理《り》を滅《ほろ》ぼし常《つね》を乱《みだ》るの甚《はなは》だしきものにして、以《もっ》て天下《てんか》を眩《くら》ますに足《た》らんや。而《しか》も其《そ》の流《なが》れの弊《へい》は、孟子《もうし》は禽獣夷狄《きんじゅういてき》に比《なら》べるに至《いた》る。所謂学術《いわゆるがくじゅつ》を以《もっ》て天下後世《てんかこうせい》を殺《ころ》すなり。今《いま》の世《よ》の学術《がくじゅつ》の弊《へい》は、其《そ》れ之《これ》を仁《じん》を学《まな》びて過《す》ぎたる者《もの》と謂《い》うか。之《これ》を義《ぎ》を学《まな》びて過《す》ぎたる者《もの》と謂《い》うか。抑《そもそも》之《これ》を不仁不義《ふじんふぎ》を学《まな》びて過《す》ぎたる者《もの》と謂《い》うか。吾其《われそ》の洪水《こうずい》猛獣《もうじゅう》に於《お》いて何如《いか》なるかを知《し》らざるなり。

孟子闢二楊・墨一、至二於無レ父無レ君。二子亦当時之賢者、使与二孟子一並レ世而生、未三必不二以レ之為レ賢。墨子兼愛、行レ仁而過耳。楊子為我、行レ義而過耳。此其為レ説、亦豈滅レ理乱レ常之甚、而足三以眩二天下一哉。而其流之弊、孟子至レ比二於禽獣夷狄一。所謂以二学術一殺二天下後世一也。今世学術之弊、其謂二之学レ仁而過者一乎。謂二之学レ義而過者一乎。抑謂下之学二不仁不義一而過者上乎。吾不レ知下其於二洪水猛獣一何如上也。

○孟子闢二楊・墨一　『孟子』滕文公《とうぶんこう》篇下を参照。　○禽獣夷狄・洪水猛獣　ともに『孟子』滕文公篇下の

語。　○所謂以二学術一殺二天下後世一　『陸象山文集』巻一、「与曾宅之」の中の語。

〈口訳〉

孟子は楊朱《ようしゅ》・墨翟《ぼくてき》を論駁《ろんばく》して、父親を無視し君主を無視することになるとみました。二人とて当時の賢者ですから、孟子と同時代に生まれていたならば、(孟子は) きっと二人を賢者と評価したにちがいありません。墨子の博愛主義は、仁を実践して度がすぎただけです。楊子の利己主義は、義を実践して度がすぎただけです。彼らの主張そのものが世界を眩惑《げんわく》できるほど道理を滅却し道徳を混乱せしめてひどかったのでしょうか。そうではなくして、彼らの末流の弊害を、孟子は禽獣・夷狄《いてき》になぞらえたのであって、(陸象山のいう)「(誤った) 学術で世界中の後の人々を殺すもの」なのです。当世の学術の弊害は、(墨子のように) 仁を学んで度がすぎたものでしょうか、(楊子のように) 義を学んで度がすぎたものでしょうか。それとも (根本から誤って) 不仁不義を学んで度がすぎたものでしょうか。私はそれが洪水・猛獣と比べてどのようであるのかを知りません (朱子学末流の弊害は言語を絶します)。

〈解説〉

朱子学の洪水猛獣

ここの論述は、『孟子』滕文公篇下において、孟子が、楊朱・墨翟を批判した、その論法にほとんど依拠して展開している。さきに王陽明は自らを孟子になぞらえて、朱子学の格物説を告子が主張した義外説であると難詰したけれども、ここでは、世の朱子学末流を洪水・猛獣にたとえて非難している。
　このあまりに大胆な、激越な朱子学批判は、朱子学徒を激怒させ、後世、この発言が物議をかもすことになった。

孟子《もうし》は云《い》う、「予《よ》豈《あに》弁《べん》を好《この》まんや。予《よ》已《や》むを得《え》ざるなり。」と。楊《よう》・墨《ぼく》の道《みち》、天下《てんか》に塞《ふさ》がる。孟子《もうし》の時《とき》、天下《てんか》の楊《よう》・墨《ぼく》を尊信《そんしん》すること、当《まさ》に今日《こんにち》の朱説《しゅせつ》を崇尚《すうしょう》するに下《くだ》らざるべし。而《しか》して孟子《もうし》は、独《ひと》り一《いち》人《にん》を以《もっ》て其《そ》の間《かん》に呶呶《どうどう》す。噫《ああ》、哀《かな》しむ可《べ》し。韓氏《かんし》は云《い》う、「仏老《ぶつろう》の害《がい》は、楊《よう》・墨《ぼく》より甚《はなは》だし。韓《かん》愈《ゆ》の賢《けん》は、孟子《もうし》に及《およ》ばず。孟子《もうし》は、之《これ》を未《いま》だ壊《こわ》れざるの先《さき》に救《すく》う能《あた》わずして、韓愈《かんゆ》は乃《すなわ》ち之《これ》を已《すで》に壊《こわ》れたるの後《のち》に全《まった》くせんと欲《ほっ》す。其《そ》れ亦《また》其《そ》の力《ちから》を量《はか》らず、且《か》つ其《そ》の身《み》の危《あや》うく、之《これ》を救《すく》う莫《な》くして以《もっ》て死《し》するを見《み》ん。」と。

孟子云、「予豈好レ辨哉。予不レ得レ已也。」楊・墨之道塞二天下一。孟子之時、天下之尊三信楊・墨一、当レ不レ下三於今日之崇二尚朱説一。而孟子独以二一人一呶三呶於其間一。噫可レ哀矣。韓氏云、「仏老之害、甚二於楊・墨一。韓愈之賢、不レ及二孟子一。孟子不レ能レ救二之於未レ壊之先一、而韓愈乃欲レ全二之於已壊之後一。其亦不レ量二其力一、且見下其身之危、莫二之救一以死上也。」

嗚呼《ああ》、某《それがし》の若《ごと》きは、其《そ》の尤《もっと》も其《そ》の力《ちから》を量《はか》らず。果《は》たして其《そ》の身《み》の危《あや》うく、之《これ》を救《すく》う莫《な》くして以《もっ》て死《し》するを見《み》ん。夫《そ》れ衆《しゅう》は方《まさ》に嘻嘻《きき》たるの中《なか》、独《ひと》り涕《なみだ》を出《だ》して嗟若《さじゃく》たり。世《よ》を挙《あ》げて恬然《てんぜん》として以《もっ》て趨《はし》るに、独《ひと》り首《かしら》を疾《いた》め額《ひたい》を蹙《ちぢ》めて以《もっ》て憂《うれ》いと為《な》す。此《こ》れ其《そ》の狂《きょう》を病《や》み心《こころ》を喪《うしな》うに非《あら》ざれば、殆《ほとん》ど必《かなら》ず誠《まこと》に大苦《だいく》なる者《もの》有《あ》りて其《そ》の中《なか》に隠《かく》るるなり。而《しか》して天下《てんか》の至仁《しじん》に非《あら》ざれば、其《そ》れ孰《たれ》か能《よ》く之《これ》を察《さっ》せんや。

嗚呼、若レ某者、其尤不レ量二其力一。果見下其身之危、莫二之救一以死上也矣。夫衆方嘻嘻之中、而独出レ涕嗟若。挙レ世恬然以趨、而独疾レ首蹙レ額以為レ憂。此其非二病レ狂喪一レ心、殆必誠有二大苦者一隠二於其中一。而非二天下之至仁一、其孰能察レ之。

○予豈好レ辨哉、云々　『孟子』滕文公《とうぶんこう》篇下の語。　○楊・墨之道、云々　『孟子』滕文公篇下の楊墨批判をふまえる。　○仏老之害、……莫二之救一以死也　『韓昌黎《かんしょうれい》文集』巻三、「与二孟尚書一書」の中の語。　○嘻嘻　『易経』下経、家人の卦九三の語。喜び笑う声。　○出レ涕嗟若　『易経』上経、離の卦六五の語。滂沱《ぼうだ》と涙を流して溜息《ためいき》をついて憂えること。　○疾レ首蹙レ額　『孟子』梁恵王《りょうけいおう》篇下の語。

〈口訳〉

孟子は「私はすき好んでまくしたてているわけではない。やむをえずそうするのだ」といっている。孟子の生きた時代には、楊朱《ようしゅ》・墨翟《ぼくてき》の学説が世界に瀰漫《びまん》し、世界の人々が楊朱・

宸濠の反乱平定の陣頭指揮をとる（48歳）

墨翟を尊信するありさまは、当世の人々が朱子学を尊崇するのに勝るとも劣りませんでした。それでも孟子はたった一人で楊朱・墨翟批判を展開しましたが、いかにも同情に堪えません。

韓退之は「仏教や老荘のもたらす弊害は、楊朱・墨翟のそれよりも甚だしい。韓愈《わたくし》は孟子ほどにすぐれた人物ではない。孟子ほどの人が聖人の道が全面的に崩壊する前でさえ、救抜できなかったのに、この韓愈《わたくし》は、已に崩壊してしまった後に全面的に回復しようとくわだてるのは、身のほどをわきまえないものであり、我が身を危険にさらして、誰《だれ》の救助もないまま死んでいくことでしょう」と述べている。

ああ、私などは身のほど知らずもいいところで、きっと我が身を危険にさらして、誰の救助もないまま死んでいくことでしょう。世の人々が生活を楽しんでいる時、ただ一人涙を流して嗟嘆《さたん》し、世の中全体があっけらかんとして流れにまかせているとき、ただ一人首を縮め額にしわよせて憂慮しているのは、精神を病んでいる人でもなければ、きっと大きな苦悩を内に秘めた人でしょうから、世界でもっとも仁愛に満ちた人でなければ、誰がこれを洞察できましょうか。

〈解説〉

王陽明の気概

ここで王陽明はさらに、老仏批判を展開した韓退之《かんたいし》に自らをなぞらえていることは興味深い。孟子が楊・墨を批判したときは、まだ斯道《しどう》は完全に隠《いん》滅《めつ》してはいなかったのに、それでも孟子ほどの力量を以《もっ》てしても結局は救抜できなかった。韓退之が老仏を批判したときは、老仏の及ぼす害悪は楊・墨の比ではなかっただけに、斯道はすでに完全に崩壊していた。それでも韓退之は死を賭《と》して斯道の再建をはかった。今、王陽明は、韓退之ほどの力量もないまま、「狂」の人となって理想の実現を追求するのだというのである。

王陽明が、当代の、孟子・韓退之と自ら位置づけて朱子学批判を展開していることは、何を意味するのであろうか。王陽明は、朱子学のもたらしている害悪が、韓退之の時の老仏のもたらす害悪よりも大きいと考えていたのであろうか。

もう一つ、考えさせられるのは、王陽明が自らを「病狂喪心」の者と認めていることである。この評語は、世俗に妥協しないで理想の実現を追求する、あの「狂者」を、世人が無理解なままに評判するときの表現である。王陽明はそれを逆手にとって、自らを規定する言葉として表白している。王陽明が世の誹《ひ》謗《ぼう》中傷の中で狂者であろうと覚悟するのは、このころから顕著となるが、晩年にはしばしばこの狂者の気概を吐露している。

さて、ここまでが『大学』理解、とりわけ格物論にまつわる羅欽順《らきんじゅん》の質問に対する反論である。次節からは、主題が『朱子晩年定論』の扱いに移ることになる。

其《そ》の朱子晩年定論《しゅしばんねんていろん》を為《つく》りしは、蓋《けだ》し亦已《またや》むを得《え》ずして然《しか》り。中間《ちゅうかん》の年歳《ねんさい》の早晩《そうばん》は、誠《まこと》に未《いま》だ考《かんが》えざる所《ところ》有《あ》り。必《かなら》ずしも尽《ことごと》く晩年《ばんねん》に出《い》でずと雖《いえ》ども、固《もと》より晩年《ばんねん》に出《い》ずる者多《ものおお》し。然《しか》れども大意《たいい》は、委曲《いきょくちょう》調停《てい》して、以《もっ》て此《こ》の学《がく》を明《あき》らかにするを重《おも》しと為《な》すに在《あ》り。平生《へいせい》、朱子《しゅし》の説《せつ》に於《お》いては、神明蓍亀《しんめいしき》の如《ごと》く、一旦之《いったんこれ》と背馳《はいち》すれば、心《こころ》は誠《まこと》に未《いま》だ忍《しの》びざる所有《ところあ》り。故《ゆえ》に已《や》むを得《え》ずして此《これ》を為《つく》れり。我《われ》を知《し》る者《もの》は、我《わ》が心憂《こころうれ》うと謂《い》い、我《われ》を知《し》らざる者《もの》は、我何《われなに》をか求《もと》むと謂《い》う。蓋《けだ》し朱子《しゅし》に牴牾《ていご》するに忍《しの》びざる者《もの》は、其《そ》の本心《ほんしん》なり。已《や》むを得《え》ずして之《これ》と牴牾《ていご》する者《もの》は、道《みち》は固《もと》より是《か》くの如《ごと》くなれば、直《ただ》さざれば則《すなわ》ち

其為㆓朱子晩年定論㆒、蓋亦不㆑得㆑已而然。中間年歳早晩、誠有㆑所㆑未㆑考。雖㆑不㆔必尽出㆓於晩年㆒、固多㆘出㆓於晩年㆒者㆖矣。然大意在㆘委曲調停、以明㆓此学㆒為㆖重。平生於㆓朱子之説㆒、如㆓神明蓍亀㆒、一旦与㆑之背馳、心誠有㆑所㆑未㆑忍。故不㆑得㆑已而為㆑此。知㆑我者、謂㆓我心憂㆒、不㆑知㆑我者、謂㆓我何求㆒。蓋不㆑忍㆔牴㆓牾朱子㆒者、其本心也。不㆑得㆑已而与㆑之牴牾者、道固如㆑是、不㆑直則道不㆑見也。執事所謂決与㆓朱子㆒異者、僕敢自欺㆓其心㆒哉。

道《みち》は見《あらわ》れざるなり。執事《しつじ》の所謂《いわゆる》決《かなら》ず朱子《しゅし》と異《こと》なる者《もの》は、僕《ぼくあ》敢えて自《みずか》ら其《そ》の心《こころ》を欺《あざむ》かんや。

○朱子晩年定論　王陽明が四十四歳ごろに編集し四十七歳の時に刊行したもの。晩年に自説を全面的に自己批判したことを告白した朱熹の書簡を輯《あつ》めたものである。○知レ我者、云々　『詩経』王風・黍離《しょり》の語。○不レ直則道不レ見　『孟子』滕文公《とうぶんこう》篇上の語。

〈口訳〉

私が『朱子晩年定論』を編纂《へんさん》したのは、いかにもやむを得ずそうしたのです。その中で（朱子の書簡執筆の）年次の早晩については、仰せの通り考察不十分のところがあります。とはいえ、すべてが晩年に執筆されはしなかったものの、大部分は晩年の執筆であることは動きません。しかし、本書編纂の意図は、詳細に検討して一致点を見出し、正学を発明することを第一目的としたのです。日ごろ、朱子の学説に対しては、神明《しんめい》・蓍亀《しき》の如《ごと》く、尊重しております。ひとたび朱子の学説と背馳《はいち》しようものなら、わが心はとても耐えきれないものですから、やむをえず本書を編纂したのです。「私を理解してくれる人は、私の心は憂慮しているのだ。」と論評しますが、私を理解してくれない人は、「私は何を求めているのだ。」と論評します。いったいに朱子と齟齬《そご》するのは忍びないというのが私の本心なのです。やむをえずして朱子と齟齬することは、道がもともとそうなのですから、「訂正しなかったならば、道はあらわれないからです。」あなたが、（私の主張が）朱子と絶対に違っているといわれたことについては、私は自分の本心を欺くつもりはありません。

〈解説〉

『朱子晩年定論』について

ここまで、とうとうとまくしたててきた王陽明が、『朱子晩年定論』に主題が移るや、弁解口調になる。王陽明は、ひょっとすると、この問題に言及したくはなかったかもしれない。しかし、羅欽順《らきんじゅん》の問い合わせの書簡が、王陽明が寄贈した『大学古本』『朱子晩年定論』に関する疑問を書き記してよこしたものであるから、触れないわけにはいかない。

おもしろいことに王陽明は、格物論・『大学』理解に関する反駁《はんばく》文を書き記したときは、まず、羅欽順の質問文をあげて、それに反論してきたのに、『朱子晩年定論』については、羅欽順の質問文はあげないで、すぐさま弁明の文章を認《したた》めている。

羅欽順の批判は、事実関係についてのことであって解釈に幅をもたせることは許されない。それだけにこの批判の王陽明に与えた衝撃は小さくはなかったはずである。参考までに、羅欽順の批判を一条だけ、次にあげておきたい。

第《た》だ知らず、いわゆる晩年とは、断ずるに何年を以《もっ》て定まれりと為《な》すかを。羸軀《えいく》暑を病みて、未《いま》だ詳《つまび》らかに考うるに暇《いとま》あらず。偶《たまたま》考え得たり。何叔京《かしゅくきょう》氏は淳熙乙未に卒するに、時に朱子は年方《まさ》に四十有六なり。爾《しか》る後二年の丁酉にして、論・孟の集註、或問始めて成れり。今、何《か》に答うるの書なる者四通を取りて、以て晩年の定論と為し、集註・或問に至りて、則ち以て中年未定の説と為すこと有るは、窃《ひそ》かに恐るるは、之《これ》を考うること詳らかなるを欠きて、論を立つることの太《はなは》だ果なることを。

第不レ知所謂晩年者、断以二何年一為レ定。羸軀病レ暑、未レ暇二詳考一。偶考得。何叔京氏卒二於淳熙乙未一、時朱子年方四十有六。爾後二年丁酉、而論・孟集註、或問始成。今有下取二於答レ何書者四通一、以為二晩年定論一、至二於集註・或問一、則以為中中年未定之説上、窃恐考レ之欠レ詳、而立レ論之太果也。

そもそも貴男《あなた》が晩年といわれるのは何年からのことですか。小生は体も弱くて暑さにやられて、詳細に検討する余裕はないのですが、たまたま以下のことに気がつきました。何叔京は淳熙乙未の年に死去しましたが、その時朱子はちょうど四十六歳でした。その二年あとの丁酉の年に、『論語』と『孟子』の『集註』と『或問』が完成しています。ところが貴男は一方では、何叔京に答えた書簡四通をえらんで晩年の定論だとみなし、他方で、（その二年後に完成された）『集註』『或問』を中年未定の説だとみなしています。これでは（執筆年次の）考証が甘く、結論をあまりにも急ぎすぎたのではありませんか。

羅欽順のこの批判を王陽明は受け容《い》れざるを得なかった。考証の不備を認めたのである。大失策であった。それでは王陽明は自説をひっこめたか、というと、さにあらず。一部の書簡に執筆年次の転倒があったにせよ、晩年に執筆されたのが大部分なのであるから、朱熹が晩年に自己批判したという事実は動かないときりかえした。羅欽順のこの指摘が刊行直後になされながらも、『朱子晩年定論』が広く信奉されたのは、このためである。

さて、ここの部分は、王陽明が自らの失策を指摘されて弁明しているところなのに、王陽明本人は少しも卑屈になっていない。怱卒に読むと、措辞《そじ》が丁寧なだけに、王陽明がまるで朱子学にすりよっているかにみえて、実はそうではない。『朱子晩年定論』を編刊して朱子学に訣別することをはっきりと宣言したその気迫が行間に満ちている力強い文章である。

夫《そ》れ道《みち》は天下《てんか》の公道《こうどう》なり。学《がく》は天下《てんか》の公学《こうがく》なり。朱《しゅ》子《し》の得《え》て私《わたくし》す可《べ》きに非《あら》ざるなり。孔子《こうし》の得《え》て私《わたくし》す可《べ》きに非《あら》ざるなり。天下《てんか》の公《こう》なり。之《これ》を公言《こうげん》するのみ。故《ゆえ》に之《これ》を言《い》いて是《ぜ》なれば、己《おのれ》に異《こと》なると雖《いえ》ども、乃《すなわ》ち己《おのれ》に益《えき》あるなり。之《これ》を言《い》いて非《ひ》なれば、己《おのれ》に同《おな》じと雖《いえ》ども、適《まさ》に己《おのれ》に損《そん》あるなり。己《おのれ》に益《えき》ある者《もの》は、己必《おのれかなら》ず之《これ》を喜《よろこ》ぶ。己《おのれ》に損《そん》ある者《もの》は、己必《おのれかなら》ず之《これ》を悪《にく》む。然《しか》らば則《すなわ》ち某《それがし》の今日《こんにち》の論《ろん》は、或《ある》いは朱《しゅ》子《し》に於《おい》て異《こと》なると雖《いえ》ども、未《いま》だ必《かなら》ずしも其《そ》の喜《よろこ》ぶ

夫道天下之公道也。学天下之公学也。非㆔朱子可㆓得而私㆒也。非㆔孔子可㆓得而私㆒也。天下之公也。公㆓‐言之㆒而已矣。故言㆑之而是、雖㆑異㆓於己㆒、乃益㆓於己㆒也。言㆑之而非、雖㆑同㆓於己㆒、適損㆓於己㆒也。益㆓於己㆒者、己必喜㆑之。損㆓於己㆒者、己必悪㆑之。然則某今日之論、雖㆘或於㆓朱子㆒異㆖、未㆔必非㆓其所㆑喜也。君子之過、如㆓日月之食㆒。其更也

所《ところ》に非《あら》ずんばあらざるなり。君子《くんし》の過《あやま》ちは、日月《にちげつ》の食《しょく》の如《ごと》し。其《そ》の更《あらた》むるや人皆之《ひとみなこれ》を仰《あお》ぐ。而《しか》るに小人《しょうじん》の過《あやま》つや必《かなら》ず文《かざ》る。某《それがし》、不肖《ふしょう》なりと雖《いえ》ども、固《もと》より敢《あ》えて小人《しょうじん》の心《こころ》を以《もっ》て朱子《しゅし》に事《つか》えざるなり。

人皆仰レ之。而小人之過也必文。某雖二不肖一、固不下敢以二小人之心一事中朱子上也。

○君子之過、云々　『論語』子張篇の語。

〈口訳〉

そもそも道とは世界の人みんなの道です。学問は世界の人みんなの学問です。朱子とて勝手にできるものではありません。孔子とて勝手にできるものではありません。世界の人みんなのものですから、公平に発言するだけです。ですからある発言が正しければ、自分の考えと異なっていてもそれこそ私自身のためになりますし、ある発言が間違っていれば、自分の考えと一致していても、それこそ私自身のためになりません。私自身のためになるものなら、私自身は必ずそれを歓迎しますし、私自身のためにならないものなら、私自身は必ずそれを忌避します。こういうわけですから、小生の現在の持論は、朱子と齟齬《そご》することがあったとしても、朱子その人が歓迎しないものでもないのです。「君子の過ちとは、日蝕《にっしょく》月蝕のようなものですが、過ちを改めますと人々は（さすがは君子と）仰ぎみるものです。逆に小人が過ちをおかすといいわけをします。」小生は不肖とはいえ、小人の心で朱子に仕え（て過ちを弥縫《びほう》す）るつもりはもちろんありません。

〈解説〉

学は天下の公学なり　道は天下の公道なり。学は天下の公学なり。これまた大胆不敵な発言である。朱子や孔子とてもそれを独占することは許されないのだと主張するのである。

王陽明が思想界に躍り出てすでに十余年。朱子学の権威はもはや昔日の如くではなかったとはいえ、朱子学をかくまでつきはなした発言を朱子学徒に書き送っているのである。それはまだしも、孔子の権威をかくまで相対化してひきずりおろした発言を誰《だれ》もができることではない。それだけに、この発言は守旧派の顰蹙《ひんしゅく》をかうが、他方で、伝統的権威の呪縛《じゅばく》から解き放たれることを願う思想界からは、学は天下の公学なりというこの一言は大歓迎されて、一世を風靡《ふうび》する。

先の、孔子の発言といえども鵜呑《うの》みにしないで、我々自身が主体的に価値判断するのだという発言と同様に、これは、心即理説に根源をもつ言表である。ここの一段は、孔子からも、もちろん朱子からも独立して思索することを高らかに宣言した文章である。『朱子晩年定論』の編集ミスを指摘されたことが契機となって、日ごろ、考えていた朱子学に対する基本的態度をこの際に公言したのだともいえよう。

執事《しつじ》の教《おし》うる所以《ゆえん》は、反覆《はんぷく》すること数百言《すうひやくげん》、皆未《みないま》だ鄙人《ひじん》の格物《かくぶつ》の説《せつ》を悉《つ》くさざるを以《もっ》てなり。若《も》し鄙説《ひせつ》一《ひと》たび明《あき》らかなれば、則《すなわ》ち此《こ》の数百言《すうひやくげん》は、皆以《みなもっ》て辨《べん》説《ぜっ》を待《ま》たずして、釈然《しやくぜん》として滞《とどこお》ること無《な》かる可《べ》し。故《ゆえ》に今《いま》は敢《あ》えて縷縷《るる》して以《もっ》て瑣屑《させつ》の瀆《けが》れを滋《ま》さず。然《しか》れども鄙説《ひせつ》は面陳口析《めんちんこうせき》に非《あら》ざれば、断《だん》じて亦《また》未《いま》だ紙筆《しひつ》の間《かん》に了了《りようりよう》たる能《あた》わざるなり。

嗟乎《ああ》、執事《しつじ》の我《われ》を開導啓迪《かいどうけいてき》する所以《ゆえん》の者《もの》は、懇到詳《こんとうしよう》切《せつ》なりと謂《い》う可《べ》し。人《ひと》の我《われ》を愛《あい》すること、寧《いず》くんぞ執事《しつじ》の如《ごと》き者有《ものあ》らんや。僕甚《ぼくはなは》だ愚下《ぐげ》なりと雖《いえ》ども、寧《いず》くんぞ感刻佩服《かんこくはいふく》する所《ところ》を知《し》らざらん。然《しか》り而《しこう》して敢《あ》えて遽《にわ》かに其《そ》の中心《ちゆうしん》の誠《まこと》に然《しか》りとするを舎《す》てて、姑《しば》らく以《もっ》て聴受《ちようじゆ》すと云《い》わざる者《もの》は、正《まさ》に敢《あ》えて深愛《しんあい》のものに負《そむ》くこと有《あ》らざらんとし、亦以《またもっ》て之《これ》に報《むく》いんこと有《あ》らんと思《おも》うのみ。秋尽《あきつ》きなば東《ひがし》に還《かえ》りて、

執事所二以教一、反覆数百言、皆以レ未レ悉二鄙人格物之説一。若鄙説一明、則此数百言、皆可下以不レ待二辨説一、而釈然無上レ滞。故今不三敢縷縷以滋二瑣屑之瀆一。然鄙説非二面陳口析一、断亦未レ能三了二了於紙筆間一也。

嗟乎、執事所三以開二導啓迪於我一者、可レ謂二懇到詳切一矣。人之愛レ我、寧有下如二執事一者上乎。僕雖二甚愚下一、寧不レ知レ所二感刻佩服一。然而不下敢遽舎二其中心之誠然一、而姑以聴受云上者、正不二敢有一レ負二於深愛一、亦思レ有二以報一レ之耳。秋尽東還、必求二一面一以卒レ所レ請。千万終レ教。

必《かなら》ず一面《いちめん》を求《もと》めて以《もっ》て請《こ》う所《ところ》を卒《お》えん。千万《せんばん》教《おし》えを終《お》えられよ。

〈口訳〉

あなたが数百言をも費やしてお教えくださったのは、小生の格物説を全然理解されなかったからであります。もし、小生の主張が一たび明らかになりましたならば、お手紙の数百言（にわたる疑問）はすべて、ことさらに論説せずとも、滞りなく理解できるはずです。ですから、ここではくだくだしく論説してお目をけがすことはいたしません。しかしながら、小生の主張は、直接にお目にかかって述べるのでなければ、とてもお手紙ではすっかり了解してはいただけますまい。

ああ、あなたが私めをお導きくださるご厚情は誠に懇切なものがあります。世の人であなたほど小生に目をかけてくださる方はおられません。小生はこのうえない愚かな者ながら、深く感激し厚く敬服いたします。さりながら、小生が心より本当にそうだと思うことを簡単にふりすてて、当座のこととしてあなたのお教えを聞き入れたりしないのは、あなたのご厚情に背きたくないからであり、むしろそれに報いたいと思うからでございます。秋も終わりましたならば東に帰り、是非ともおあいして直接お教えを請いたいものと念じております。ぜひともお教えください。

〈解説〉

思考方法の差異

前半で、この答書の内容をしめくくり、後半は儀礼的挨拶《あいさつ》文である。

王陽明は、羅欽順が王陽明の思惟《しい》構造を全く理解していないと明言している。羅欽順は理解したうえで、その非合理性や危険性を問い詰めるとか、経典解釈の誤りを指摘するとか、したのではない。朱子学的思考方法にあまりにも慣れてしまった羅欽順は、王陽明の渾一《こんいつ》的思考方法をついに理解することはできなかったのである。

王陽明のほうはとなると、もともと朱子学徒であったから、羅欽順が、王陽明の思想になぜ、疑問をもつのか、どうしてそのように受けとるのか、ということは、理解できる。だからこそ、王陽明は、素材を共有しながらも、それを使って組み立てるときの組み立て方が、朱子学と陽明学とでは根本的に異なることを、言葉を重ねて説明したのである。

羅欽順が、朱子学的思考方法にこりかたまった頭をきっぱりと切りかえないかぎり、王陽明の思想を理解することはできない。この答書がその契機になりうるとは、王陽明は期待していない。直接に会見して条理を尽くさない限り、理解はしてもらえまいと覚悟しているのである。

はたして、この答書を読んだ羅欽順は、書簡の内容を理解しえたか。

羅欽順は、この答書を読んで、あらためて王陽明あての書簡を認《したた》めたが、王陽明が急逝したために発送しなかった。いま、その原文は『困知記』附録に収められている。それをみると、案の定、羅欽順は全く理解できなかった。

朱子学と陽明学は新儒教の双璧《そうへき》として一括されることがあるが、王陽明と羅欽順のやりとりは、両者の間には思考方法のうえで決定的な差異があることを我々に教えてくれる。その意味でもこの書簡は貴重である。

下巻

鑑賞のまえに

『伝習録』下巻は、王陽明が致良知説を発見した以後の、いわゆる後期の語録百四十二条を収める。

そもそも、『伝習録』が上・中・下の三巻本におちついたのは、一五七二(隆慶六)年に銭緒山《せんしょざん》が『王文成公全書』を編集刊行したときに、上巻は前期の語録、中巻は書簡集、下巻は後期の語録にまとめて『王文成公全書』の冒頭の巻一〜巻三に収めたことによる。そのおり、銭緒山は素材にした既刊のものをその原型を極力残す形でよせあつめて『王文成公全書』を編集したために、たとえば、同一種類の文章が数か所に散在したりして、全体としては不体裁なことになってしまった。『伝習録』も同一方針で編集されたために、ここでも体裁上の不統一は免れていない。

それでも、上巻と中巻は収録種類は異にしながらも、それぞれはそれなりにすっきりとまとまっているのだが、下巻の構成は単純ではない。まず、一条〜一一六条と小跋《しょうばつ》は、もともとは『伝習続録』として単行されていたものである。一一七条～一四二条は、『伝習続録』を編集するときに収録しなかったものの中からあらためて取捨選択して付け加えた部分である。その次に、下巻全体の跋文がおかれており、この跋文が下巻全体の成立過程を示しているが、その経過は複雑なのでここではこれ以上の説明はしない。

王陽明が致良知説を発見した後の後期は、最後の出征時期を除いては、おおむね官界を離れて郷里に滞在し、講学活動に専念した時期でもあったので、天下の俊秀が雲集したから、王陽明の語録を記録した門人は少なくなかったに違いない。それにしては、残された語録が少ないのはどうしたことだろうか。王陽明は、考証・註釈・歴代の史実の探索、先人の批評などにさしたる関心を示さなかった。勢い王陽明の発言が人間学に集中したためにあらためて記録することを門人たちに促さなかったのであろうか。

それだけに、今日下巻に収録された語録は密度が濃いものとなっている。上巻の語録が、思想表現としてはかたさが目につくのに対して、下巻の語録は、良知心学の心髄を開示してみごとである。『伝習録』は下巻から読み始めよ、といわれるのには、十分に理由があるのである。

陸象山の評価（下巻　五条）

又問《またと》う、「陸子《りくし》の学《がく》は何如《いかん》。」と。

先生曰《せんせいいわ》く、「濂渓《れんけい》・明道《めいどう》の後《のち》は、還《ま》た是《こ》れ象山《しょうざん》なり。只《ただ》還《ま》た粗《そ》なること些《いささ》かなり。」と。

九川曰《きゅうせんいわ》く、「他《かれ》の学《がく》を論《ろん》ずるを看《み》るに、篇篇骨髄《へんぺんこつずい》を説《と》き出《いだ》し、句句膏肓《くくこうこう》を鍼《はり》するに似《に》たり。却《かえ》って他《かれ》の粗《そ》なるを見《み》ず。」と。

先生曰《せんせいいわ》く、「然《しか》り。他《かれ》は心《こころ》の上《うえ》に功夫《くふう》を用過《ようか》すれば、揣摹依倣《しもいほう》して、之《これ》を文義《ぶんぎ》に求《もと》むるとは、自《おのずか》ら同《おな》じからず。但《た》だ細《こま》かに看《み》れば粗《そ》なる処有《ところあ》り。功《こう》を用《もち》うること久《ひさ》しければ、当《まさ》に之《これ》を見《み》るべし。」と。


又問、「陸子之学何如。」

先生曰、「濂渓・明道之後、還是象山。只還粗些。」

九川曰、「看二他論レ学、篇篇説二出骨髄一、句句似レ鍼二膏肓一。却不レ見二他粗一。」

先生曰、「然。他心上用二過功夫一、与三揣摹依倣、求二之文義一、自不レ同。但細看有二粗処一。用レ功久、当レ見レ之。」

○陸子　陸九淵《きゅうえん》。字《あざな》は子静、号は象山《しょうざん》。一一三九～一一九二。朱熹《しゅき》と同時代の思想家でお互いに最大の論敵である。　○濂渓・明道　周敦頤《とんい》（一〇一七～一〇七三）と程顥《こう》（一〇三二～一〇八五）のこと。

〈口訳〉


また問う、「陸象山の学問はいかがでしょうか。」と。

先生がいう、「周濂渓・程明道の後は、やはり陸象山だね。ただちょっと粗《あら》けずりだね。」と。

陳九川がいう、「彼の学説を読みますと、どの論文も骨髄を説ききっており、どの言葉も核心を剔抉《てっけつ》しており、粗けずりのところなどみあたりませんが。」と。

先生がいう、「もちろんそうだ。彼は主体的に努力した人であって、先聖の言を憶測し依存して文章を解釈し、そこに真理を求めようとする人とは、もちろんちがう。しかし、子細に吟味すると粗けずりのところがあることは、しばらく努力すれば、きっとわかるだろう。」と。

〈解説〉

朱・陸論争　この語録の記録者は陳九川である。質問者も陳九川であろう。ここで陳九川は漠然と陸象山の学問について思いつきで質問したのではない。当時の思想界において、陸象山の学問をどう理解するかをめぐって、朱子学の評価と相表裏して、やかましく論議されていた。思想界における朱・陸論争を意識して、あらためて王陽明に質問したのである。

朱熹《しゅき》は、禅仏教を最大の仮想敵と目して論難したが、当代の陸象山こそが儒教の仮面をつけた現代の禅仏教であるとてきびしく批判を展開した。陸象山はまた一歩もひかずに似而非《えせ》の儒教であると朱熹の思想を批判してやまなかった。宋《そう》代の思想界における最大の論争であった。

朱・陸以前は儒・仏論争が主要な論争題目であったのが、この後は朱・陸論争に主題が転換したとまで論評されたのである。この朱・陸の論争は、両者の死後、門人や後学によって、両学が矮小化《わいしょう》されたうえでその差異が増幅された嫌いがある。とりわけ朱子学の権威が安定するにつれ、朱・陸論争そのものが定型化して理解された。学術思想界の低迷を象徴するといってよい。そこに登場したのが王陽明である。

程敏政の『道一編』の刺激もあって、王陽明は『朱子晩年定論』を編集して、朱熹は晩年に自説を全面的に自己批判したのだという爆弾発言を公言した。そのかたわらで、王陽明は陸象山の復活をめざして顕彰活動を繰り広げた。その結果、思想界において朱・陸論争がにわかに活発になったのである。だから、陳九川はここで、朱・陸論争を再燃させた張本人の王陽明に対して、他でもない陸象山の学問をどのように理解すべきかについて質問したのである。

陳九川は王陽明に、陸学を絶賛する言葉を期待したのではなかったか。それに対する王陽明の返答は、陸学が主体性を確立することを第一義とする点を高く評価するものの、細部のつめにあまさがあることを見とおして、陸学を丸ごと是認することはしていない。陸学のどこに不満であったかについて、ここでは具体的に何も述べていないし、他でも明晰《めいせき》に開示していないのであるが、心と性、本体と作用、未発と已発などの概念を活用して良知現在の一念に転迷開悟の契機を求める心性論を構築した王陽明の目には、陸学は理論構成としては未熟であるとみえたのではあるまいか。陸学に対しては王陽明の高弟の王竜渓が詳細な言及を残している。

陸象山と王陽明の思想の親近性を認めて、陸・王学と呼称されることがある。陸学と王陽明の思想とを連続的に理解することに異論をさしはさむ向きもあるが、両学に差異があることは、王陽明のこの発言からも容易に考えられることではある。しかし、思惟《しい》構造の中核において、王陽明の思想に最も近いものを宋《そう》学の中に求めるならば、まごうかたなくそれは陸象山の思想である。派生的な差異に目を奪われてそれをあまりに強調することは、本質的類似性を見失わせることになりはしないだろうか。

この語録で、もう一点、注意さるべきことは、王陽明が周濂渓《しゅうれんけい》・程明道《ていめいどう》を高く評価して、その延長線上に陸象山を位置づけて論評していることである。周濂渓は新儒教の鼻祖として別格に位置づけられるのが常であるし、程明道が悪評されることはむしろまれである。だから両者が高く評価されること自体はなんら異とするに足らない。要は周濂渓・程明道・陸象山の系譜で宋学を評価していることが特別の意義をもつ。うらがえしていえば、程伊川・朱熹が、王陽明の考える聖学路線からは排除されていることが肝心なのである。

ここで、程伊川をことのほか嫌ったのが陸象山その人であり、この陸象山が程伊川を論難したのと同様の問題視角から、朱熹を批判した人であったことを思いおこされたい。王陽明は先学・知人の学問についてことさらにすすんで論評するということをしなかった人であるだけに、この語録は先学に対する何気ない論評であるが、軽々にみすごしてはいけない。

朱・陸論争のかげに隠れて忘れられがちであるが、新儒教の世界では、程明道・程伊川の両学をどのように評価するかをめぐっても、静かながらもよく論議されたのである。程明道・程伊川の両者自身が相互に差異を自覚していたが、思惟構造そのものは共通する部分を多くもちながらも、そこには差異が厳存する。両者の人物と学問に対して後学がどう理解するか。

朱熹も陸象山も両者を鋭く論評しているが、後世になるにつれてその差異の強調されることが多く、明《みん》代では程明道と程伊川のどちらを是認するかによってその思想家の傾向があらわされることがある。ここでの王陽明の程明道是認は、程伊川・朱熹路線とは異なることをはっきりと開示したものである。

人の胸中に聖人有り（下巻　七条）

虔《けん》に在《あ》りて、于中《うちゅう》・謙之《けんし》と同《おな》じく侍《じ》す。

先生曰《せんせいいわ》く、「人《ひと》の胸中《きょうちゅう》各《おのおの》箇《こ》の聖人有《せいじんあ》り。只自《ただみずか》ら信《しん》じ及《およ》ばずして、都自埋倒《すべてまいとう》し了《お》わるのみ。」と。

因《よ》りて于中《うちゅう》を顧《かえり》みて曰《いわ》く、「爾《なんじ》の胸中《きょうちゅう》は原《もともと》是れ聖《せい》人《じん》なり。」と。

于中起《うちゅうた》ちて敢《あ》えて当《あ》たらず。


在ㇾ虔与二于中・謙之一同侍。

先生曰、「人胸中各有二箇聖人一。只自信不ㇾ及、都自埋倒了。」

因顧二于中一曰、「爾胸中原是聖人。」

于中起不二敢当一。

先生《せんせい》曰《いわ》く、「此《これ》は是《こ》れ爾自家《なんじじか》の有《あ》るものなり。如何《いかん》ぞ推《お》すを要《よう》せん。」と。

于中《うちゅう》又《また》曰《いわ》く、「敢《あ》えてせず。」と。

先生《せんせい》曰《いわ》く、「衆人皆之《しゅうじんみなこ》れ有《あ》り。況《いわ》んや于中《うちゅう》に在《あ》りてをや。却《かえ》って何《なん》の故《ゆえ》に謙《けん》し起来《きらい》するや。謙《けん》するも亦《また》得《え》ざるなり。」と。

于中乃《うちゅうすなわ》ち笑《わら》いて受《う》く。


先生曰、「此是爾自家有的。如何要レ推。」

于中又曰、「不レ敢。」

先生曰、「衆人皆有レ之。況在二于中一。却何故謙起来。謙亦不レ得。」

于中乃笑受。

○于中・謙之　夏于中と鄒謙之《すうけんし》。夏于中、名は良勝、字《あざな》は于中・於中。一四八〇～一五三八。鄒謙之、名は守益、号は東廓《とうかく》。謙之は字。江西吉安の人。一四九一～一五六二。王陽明の高弟の一人。

〈口訳〉

虔州《けんしゅう》で夏于中と鄒謙之と一緒に先生のお側にいた。

先生がいう、「人の胸中には誰《だれ》しもそれぞれの聖人を固有している。ただ自分で信じきれないために、すっかりうずもらせているのだ。」と。

そこで夏于中を振り返って、「きみの胸中はもともと聖人なのだよ。」といった。

夏于中は起《た》ち上がって、強く否定した。

先生がいう、「これはきみ自身がもっているものだよ。どうしてゆずろうとするのかね。」と。

夏于中がまたいう、「とんでもありません。」と。

先生がいう、「誰もがみんなもっているのだよ。ましてや夏于中はいうまでもない。それなのにどうして遠慮するのかね。遠慮しようとしてもできないのだよ。」と。

夏于中はそこで笑いながら納得した。


〈解説〉


初心者の問い　良知とは形而上《けいじじょう》のものを表す概念であるから、目で視たり手で触れたりすることのできるものではない。完全なる良知を誰もが先天的に固有するのだといわれても、それを知覚することはできない。要は、良知を固有するのだと確信するか否かの問題であって、そのことを合理的にあるいは経験的に、証明できるものではない。だから、王陽明も証明するつもりは一切なく、ひたすら相手に確信することを促すばかりである。

鄒東廓《すうとうかく》は入門してすでに久しいから、良知を先天的に固有することは確信していたので、王陽明の提言を少しも疑わない。この時に鄒東廓と同席していた夏于中のことについては詳細は不明であるが、入門まもない新参の弟子ではなかったろうか。だからこそ、王陽明は夏于中に特に呼びかけたのであろう。

後人の編集した『舌華録』におさめる、入門したばかりの弟子にまつわる一小話を紹介して、この語録を理解する参考としようか。

一士、王陽明に従いて学ぶ。初め良知を聞きて解せず。卒然として起《た》ち、問いて曰く、良知は何物ぞ。黒きや。白きや。群弟子、啞然《あぜん》として失笑す。士慚《は》じて赧《あか》らむ。先生徐《おもむ》ろに曰く、良知は白きに非ず、黒きに非ず、其の色は正《まさ》に赤なり。

一士、従二王陽明一学。初聞二良知一不レ解。卒然起問曰、良知何物。黒耶。白耶。群弟子啞然失笑。士慚而赧。先生徐曰、良知非レ白非レ黒、其色正赤。

この小話は『笑笑録』にもほとんど同文でおさめるが、あらためて口語訳する必要はないであろう。わずか五十一字の短文ながら、その構成は絶妙である。新参の弟子が突拍子もない質問をして先進の弟子たちに笑われて顔をあからめた。そこをとらえて王陽明が質問に答えたというのがこの笑話の落ちになっているが、笑い話で終わらせるにはもったいない貴重な示唆《しさ》に富む小話である。

この門人がはじめて王陽明の講学会に参加したのは、王陽明が良知説を発見した後ということになる。講義の主題は良知心学に関《かか》わるものであったろうから、講義の中に良知の語が頻繁に登場したであろう。それが新参者にはとんとわからなかった。良知の語が『孟子』に由来することを考えるとき、この門人も知識人のはしくれであったにちがいないから、全く理解できないというのは不可解であるが、ともあれ、このことがこの笑話の大前提となっている。

それは極端なほど効果が大きい。わからないので質問した。良知とは黒いものですか、白いものですか。良知を形而下《けいじか》のものと考えて、ひとまず視覚的にものの色で質問したわけである。あまりに奇抜な質問だったので、先輩たちは意表をつかれて一瞬声を失い、次の瞬間、彼の無知にあきれ果てて思わず失笑したのである。彼は質問したことが笑われたのではない。質問の内容を笑われたのである。しかし、当の本人は質問のどこがおかしいかはわからないけれども、おかしな質問をしたらしいことはわかったので、赤面したのである。

そこで、この門人の良知が先輩たちに笑われて赤面するという形で反応したのでそれをとらえて、もともと色で質問されたので、王陽明は良知は赤だと答えたのである。王陽明が良知を赤いものだと考えてそう答えたのではないことはいうまでもない。王陽明がこう答えたとき、満座はどっとわいたにちがいない。しかし、そのひとときが過ぎるとしゅんとなったのではないだろうか。

この門人の質問は確かに的をはずれている。先輩たちが失笑するのも無理はない。確かにそうなのだが、わからないからこそ質問したその質問内容が頓珍漢《とんちんかん》であったからといって、一概に笑ってすませられるものでもあるまい。

そもそも、わからないものが頓珍漢な質問をするのはあたりまえではないか。まともな質問ができるということは、当の本人がすでにその主題について基本的なことを理解しているからである。この初心者の愚直な質問を、先生である王陽明が群弟子と一緒になって笑い転げて、あげくの果てには質問内容が不適切であることをじかに詰《なじ》ることでもしようものなら、この門人は全く立つ瀬がない。この門人は自らの無知を自覚するからこそ知りたいとおもって質問したのであり、そして笑われてあらためて無知を恥じたのである。笑ってすまされることではない。それでは知りたいという意欲を殺してしまうことになろう。先生失格である。

王陽明はそうしなかった。その仕方がまた笑い話になっているのである。

この小話は歴史事実ではなかったのであろうが、いかにもありそうなことである。

良知ばかりが理解困難だったのではない。心にしても肉団心でないことをわざわざ断っているところをみると、心臓と誤解するものがあったのであろう。術語に限らず、新たな世界を理解するということは、発想の転換を要求されるだけに、けっしてやすやすと行えることではないのである。

ここの語録で、夏于中の受け取り方が徐々に変化していくさまをよく記録していることは、その意味でも興味をおぼえさせるものがある。後期の語録が、おもしろいのは、王陽明の思想と表現力が熟成されたことが基本的要因であるが、もう一つ記録する側の理解度が深まり表現力が豊かになっていることも忘れてはいけない。

又論《またろん》ず、「良知《りょうち》の人《ひと》に在《あ》るは、随《たと》い你如何《きみいかん》とするも、泯滅《びんめつ》し能《あた》わず。盗賊《とうぞく》と雖《いえ》ども、亦自《またみずか》ら当《まさ》に盗《とう》を為《な》すべからざるを知《し》れり。他《かれ》を喚《よ》びて賊《ぞく》と做《な》さば、

又論、「良知在レ人、随你如何、不レ能二泯滅一雖二盗賊一亦自知レ不レ当レ為レ盗。喚レ他做レ賊、他還忸怩。」

他《かれ》は還《ま》た忸怩《じくじ》たり。」と。

于中《うちゆう》曰《いわ》く、「只是《ただこ》れ物欲《ぶつよく》の遮蔽《しやへい》するのみにして、良知《りようち》の内《うち》に在《あ》ること、自《もと》より失《うしな》うを会《え》ず。雲自《くもおのずか》ら日《ひ》を蔽《おお》うも、日《ひ》何《なん》ぞ嘗《かつ》て失了《しつりよう》せんや、の如《ごと》し。」と。

先生曰《せんせいいわ》く、「于中《うちゆう》は此《か》くの如《ごと》く聡明《そうめい》なり。他《ほか》の人《ひと》の見《けん》は此《これ》に及《およ》ばず。」と。


于中曰、「只是物欲遮蔽、良知在レ内、自不レ会レ失。如ニ雲自蔽レ日、日何嘗失了一。」

先生曰、「于中如レ此聡明。他人見不レ及レ此。」

〈口訳〉

先生はまた論じた、「良知が人間にあるということは、君らがたといどんなことをしたって、なくすことはできない。盗賊だとて、盗んではいけないことはわかっている。だから、盗賊といわれると彼も大いに恥じるのだ。」と。

夏于中がいう、「単に物欲におおわれているだけなのですね。良知がちゃんとあって、なくなることなどはありえないのですね。ちょうど、雲が太陽をおおっても、太陽が決してなくなったりしないのと同じですね。」と。

先生がいう、「夏于中はこんなにものわかりがよいのか。他の人ではこうまでは考え及ぶまい。」と。

〈解説〉

盗賊の喩《たと》え　良知は誰《だれ》もが完全に固有しているのだと、夏于中を教え諭した王陽明が盗賊の例を持ち出して、良知の先天性・普遍性を解説した語録である。良知心学の基盤・原点そのものを確信することそのこと自体を促すのであるから、比喩《ひゆ》で説明するしかないのである。

さて、泥棒は、盗賊と名指しで非難されたから、だから恥じたのではない。盗みをすることが悪いことだということを、その人の良知はもともと知りながら、物欲の誘惑に負けて盗みを働いてしまい、そのことを他人からあらためて指摘されて、自らの良知の命ずるままに行動できなかった自分を恥じているのである。良知を十分に発揮できなかったことを良知自身が恥じているのである。

これに対する夏于中の反応には、王陽明の教諭効果が歴然とあらわれている。

良知が先天的に完全なものであるということは、後天的にいかなる作為を加えても決して損なわれることがないことをいう。本来は良知はそのままで完全なのである（このことを良知現成という）から、ことさらに良知を発揮する努力はいらないはずである。

それなのにわざわざ「致良知」（良知を致す）といわれるのは、良知のおのずからなる発現が、ひとえに後天的要因のために遮られているからである。だから、良知を発揮するとは、その障害物を排除することであり、排除しさえすれば良知は発現するのである。排除する主体は良知である。良知は自らの発現を妨げる障害物を排除して自らを発揮するのである。良知は自らの力で自己の本来態を実現するのである。

夏于中の発言はこのような文脈にのったものである。このような考え方は、王陽明の良知心学に限らず、性善説を基調とする実践論の根本構造であるから、とりたてて目あたらしいものではない。夏于中といえども、言葉として、あるいは知識としては、知っていたであろう。肝心なことは、言葉・知識の位相で知っているか否かではない。そのこと、つまり良知が本来完全に自分にも、そして他人にも誰にでも内在しているのだということを、本当に確信しきれるか否かである。

夏于中のこの発言は、先生がそういうからと、言葉づらだけで常套《じょうとう》文句を並べただけのことだろうか。そうではあるまい。少なくとも記録者の陳九川は、夏于中がそのことをようやく確信しえたことをとりあえずこのように表現したのだと受け取って、記録にとどめたにちがいない。

この語録は、なにげない問答のようであるが、臨場感をもって読めば、実に味わい深い一条である。

致良知説の発見（下巻　一〇条）

崇一《すういち》曰《いわ》く、「先生《せんせい》の致知《ちち》の旨《むね》は、精蘊《せいうん》を発尽《はつじん》せり。這裏《ここ》を看来《みき》たらば、再《ふたた》び去《さ》り得《え》ず。」と。

先生曰《せんせいいわ》く、「何《なん》ぞ言《い》うことの易《やす》きや。再《ふたた》び功《こう》を用《もち》うること半年《はんねん》せば、看《み》ること如何《いかん》。又功《またこう》を用《もち》うること一年《いちねん》せば、看《み》ること如何《いかん》。功夫《くふう》愈《いよいよ》久《ひさ》しければ、愈《いよいよ》同《おな》じからざるを覚《おぼ》ゆ。此《こ》れ口説《こうぜい》し難《がた》し。」と。


崇一曰、「先生致知之旨、発二尽精蘊一。看二来這裏一、再去不レ得。」

先生曰、「何言之易也。再用レ功半年、看如何。又用レ功一年、看如何。功夫愈久、愈覚レ不レ同。此難二口説一。」

○崇一　欧陽徳の字《あざな》。号は南野《なんや》、一四九六～一五五四。王陽明の高弟の一人。

〈口訳〉


欧陽崇一がいう、「先生の、良知を発揮するという本旨は、精緻蘊奥《せいちうんおう》を極めていますので、これに気がついたならば、もはや離れられないと思います。」と。

先生がいう、「口で言うことは何ともたやすいことだ。さらに半年の間努力したならば、どう考えるかな。そのうえ一年間努力をしたなら、どう考えるかな。努力することが長ければ長いほど、良知を発揮するということが一様でないことがわかるものだ。この点は口ではとても説明できない。」と。

このやりとりを文字通りのままに理解することはさして難しいことではない。

〈解説〉

欧陽南野の感激

王陽明が死去したのち、天下の良知心学を信奉するものの半数は、この欧陽南野の門人であると称したという。その魅力的な人柄、官僚としても高官にあったこともあろうが、なんといっても、若い時にすでに、王陽明をして「小秀才」といわしめた、その傑出した頭脳をもち、講学活動を広く展開したことによる。

左派の王竜渓・王心斎、右派の羅念菴《らねんあん》・聶双江《じょうそうこう》などが、師説をさらに一歩進めたのに対して、欧陽南野は王陽明の思想を穏当的確に展開したために、決して派手《はで》さはないものの、良知心学の精蘊《せいうん》をきびきびと発明しており、彼の別集である『欧陽南野集』は王陽明の思想を理解するときに大いに参考になるものである。

この語録も陳九川の記録に係《かか》るが、発言の年次を推定することはできる。陳九川が一五二〇（正徳十五）年に王陽明に虔州《けんしゅう》（江西省贛《かん》県）に赴いて会見したおりの語録を記録していること。欧陽南野は虔州にて入門していること。そのとき、門人の中では最年少であった。その時に王陽明が「小秀才」と呼んだのである。もし、この時の問答の記録だとすると、欧陽南野は二十五歳である。王陽明は四十九歳。この年の六月に贛県に到着しているので、六月以降ということになる。

この秋には、『伝習録』中巻に収められた「答羅整菴少宰書」を認《したた》めている。王陽明はこの書簡を認めたのちに致良知説を発見している。だから、贛県にて入門した欧陽南野は、発見したばかりのほやほやの致良知説を王陽明その人の口から聴いたことになる。ある門人に与えた書簡の中で、王陽明は致良知説を発見した喜びを今にも小躍りせんばかりに表白しているが、それを聴くことのできた門人の感激もまた一入《ひとしお》深いものがあったにちがいない。ここで欧陽南野が「もはや離れられない」と告白しているのは、文字通りに、致良知説を聴き得た一門人が真情をおもわず吐露した発言とうけとってよい。欧陽南野のこの時の感激が、彼の思想家としての原体験となって、師学をそのまま穏健妥当に発見することを覚悟させたのではあるまいか。

陳九川と欧陽南野は半年余り同席したようなので、この語録の記録年次は翌年にわたっていたにしても、致良知説が発見された直後の感動さめやらぬ時期のやりとりであることは動かないであろう。

さて、欧陽南野の感激の言葉をきいて、王陽明がそれをきり返しているのは、興奮している欧陽南野に冷や水をかけるのが目的ではない。むしろ逆である。なぜなら、感激はどれほどに深いものであっても、それが致知（致良知）の実践を促す熱源とならなければその場限りのものに終わってしまうからである。

発見されたばかりの致良知説を聴く機会に恵まれてそのすばらしさにどれほど感激したところで、言葉・概念・理論・知識の位相にとどまるかぎり、それを自己の実践倫理としていまだ切実に引き受けてはいない。王陽明が欧陽南野の感激を手ばなしで承認しなかったのは右の理由による。だから、すぐさま実践することを諭したのである。

問題はその次の「功夫愈《いよいよ》久しければ、愈同じからざるを覚ゆ」という発言が生まれる発想基盤・思惟《しい》構造である。このことについては、王陽明自身が言葉で説明することは難しいと述べてはいるのだが、あえて説明を試みたい。

いったい、「良知を発揮する」ためにはまず発揮する必要性を自覚し、発揮しようとする意欲がおこらなければならない。自己の現在の姿が不足欠陥状態であることを認識したならば、それを充満しようと願うであろう。しかし、漠然と自己観察したところで自己の現姿はみえてこない。照らす鑑《かがみ》が必要である。それが「人間本来の完全性」を表現した「聖人」である。

この聖人という鑑を用意することを「立志」という。「聖人になりたい」と志を立てることは、いわゆる聖人君子になることを目

即席に金山詩を詠んだところ（11歳）

ざすことではなくして、人間本来のあり方を自己実現したいと願うことである。モデルとしての聖人と自己の現姿を比較してこそはじめて自らの不足欠陥を自覚できるのであり、そうしてこそ、その不足欠陥を将来している原因を排除して本来の完全性を現姿の場で発揮充満させる意欲がわくのである。

「立志」ということは誠に卑近な言葉であるが、あらためて考えてみると、我々が理想とか目的の実現を目ざして努力するときは、この「立志」の構造をどこまで自覚するかはともかく、無意識のうちにこのような考え方をしているのではなかろうか。

ここで『伝習録』上巻の「精金の比喩《ひゆ》」の語録をあらためて想い起こされたい。

さて、充満された現姿はもはや昔日の現姿ではない。分量上は多様なままにともかくも本質的に充満された現姿は不足欠陥を露呈していた（と自覚した）昔日の現姿ではない。それではこの新たな現姿はこの「満足」に甘んずるのか。否である。新たな現姿は自己充実したがゆえにこの現姿がえがく「本来的人間」像もまた昔日のそのままではなくしてより豊かなものに成長している。良知の自己実現をはかるほどに「本来聖人」の内容が豊穣《ほうじょう》になるから、努力すれば努力するほど、より豊かな人間性を求めることになるのである。

そして、このことはおのおのが「良知を発揮する」＝「本来聖人を自己実現」してこそ、その人に固有のものとしてみえてくることであるから、他の人が一般論としてあらかじめ説明することはできない。王陽明が説明しにくいといったのは不親切からではなくして事柄の性質上やむを得なかったのである。

欧陽南野が言葉づらだけで感激したわけでもあるまいが、「致良知」とは、ゆめゆめ、感激してすまされることではないのである。

実学観（下巻 一八条）

一属官有《いちぞくかんあ》り、久《ひさ》しく先生《せんせい》の学《がく》を聴講《ちょうこう》するに因《よ》りて曰《いわ》く、「此《こ》の学甚《がくはなは》だ好《よ》し。只是《ただこ》れ簿書訟獄《ぼしょしょうごく》の繁難《はんなん》なれば、学《がく》を為《な》すを得《え》ず。」と。

先生之《せんせいこれ》を聞《き》きて曰《いわ》く、「我何《われなん》ぞ嘗《かつ》て爾《なんじ》をして簿書訟獄《ぼしょしょうごく》を離《はな》れて、懸空《けんくう》に去《ゆ》きて学《がく》を講《きわ》めしめんや。爾《なんじ》は既《すで》に官司《かんし》の事有《ことあ》れば、便《すなわ》ち官司《かんし》の事《こと》の上《うえ》より学《がく》を為《な》して、纔《はじ》めて是《こ》れ真《しん》の格物《かくぶつ》なり。一詞訟《いちししょう》を問《と》うが如《ごと》き、其《そ》の応対《おうたい》の無状《むじょう》に因《よ》りて、箇《こ》の怒心《どしん》を起《お》こす可《べ》からず。他《かれ》の言語《げんご》の円転《えんてん》なるに因《よ》りて、箇《こ》の喜心《きしん》を生《しょう》ず可《べ》からず。其《そ》の嘱托《しょくたく》を悪《にく》みて、意《い》を加《くわ》えて之《これ》

有二一属官一、因三久聴二講先生之学一曰、「此学甚好。只是簿書訟獄繁難、不レ得レ為レ学。」

先生聞レ之曰、「我何嘗教下爾離二了簿書訟獄一、懸空去講上レ学。爾既有二官司之事一、便従二官司的事上一為レ学、纔是真格物。如レ問二一詞訟一、不レ可下因二其応対無状一、起中箇怒心上。不レ可下因二他言語円転一、生中箇喜心上。不レ可下悪二其嘱托一、加レ意治上レ之。不レ可下因二

を治《おさ》む可《べ》からず。其《そ》の請求《せいきゅう》に因《よ》りて、意《い》を屈《くつ》して之《これ》に従《したが》う可《べ》からず。自己《じこ》の事務《じむ》の煩冗《はんじょう》なるに因《よ》りて、意《い》に随《したが》いて苟且《こうしょ》に之《これ》を断《だん》ず可《べ》からず。旁人《ぼうじん》の讃毀《さんき》羅《ら》織《しき》に因《よ》りて、人《ひと》の意思《いし》に随《したが》いて之《これ》を処《しょ》す可《べ》からず。這《こ》の許多《おおく》の意思《いし》は皆《みな》私《わたくし》なり。只爾《ただなんじ》自《みずか》ら知《し》り、須《すべ》からく精細《せいさい》に省察克治《せいさつこくち》すべし。惟《た》だ此《こ》の心《こころ》一毫《いちごう》の偏《へん》倚《い》有《あ》りて人《ひと》の是非《ぜひ》を枉《ま》げんことを恐《おそ》るるは、這《こ》れ便《すなわ》ち是《こ》れ格物致知《かくぶつちち》なり。簿書訟獄《ぼしょしょうごく》の間《かん》も、実学《じつがく》に非《あら》ざる無《な》し。若《も》し事物《じぶつ》を離《はな》了《な》れて学《がく》を為《な》さば、却《かえ》って是《こ》れ空《くう》に著《つ》くなり。」と。

不㆑可㆘因㆓其請求㆒、屈㆑意従㆖㆑之。不㆑可㆘因㆓自己事務煩冗㆒、随㆑意苟且断㆖㆑之。不㆑可㆘因㆓旁人讃毀羅織㆒、随㆓人意思㆒処㆖㆑之。這許多意思皆私。只爾自知、須㆓精細省察克治㆒。惟恐㆘此心有㆓一毫偏倚㆒枉㆗人是非㆖、這便是格物致知。簿書訟獄之間、無㆑非㆓実学㆒。若離㆓了事物㆒為㆑学、却是著㆑空。」

〈口訳〉

一人の下級役人が、久しく先生の学問を聴講していった、「この学問は大変にすばらしいけれども、わたしは書類整理や訴訟の処理でとても忙しいので、学問をすることができません。」と。

先生がこのことを耳にしていった、「わたしがいつ、きみに書類整理や訴訟の処理をうちすてて、実務から遊離したところで学問をきわめなさい、といったかね。きみには役人としての職務があるのだから、役人としての職務を遂行するという場で学問することです。それでこそ本当の、格物（実践を正しくする）ということだ。例えば訴訟事件を処理する場合、被疑者の態度が横柄だからといって腹を立ててはいけないし、彼の言葉が巧みで如才ないからといって、喜んでもいけないし、コネを嫌ってことさらに厳しくしてもいけないし、無実の請求に負けて不本意なままに処理してもいけない。自分の仕事が忙しいからといって、私意にまかせていい加減に処断してもいけない。他人が非難をあびせて陥れようとしているからといって、彼らの思惑のままに処置してもいけない。これらのすべての思惑はみな私心なのです。ともかくきみ自身が自分でわきまえて、精細に反省してその私心にうちかたねばなりません。良心にいささかの偏《かたよ》りもなく、人々の是非を誤ることのないようにひたすら留意すること、これこそが、実践を正しくし良知を発揮することです。書類整理や訴訟の処理こそが、真実の学問なのです。もし、社会的実践を遊離して学問するというのは、これこそが、社会から自由になることにとらわれているのです。」と。

〈解説〉

〈真実の学〉　「忙しいので勉学する暇などありません」。この発言者は自分で忙しがっているだけではなさそうである。本当に忙しいのであろう。それでも、このような発言をしたのは単に忙しいからという理由だけではない。勉学することを、日常業務とは切り離された別次元のことと考えていたから、このような発言となったのである。

それに対して、王陽明は、日常業務そのものをきちんと遂行することが真実の学問であることを強調する。「事」を離れて「学」があるわけではない。このことを「事上磨錬」ともいった。格別の業務に限ることではない。それこそ商売に明け暮れる男に向かって「目の覚めたらん限り念仏せよ」と教え諭した説法者がいたが、人は生きている限り何事かをしており、その意味では誰《だれ》もがいつも忙しい。しかし、それとは離れたところでポッネンと勉学するわけではない。日常の行住坐臥《ざが》のすべてがそのまま実学の場なのである。

「実学」の概念は、例えば福沢諭吉の「実用の学」の意味で理解されがちであるが、もともとは「真実の学」という意味であり、真実であるからこそ実用となりうるのであって、それはあくまでも派生的意味でしかない。この「実学」という概念は「懸空」「着空」などの概念と対をなす。「空」の概念は仏教用語としては積極的な意味をもつが、儒教用語としては負の価値をもった概念として使用される。「現実から遊離した」悪しき意味での「抽象的な」学問を論評するときにこの「空」の概念を使用するのである。

儒学の徒は「修己・治人」の二焦点を正統―異端論争の徴表としたから、空学を是認するものはいない。誰もが自らの学問を実学だと宣言する。王陽明もまたここで実事に基礎をおいた実学を主張する。王陽明の講友の一人である黄綰《こうわん》が、王陽明の後学、とりわけ王竜渓などを目して「落空の学」と非難したが、王竜渓がこの批判をきり返しているのは、黄綰と王竜渓の「実学」理解が異なるからである。実学の内容理解を異にすると、同じく実学を主張するもの同志が自らの真実をかけて激しく論難することになるのである。

この語録にもとづいて、王陽明が実践を強調したのだと理解するのは浅解であろう。

この語録の主題からは離れるが、ここで、裁判業務を遂行するときに注意すべきこととして、王陽明が六項目にわたって述べている、その内容がおもしろい。逆にいうと、実際の裁判業務の中では、担当の役人がこのようなことをすることが多かったことの裏返しでもあろう。法律の執行が、人情・人脈によって大きく歪曲《わいきょく》されることの少なくなかったことを物語っているのではあるまいか。

博聞多識批判（下巻 二〇条）

于中《うちゆう》・国裳輩《こくしようはい》同《おな》じく食《しよく》に侍《じ》す。

先生曰《せんせいいわ》く、「凡《およ》そ飲食《いんしよく》は、只是《ただこ》れ我《わ》が身《み》を養《やしな》うことを要《ほつ》す。食《た》べ了《お》われば消化《しようか》せんことを要《ほつ》す。若《も》し徒《いたず》らに蓄積《ちくせき》して肚裏《とり》に在《あ》れば、便《すなわ》ち痞《ひ》を成《な》せり。如何《いかん》ぞ肌膚《きふ》を長《ちよう》じ得《え》ん。後世《こうせい》の学者《がくしや》は、博聞多識《はくぶんたしき》、胸《きよう》中《ちゆう》に留滞《りゆうたい》す。皆食《みなしよく》を傷《そこ》なうの病《へい》なり。」と。


于中・国裳輩同侍レ食。

先生曰、「凡飲食、只是要レ養ニ我身一。食了要ニ消化一。若徒蓄積在ニ肚裏一、便成レ痞了。如何長ニ得肌膚一。後世学者、博聞多識、留ニ滞胸中一。皆傷レ食之病也。」

○于中・国裳　夏于中と舒国裳《じょこくしょう》。「国裳」は舒芬《じょふん》（一四八四〜一五二七）の字《あざな》。○博聞多識　『論語』述而篇《じゅつじ》の「子曰く、蓋《けだ》し知らずして之を作《な》す者有らん。我は是れ無きなり。多く聞きて其の善き者を択《えら》びて之に従い、多く見て之を識《しる》すは、知の次なり」をふまえた表現。朱子学の格物窮理が知識のためこみに終わることをたとえていう。

〈口訳〉

夏于中君や舒国裳君などと、先生と一緒に食事をしていた。先生がいう、「いったい飲食とは、我々の身体を養生するのが目的なのだから、食べたならば消化しなくてはならない。もし腹の中にためこむばかりでは、便秘になってしまう。どうして肌膚《きふ》を生長させることができようか。後世の学ぶ者は、あれこれの知識情報を胸の中にためこんでいるが、いずれも食傷の病にかかっているね。」と。

〈解説〉

知識の消化不良　記録者の陳《ちん》九川が夏于中・舒国裳と一緒に先生の王陽明と会食した時に王陽明が述べた言葉を記録したのがこの語録である。

食事中なので学問論を飲食になぞらえて述べたのであろう。この飲食の比喩《ひゆ》そのものは大変わかりやすいのだが、本論の学問論のほうは、説明があまりにも簡単にすぎていまひとつ要領を得ない。それを解く鍵《かぎ》はこの語録の中で学問論に言及する唯一の語句「博聞多識《ポリマシイ》」が王陽明の思惟構造の中で果たす役割を、朱子学との比較をふまえて確かめることである。

後世の学者とは朱子学徒を指す。ただし、原朱子学においては知（認識）と行（実践）を分別して、行為の階梯《かいてい》としては知は先に、行は後に、と知識の獲得を優先させてはいるけれども、価値論としては、知は軽く、行は重し、と実践を重視しているのであって、知識はあくまでも実践に生かされてこそ意味がある。

朱子学も陽明学同様に実践倫理を主張したから、知識それ自体を独立した世界として完結させていない。知ること自体が固有の完結した価値をもつものと位置づけられていないことは、学問論としては大いに問題となることではあるが、それはともかくとして、ここの「後世の学者」は当世の朱子学徒を批判した言葉ながら、「博聞多識」にとどまるのは原朱子学の主旨に沿うものではない。朱子学の知識優先主義が後世の学者を誤らせていることを王陽明は批判しているのである。

それでは王陽明は「博聞多識」をどう考えていたのであろうか。

飲食それ自体は身体を養生するのに不可欠のものながら、無前提に善なのではない。飲食して消化すれば身体を養生するが、消化不良になれば逆に健康をそこねることになる。価値的には中立なのである。博聞多識のもたらす知識・情報が体認を導くこともあれば、逆に体認を阻害する可能性もある。博聞多識もまたそれ自体としては価値的には中立なのである。

そもそも、「博聞多識」とは他人が自得体認した内容を言語表現を媒介にして我々が摂取することをいう。所詮《しょせん》は他人が自得体認したものを譲り受けただけのことであって、自らが会得したものではない。しかし、この「博聞多識」は、我々が自得体認した内容を的確にそして豊かに言語表現するときには不可欠のものである（逆に、博聞多識の結果摂取した言葉・概念に自得体認した内容を新たに盛り込むといってもよい）。

いずれにせよ、博聞多識それ自体が目的化されてしまい、それを相対化する作業が欠落すると、それは固定観念・既成の価値観となってしまい、これでは自得体認と連結しないばかりか、むしろそれを阻害するものとなってしまう。王陽明が知識をためこむばかりの後世の学者を消化不良をおこしていると酷評したのはこのためである。

良知現成論（下巻二二一条）

黄以方《こういほう》問《と》う、「先生《せんせい》の格致《かくち》の説《せつ》は、時《とき》に随《したが》いて物《もの》を格《ただ》し、以《もっ》て其《そ》の知《ち》を致《いた》す、と。則《すなわ》ち知《ち》は是《こ》れ一節《いっせつ》の知《ち》にして、全体《ぜんたい》の知《ち》に非《あら》ざるなり。何《なに》を以《もっ》て溥博《ふはく》は天《てん》の如《ごと》く、淵泉《えんせん》は淵《ふち》の如《ごと》きの地位《ちい》に到《いた》り得《え》んや。」と。

先生《せんせい》曰《いわ》く、「人心《じんしん》は是《こ》れ天淵《てんえん》なり。心《こころ》の本体《ほんたい》は、該《か》

黄以方問、「先生格致之説、随㆑時格㆑物、以致㆓其知㆒。則知是一節之知、非㆓全体之知㆒也。何以到㆓得溥博如㆑天、淵泉如㆑淵地位㆒。」

先生曰、「人心是天淵。心之本

ねざる所《ところ》無《な》し、原《もともと》是《こ》れ一箇《いっこ》の天《てん》なり。只私《ただし》欲《よく》の為《ため》に障碍《しょうがい》せらるれば、則《すなわ》ち天《てん》の本体失了《ほんたいうしな》わる。心《こころ》の理《り》は窮尽《きゅうじん》無《な》し。原《もともと》是《こ》れ一箇《いっこ》の淵《ふち》なり。只私《ただし》欲《よく》の為《ため》に窒塞《ちっそく》せらるれば、則《すなわ》ち淵《ふち》の本体失了《ほんたいうしな》わる。如今《いま》、念《ねん》念良知《ねんりょうち》を致《いた》し、此《こ》の障碍窒塞《しょうがいちっそく》をば一斉《いっせい》に去《さ》り尽《つ》くせば、則《すなわ》ち本体已《ほんたいすで》に復《かえ》り、便《すなわ》ち是《こ》れ天淵《てんえん》なり。」と。

体、無レ所レ不レ該、原是一箇天。只為二私欲一障碍、則天之本体失了。心之理無二窮尽一。原是一箇淵。只為二私欲一窒塞、則淵之本体失了。如今念念致二良知一、将二此障碍窒塞一一斉去尽、則本体已復、便是天淵了。」

○黄以方　黄直、字《あざな》は以方。この語録の記録者である。　○溥博如レ天、淵泉如レ淵　『中庸』の語。

〈口訳〉

黄以方が問う、「先生の格物致知の学説（主客関係を正し、良知を発揮する）では、いつでも主客関係を正して、良知を発揮するということですから、この良知は（その時の主客関係の場に限定されるので）一部分としての良知であって、完全なる本体としての良知そのものではありません。（これでは）どうして『天のように広く、底知れぬ淵の如き』究極の境地に到達することができるのですか。」と。

先生がいう、「人心とは天や淵と同じです。我々（心）の本体は、すべてを包み込みますから、もともと一つの天なのです。ただ、私欲に遮られてしまうために、天の本体が見失われてしまうのです。我々（心）の理は、きわまり尽きることはないので、もともと一つの淵なのです。ただ私欲にふさがれてしまうために、淵の本体が見失われてしまうのです。いま、いつもいつも良知を発揮することを考えて、この碍《さえぎ》り窒《ふさ》ぐものをすっかり取り除いてしまったならば、本体が已《すで》に回復したことですから、それこそ我々は天や淵と同じになります。」と。

〈解説〉

本質と現象

この黄以方の質問は、本質と現象、個と全、特殊と普遍などとさまざまな形をとって論議された主題であり、宋学では理一分殊《りいっぶんしゅ》論として論議された。「全体の知」の全体とは朱熹《しゅき》が『大学章句』の格物補伝において「全体大用」と表現した、その「全体」と同じであって、「完全なる本体」を意味する。

黄以方の質問の意図はこうである。我々が良知を発揮してある客体との間に緊張関係が生じたとき、そこに発現された良知は、その一客体に向けて発揮された限定されたものであって、完全なる本体がそのまま丸ごと顕現したわけではない。されば、我々は結局のところ、全体の知を発現することはないのではないか。

黄以方が、良知を発揮したとしてもそれは「一節の知」にすぎないのであるから、そこに発現する現実態は「全体そのものになることはない」と問うたのに対して、王陽明はまず本来態の説明をする。本体は本来は完全なのだが、私欲のためにその顕現が障碍窒塞《しょうがいちっそく》されて、その完全なる本体が見失われているだけである。だから、その障碍窒塞をすっかり排除すれば本体の完全性は回復されるという。「一節の知」とは私欲に障碍窒塞された結果をいうのではないから、ここまでの説明は、黄以方の問いに答えたことにはならない。次に解答する、その前提を述べたのである。

乃《すなわ》ち天《てん》を指《さ》し以《もっ》て之《これ》に示《しめ》して曰《いわ》く、「比《たと》えば面前《めんぜん》に天《てん》を見《み》るが如《ごと》し。是《こ》れ昭昭《しょうしょう》の天《てん》なり。四外《しがい》より天《てん》を見《み》れば、也《ま》た只《ただ》是《こ》れ昭昭《しょうしょう》の天《てん》なり。只許多《ただおおく》の房《ぼう》子《し》牆壁《しょうへき》の為《ため》に遮蔽《しゃへい》せられ、便《すなわ》ち天《てん》の全体《ぜんたい》を見《み》ず。若《も》し房子《ぼうし》牆壁《しょうへき》を撤去《てっきょ》すれば、総《す》べて是《こ》れ一箇《いっこ》の天《てん》なり。眼前《がんぜん》の天《てん》は是《こ》れ昭昭《しょうしょう》の天《てん》なるも、外面《がいめん》は又《また》是《こ》れ昭昭《しょうしょう》の天《てん》にあらずと道《い》う可《べ》からざるなり。此《ここ》に于《おい》て便《すなわ》ち見《み》る、一節《いっせつ》の知《ち》は、即《すなわ》ち全体《ぜんたい》の知《ち》、全体《ぜんたい》の知《ち》は、即《すなわ》ち一節《いっせつ》の知《ち》にして、総《す》べて是《こ》れ一箇《いっこ》の本体《ほんたい》なるを。」と。

乃指レ天以示レ之曰、「比如ニ面前見レ天。是昭昭之天。四外見レ天、也只是昭昭之天。只為ニ許多房子牆壁一遮蔽、便不レ見ニ天之全体一。若撤ニ去房子牆壁一、総是一箇天矣。不レ可レ道三眼前天是昭昭之天、外面又不ニ是昭昭之天一也。于レ此便見、一節之知、即全体之知、全体之知、即一節之知、総是一箇本体。」

○昭昭之天　『中庸』「今夫《そ》れ天は、斯《こ》れ昭昭の多きなり」による。「昭昭」は小さな明るさのこと。

〈口訳〉

そこで、天《そら》を指さして教えていう、「たとえば、目の前の天を見てごらん。昭昭たる天だろう。屋外で四方から天を見ても、やはり昭昭たる天にほかならない。たくさんの建物や土塀《どべい》に遮られているために、天の全体が見えないだけさ。もしも建物や土塀を取り去ったとしても、すべて同じ天なのさ。目の前の天は昭昭たる天であり、遮るもののない天は、昭昭たる天とは別のものだなどとはいえまい。このことからもわかるだろう。一事に発揮された良知とは、そのまま完全なる本体としての良知そのものであり、完全なる本体としての良知は、そのまま一事に発揮された良知そのものなのです。すべて同じ本体なのです。」と。

〈解説〉

一節の知は全体の知

昭昭の天とは、我々がある状況下にみうる限られた天をいう。たまたま見る主体の我々が条件に制約されて天の全体を見ることができないだけであって、昭昭として我々にみることができなくても、それは全体の天そのものであることにかわりはない。

ある特定の対象に向けて発現された良知は、それこそ完全なる本体の良知そのものが発現したものであるから、一節の知と全体の知を別個のものと理解するのは誤りである。全体の知は、この「現在」に一節の知として発現するという、この王陽明の良知論は、王竜渓によって良知現成論としていっそう展開され、王陽明以後の思想界において熱い論争が繰り広げられた。

良知分限論（下巻 二五条）

先生《せんせい》曰《いわ》く、「我輩《わがはい》の致知《ちち》は、只是《ただこ》れ各《おのおの》分限《ぶんげん》の及《およ》ぶ所《ところ》に随《したが》う。今日《こんにち》の良知《りょうち》の見在《けんざい》すること此《か》くの如《ごと》くんば、只今日《ただこんにち》の知《し》る所《ところ》に随《したが》いて、拡充到底《かくじゅうとうてい》し、明日《みょうにち》の良知又開悟《りょうちまたかいご》すること有《あ》れば、便《すなわ》ち明日《みょうにち》の知《し》る所《ところ》に従《したが》いて、拡充到底《かくじゅうとうてい》す。此《か》くの如《ごと》くして方《はじ》めて是《こ》れ精《せい》一《いっ》の功夫《くふう》なり。人《ひと》と学《がく》を論《ろん》ずるも、亦須《またすべ》からく人《ひと》の分限《ぶんげん》の及《およ》ぶ所《ところ》に随《したが》うべし。樹《き》に這《こ》の些《いささ》かの萌芽《ほうが》有《あ》りて、只這《ただこ》の些《いささ》かの水《みず》を把《と》り去《ゆ》きて灌漑《かんがい》し、萌芽《ほうが》再《ふたた》び長《ちょう》ずれば、便《すなわ》ち又水《またみず》を加《くわ》うるが如《ごと》し。拱把《きょうは》より以《もっ》て合抱《ごうほう》に至《いた》るまで、灌漑《かんがい》の功《こう》は、皆是《みなこ》れ其《そ》の分限《ぶんげん》の及《およ》

先生曰、「我輩致知、只是各随二分限所一レ及。今日良知見在如レ此、只随二今日所レ知、拡充到底、明日良知又有二開悟一、便従二明日所レ知、拡充到底。如レ此方是精一功夫。与レ人論レ学、亦須レ随二人分限所一レ及。如下樹有二這些萌芽一、只把二這些水一去灌漑、萌芽再長、便又加上レ水。自二拱把一以至二合抱一、灌漑之功、皆是随二其分限所一レ及。若些小萌芽、有二一桶水在一、尽要二傾上一、便浸二壊他一

ぶ所《ところ》に随《したが》う。若《も》し些小《さしよう》の萌芽《ほうが》に、一桶《ひとおけ》の水在《みずあ》る有《あ》り　了。」
て、尽《ことごと》く傾上《けいじよう》せんと要《す》れば、便《すなわ》ち他《かれ》を浸壊《しんかい》し了《お》わらん。」と。

○精一　『書経』大禹謨《たいうぼ》篇「惟《こ》れ精惟れ一、允《まこと》に厥《そ》の中を執れ」による。○拱把　両手で握れるくらいの太さ。○合抱　両腕でだき抱えるほどの太さ。

〈口訳〉

先生がいう、「わたしが主張する良知を発揮するということは、あくまでも各自の力量に応じてなされることです。今日、良知が現にこうであるというのであれば、今日の良知が発揮するままにとことんまで拡大していきます。明日、良知が新たに理解することがあったら、明日の良知が発揮したところから、とことんまで拡大していきます。このようにしてこそはじめて、実際の場で主体を発揮する努力といえるのです。人々と学問を討論する場合にも、相手の力量に応じてしなければなりません。例えば樹木を育てる場合に、いくらか萌芽《ほうが》の新しい若木の時は少量の水を灌漑《かんがい》し、萌芽がどんどん生長したらさらに水をかけてやり、ひと握りの太さからひと抱えの木に至るまで、灌漑する仕事は、樹木の生長に応じてします。もし、やっと萌芽が出たばかりのものに一桶《おけ》一杯の水を全部ざんぶりとかけたならば、水浸しになって駄目になってしまうでしょう。」と。

〈解説〉

箇々円成　自らの良知を発揮する場合も、他人に良知を発揮することを促す場合も、それぞれの力量に応じてなされるべきことを述べた語録である。

ここでも、あの「精金の比喩《ひゆ》」を想い起こされたい。各人の分限に差異があることを積極的に認めたうえでの立論である。分限に応じて発揮された良知に分量上の差異があっても、それはあくまでも量的差異にすぎず、質的には等しいのである。もし、個人差を無視して単調一様な実践綱領をおしつけたならば、多様な分限の保持者は過不及を結果すること必定であり、それでは、その人本来の分限を損なうことになってしまうことを恐れるのである。

この語録の主旨を、「着実に順序を追って進む」ことを主張したものと理解する向きもあるが、誤解であろう。それでは朱子学と同案ということになってしまうではないか。

他者を教化するときにも相手の分限に応じてすべきであることを、植物への水かけにたとえ、植物の生長段階に即して水量を加減することを述べてはいるが、このことは、萌芽・拱《きょう》把《は》が合抱に至るまでの前段階であると縦の直線で考えているのではなくして、生長段階を異にする植物群が同時存在として横に並列されており、それぞれの生育の度合いに応じて水加減をするのだと横の線で考えられているのである。

今日といい、明日というも、今日から明日へと段階をふまえて実践することを主張しているのではない。あくまでも今日は今日只今《ただいま》に現在する良知のままに完全に発揮し、明日は明日で明日に現在する良知を発揮するのである。明日のために今日があるという時間意識のもとに良知の現在を考えてはいない。今日というも明日というも、実践主体はこの一瞬の今という絶対現在にのみ実存するほかない現在者であるから、この絶対現在の今に顕現する分限に応じて良知を発揮することを、主張しているのである。

分限に由る分量上の差異はあくまでも量的差異であるから、分限に応じた発揮でそれでおのおのが本来性を発揮したことにおいては等質であるから、そのおのおのがそのままで完成態なのである。この意味では朱子学が実践者に要請した中間者意識とは大きく異なるものといえる。

リゴリズム批判（下巻　三二条）

門人《もんじん》座《ざ》に在《あ》りて、動止《どうし》甚《はなは》だ矜持《きようじ》する者《もの》有《あ》り。
先生曰《せんせいいわ》く、「人若《ひとも》し矜持《きようじ》すること太《あま》りに過《す》ぐれば、終《つい》に是《こ》れ弊有《へいあ》り。」と。
曰《いわ》く、「矜持《きようじ》すること太《あま》りに過《す》ぐれば、如何《いかん》ぞ弊有《へいあ》りや。」と。

門人在レ座、有二動止甚矜持者一。
先生曰、「人若矜持太過、終是有レ弊。」
曰、「矜持太過、如何有レ弊。」

曰《いわ》く、「人《ひと》は只許多《ただおおく》の精神有《せいしんあ》り。若《も》し専《もっぱ》ら容貌《ようぼう》の上《うえ》に在《あ》りて功《こう》を用《もち》うれば、則《すなわ》ち中心《ちゅうしん》に於《おい》て照管《しょうかん》し及《およ》ばざる者多《ものおお》し。」と。

太《あま》りに直率《ちょくそつ》なる者有《ものあ》り。

先生曰《せんせいいわ》く、「如今此《いまこ》の学《がく》を講《きわ》め、却《かえ》って外面《がいめん》は全《まった》く検束《けんそく》せざるは、又心《またこころ》と事《こと》とを分《わ》かちて二《に》と為《な》せり。」と。

曰、「人只有㆓許多精神㆒。若専在㆓容貌上㆒用㆑功、則於㆓中心㆒照管不㆑及者多矣。」

有㆓太直率者㆒。

先生曰、「如今講㆓此学㆒、却外面全不㆓検束㆒、又分㆓心与㆑事為㆑二矣。」

〈口訳〉

同席していた門人に、立ち居振る舞いがあまりにも荘重な人がいた。

先生がいう、「あまりにも荘重にしすぎると、弊害を生ずることになるよ。」と。

いう、「あまりに荘重にしすぎると、どうして弊害が生ずるのですか。」と。

（先生が）いう、「人間の精力には限界があります。もし容貌振る舞いにのみ努力を集中したならば、えてして人格そのものに配慮がとどかないことになりますよ。」と。

あまりにも率直で無頓着な人がいた。

先生がいう、「いま、この学問を研鑽《けんさん》しているのに、表面を全くひきしめないのは、人格と行為とを分裂させていることだよ。」と。

〈解説〉

謹直と放縦

立ち居振る舞いを正すことを『礼記』玉藻篇に基づいて『小学紺珠』では「足の容は重おもしく、手の容は恭しく、目の容は端《ただ》しく、口の容は止まり、声の容は静かに、頭の容は直く、気の容は粛とし、立の容は徳なり、色の容は荘なり。」と九容を表現しているが、これにもとづいて門人の立ち居振る舞いをことうるさく注意したのは朱熹《しゅき》であった（『朱子語類』訓門人）。

北宋の二程子以来、格物窮理の工夫とともに両輪両翼と重視された持敬（居敬ともいう）の工夫は、外貌を整えることを主張したわけではないが、九容を正すことを有力な手がかりとしたことは明白である。朱子後学によって、格物窮理の工夫は朱子学の教説を理解することと矮小《わいしょう》化された一方で、もう一つの持敬の工夫はむしろ肥大化して、かたくなに墨守遵行され、そこにいわゆる道学先生が出現する。

もともと道教用語であった「道学」の語を、孔《こう》・孟《もう》以来の道統の学と内容を一新して宣揚した朱熹は、自らの学問を道学と命名することによって、旧来の学問とは一線を画して、斯《し》学《がく》の真面目を開示するのだと自負したのであり、「道学」とはきわめて挑戦的な発言であったのである。旧学に対する抗議《プロテスト》が道学意識を育くんだのである。それが王陽明の時代にはすでに体制教学として思想界をおおい、抗議される側と攻守所をかえ、あまつさえ「道学」の語は嘲笑《ちょうしょう》の語に転落してしまった。ここに登場する一門人の謹直な姿こそ、道学先生の典型である。

ことさらに持敬の工夫を説くのは蛇足であると説いたのは王陽明であるが、だからといって、王陽明が敬そのものを否定したわけではない。それはこの語録の後半からも了解されよう。

朱子学と陽明学とでは、思想体系の中に占める敬の位置づけが異なるのである。人格そのものをみがきあげることをなおざりにして、外面をひきしめることばかりに関心を集中するのと、これとは逆に、人格をみがきあげることばかりに熱中して、人格の表象としての外面に全く関心をはらわないのとは、現象としては全く逆方向であるかにみえて、その病根が、人格と行為（立ち居振る舞い）を別々のものと考えるところに由来している点は等しい。

王陽明は、朱子学の持敬の工夫が、人間の主体性を外から拘束することにはきわめて警戒を示して反対するが、だからといって、本来性との鋭い緊張関係を保持しないままに放縦《ほうしょう》に流れることをいささかも容認していなかったことはいうまでもない。実践者がそれこそ主体的に（自由に）自らを律することを期待したのである。

道学先生批判（下巻 五七条）

王汝中《おうじよちゆう》・省曾《せいそう》、先生《せんせい》に侍坐《じざ》して扇《おうぎ》を握《にぎ》る。命《めい》じて曰《いわ》く、「你們《きみたち》扇《おうぎ》を用《もち》いよ。」と。省曾《せいそう》起《た》ちて対《こた》えて曰《いわ》く、「敢《あ》えてせず。」と。先生《せんせい》曰《いわ》く、「聖人《せいじん》の学《がく》は、是《こ》れ這等《これら》の捆縛苦楚《こんばくくそ》のものならず、是《こ》れ道学《どうがく》の模様《もよう》を粧《よそお》い做《な》すにあらず。」と。

汝中《じよちゆう》曰《いわ》く、「仲尼《ちゆうじ》の曾点《そうてん》の 志《こころざし》 を言《い》うを与《ゆる》すの一章《いつしよう》を観《み》れば、略見《ほぼみ》ゆ。」と。先生《せんせい》曰《いわ》く、「然《しか》り。此《こ》の章《しよう》を以《もつ》て之《これ》を観《み》れば、聖人《せいじん》は何等《なんら》の寛洪包含《かんこうほうがん》の気象《きしよう》ぞ。且《か》つ師《し》為《た》る者《もの》、志《こころざし》を群弟子《ぐんていし》に問《と》うに、三子《さんし》は皆整頓《みなせいとん》して以《もつ》て対《こた》えしに、曾点《そうてん》に至《いた》っては、飄飄然《ひようひようぜん》として那《か》の三子《さんし》を看《み》て眼《め》

王汝中・省曾、侍㆓坐先生㆒握㆑扇。命曰、「你們用㆑扇。」省曾起対曰、「不㆑敢。」先生曰、「聖人之学、不㆓是這等捆縛苦楚的㆒、不㆔是粧㆓做道学的模様㆓。」汝中曰、「観㆘仲尼与㆓曾点言㆑志一章㆖、略見。」先生曰、「然。以㆓此章㆒観㆑之、聖人何等寛洪包含気象。且為㆑師者、問㆓志於群弟子㆒、三子皆整頓以対、至㆓於曾点㆒、飄飄然不㆘看㆓那三子㆒在㆖眼。自去鼓㆓起瑟㆒

に在《あ》らず。自《みずか》ら去《ゆ》きて瑟《ひつ》を鼓起《こき》し来《き》たる。何等《なんら》の狂《きょう》態《たい》ぞ。志《こころざし》を言《い》うに至《いた》るに及《およ》んでは、又《また》師《し》の問目《もんもく》に対《こた》えずして、都《す》べて是《こ》れ狂言《きょうげん》なり。設《も》し伊川《いせん》に在《あ》らば、或《ある》いは斥罵《せきば》し起来《きらい》せん。聖人《せいじん》は乃《すなわ》ち復《ま》た他《かれ》を称《しょう》許《きょ》す。何等《なんら》の気象《きしょう》ぞ。聖人《せいじん》の人《ひと》を教《おし》うるや、是《こ》れ箇《こ》の他《かれ》を束縛《そくばく》して通《つう》じて一般《いっぱん》と做《な》すにあらず。只狂者《ただきょうしゃ》の如《ごと》きは、便《すなわ》ち狂《きょう》の処《ところ》より他《かれ》を成就《じょうじゅ》し、狷者《けんしゃ》は、便《すなわ》ち狷《けん》の処《ところ》より他《かれ》を成就《じょうじゅ》す。人《ひと》の才気《さいき》は、如何《いかん》ぞ同《おな》じくし得《え》んや。」と。

来。何等狂態。及レ至レ言レ志、又不レ対二師之問目一、都是狂言。設在二伊川一、或斥罵起来了。聖人乃復称二許他一。何等気象。聖人教レ人、不下是箇束二縛他一通做中一般上。只如二狂者一、便従二狂処一成二就他一、狷者、便従二狷処一成二就他一。人之才気、如何同得。」

○**王汝中**　王畿。字《あざな》は汝中、号は竜渓、一四九八〜一五八三。王門の驍将《ぎょうしょう》である。○**省曾**　黄省曾。字は勉之、号は五岳。この語録の記録者である。○**仲尼与二曾点言レ志**　『論語』先進篇末章の語。○**三子**　曾点と同席した子路・冉有《ぜんゆう》・公西華《こうせいか》のこと。○**伊川**　程伊川。○**狂者・狷者**　『論語』子路篇の語。『孟子』尽心篇下に祖述した一文がある。

〈口訳〉

王汝中と黄省曾とが、先生のお側にひかえて扇を手にしていた。

（先生が）命じていう、「きみたち、扇を使いなさい。」と。

黄省曾が起ち上がって答えていう、「とんでもございません。」と。

先生がいう、「聖人の学問は、そんなふうに堅苦しく人をしばりつけるものではないし、道学者のふりをすることでもないよ。」と。

王汝中がいう、「仲尼（孔子）が、曾点の志を述べたのを、許容した（『論語』の）一章をみますと、（先生のおっしゃったことが）ほぼわかります。」と。

先生がいう、「そうだよ。この（『論語』の）一章をみると、聖人とはなんとものびやかで包容力に富む人柄であったことだろう。先生のほうが、志すところを居並ぶ弟子たちにたずねたところが、三人の弟子はいずれもきちんと答えたのに、曾点となると、飄飄然《ひょうひょうぜん》とどこ吹く風で三人のことなどまるで眼中になく、自分から瑟をかき鳴らしたのだ。なんとも常軌を逸したしぐさではないか。志を言う段になると、先生の質問にはとんと答えずに、正気を失った発言ばかりだ。もしも程伊川であったら、きっと面罵《めんば》しただろう。聖人はその彼を称賛されたのだ。なんという心ばえであろうか。聖人が人々を教育するときには、相手をしばりつけて一つの型にはめこむようなことはしないのだ。（相手が）狂者であれば、狂のところから彼を仕上げるであろうし、狷者であれば、狷のところから彼を仕上げるであろう。人間の才能気性は、どうして同じでありえようか。」と。

相当に暑かった夏の日のことででもあろうか。先生のおそばに座っていた門人の王竜渓も黄省曾も、扇を手にしながらも、師の前でもあるので、あえて使用しなかった。先生に促されても恐縮して辞退する。黄省曾が入門してまだ間もないころだったのかもしれない。みかねて先生がいった、「道学先生のまねなどしなくてもいいよ。」と。

〈解説〉

曾点の狂言

王陽明のこの発言をとらえて、王竜渓は一気に一般命題に昇化させる発言をする。それをうけて王陽明は教育論を述べた。一幕物の構成である。いかにもありえたであろうし、王陽明のさも言いそうなことである。

ここで「道学」の語がはっきりと軽蔑嘲笑《けいべつちょうしょう》の意味で使用されていることにあらためて注意されたい。

王竜渓の打てば響くようなこの発言は、聡明であったこの人を彷彿《ほうふつ》させるが、黄省曾の記録の仕方が定型に堕しているせいか、いささか優等生じみている。門人の中でも別格であった王竜渓の発言は、入門したばかりの黄省曾にとってはよほど印象が深かったのかもしれない。

『論語』の中でも最も長文の語録である曾点言志章は、曾点ばかりではなく、子路・冉有《ぜんゆう》・公西華《こうせいか》もそれぞれ孔子に促されて自らの抱負を述べており、ほほえましい一章である。それだけに、この一条の解釈に注釈家たちはひそかに自らの世界をしのびこませたものである。

門人たちの中では、曾点の振る舞い・発言が特異である。それを孔子が許容したから、後世の儒学の徒の曾点評価もまた基本的には寛容であるが、それの位置づけは必ずしも一様ではない。

王陽明は曾点の振る舞いを狂態と認め、その発言を狂言とみた。そのうえで、孔子が曾点をその狂態・狂言を基礎に教化したことを高く評価するのである。

狂であれ狷であれ、個人の特性を典型的に表象した表現であるが、ここで「狂」というのは、王陽明自身も自らを狂者と覚悟したように、妥協することなく自らの理想実現をめざすものをいう。曾点をその特性のままに伸ばして成就させるのが、本来あるべき教化教育だというのである。画一的な教育方法を採用して個性の発揮が阻害されてしまうことを恐れるのである。

王陽明が「分限」に応じて多様な「分両」を成就することを積極的に認めた、その考え方が、ここでも表出されているのである。

ここで、孔子が曾点を許容した教育方針とは対極に位置する人として程伊川が指名されていることは興味深い。先の語録においてもすでに程伊川は反面教師の役割を演じさせられているが、実像が果たしてどうであったのかはともかくとして、陸象山―王陽明の心学路線における程伊川評価はまことに厳しいものがある。

告子の本性論（下巻　七三条）

又曰《またいわ》く、「告子《こくし》の病源《びょうげん》は、性《せい》は善無《ぜんな》く不善無《ふぜんな》きの上《うえ》より見来《みき》たれば、性《せい》は善無《ぜんな》く不善無《ふぜんな》しと、此《か》くの如《ごと》く説《と》くと雖《いえ》ども、亦大差無《またたいさな》し。但《た》だ告子《こくし》は執定《しつじょう》して看《み》（了）れば、便《すなわ》ち箇《こ》の善無《ぜんな》く不善無《ふぜんな》きの性《せい》は内《うち》に在《あ》る有《あ》り、善有《ぜんあ》り悪有《あくあ》るは、又物感《またぶつかん》の上《うえ》に在《あ》りと看《み》れば、便《すなわ》ち箇《こ》の物《もの》は外《そと》に在《あ》る有《あ》りて、却《かえ》って両辺《りょうへん》と做《な》して看《み》（了）れば、便《すなわ》ち会《よ》く差《あやま》つ。善無《ぜんな》く不善無《ふぜんな》し。性《せい》は原《もともと》是《こ》れ此《か》くの如《ごと》し。悟《さと》り得《え》及《およ》ぶ時《とき》、只此《ただこ》の一句《いっく》にて便《すなわ》ち尽《つ》（了）くせり。更《さら》に内外《ないがい》の間《へだ》て有《あ》る無《な》し。告子《こくし》は一箇《いっこ》の性《せい》の内《うち》に在《あ》るを見《み》、一箇《いっこ》の物《もの》の外《そと》に在《あ》るを見《み》る。便《すなわ》ち他《かれ》は性《せい》に於《お》いて未《いま》だ透徹《とうてつ》せざる処有《ところあ》るを見《み》るなり。」と。

又曰、「告子病源、従下性無レ善無二不善一上上見来、性無レ善無二不善一、雖二如レ此説一、亦無二大差一。但告子執定看了、便有下箇無レ善無二不善一的性在上レ内、有レ善有レ悪、又在二物感上一看、便有二箇物在一レ外、却做二両辺一看了、便会レ差。無レ善無二不善一。性原是如レ此。悟得及時、只此一句便尽了。更無レ有二内外之間一。告子見二一箇性在一レ内、見二一箇物在一レ外。便見下他於レ性有中未二透徹一処上。」

○告子　底本は孟子に作るが告子の誤りである。　○性無レ善無二不善一『孟子』告子篇上の語。　○内外『孟子』告子篇下の語。告子と孟子の間で交わされた仁内義外説をふまえる。

〈口訳〉

また（先生は）いう、「告子の（人間理解が）誤った根源は、（人間の）本性は善も不善もない（本来は既成の価値観から自由である）という点から考えますと、（告子が）本性は善も不善もないと主張していること自体は決定的誤りでなくして、告子がそれにとらわれて考えてしまったことにこそある。つまり（告子は）善・不善のない本性は先天的に固有すると考え、善・不善が結果するのは主客関係の場であると考えた。そもそも主客関係とは客体との後天的関係であるから、（先天的に固有する本性と）別々の事と理解することになってしまい、そのために誤ってしまったのである。善も不善もない、本性とはもともとこうなのだ。とくと理解したあかつきには、この一句だけで言い尽くしているのであって、ここでは先天と後天との切り離しは全くしていない。告子は、本性は先天的なもの、主客関係は後天的なものと、おのおのを別々のものと考えている。ここに彼が本性に関して理解が不十分なことがわかろう。」と。

告子は不思議な思想家である。『孟子』以外に詳細を知る手がかりが全くない。孟子その人は『孟子』七篇を一読して明瞭なごとく、きわめてあくの強い思想家である。頭の回転も早く機知に富み、弁説も巧みで時にみごとな比喩《ひゆ》をまじえ、思いきった省略法を用いて文体をひきしめ、読む者を魅了する。うかうかすると孟子の論法にすっかりのせられかねない。それほどに自意識の旺盛《おうせい》であった孟子は当代の思想家、例えば楊朱《ようしゅ》・墨翟《ぼくてき》・許行などを激しく非難する。その中でも告子は最大の論争相手であった。

〈解説〉告子評価の転換

人間の本性に対する関心は孔子の門人の世代にすでに芽生えていたことは、子貢の発言にうかがえるが、このことが思想界の論争主題になったのは孟子の時代であった。孟子は人の本性は善なりとみて性善説を提示したが、告子は性は善も不善もないと、倫理的には中立であると主張して、当時の熱い論議に参加した重要人物の一人である。

告子学派が存在したはずなのに『告子』は著されなかったようである。活動範囲が狭かったために、孟子以外に知る人がいなかったのであろうか。告子学派の活動と思想内容を開示する関連資料が発掘されでもしたら、それこそおもしろいが、可能性は小さい。告子に多大の関心をもつものにとっては『告子』を読むことのできないのは残念である。

孟子の性善説が正統思想と評価される限り、それに真っ向から反対した告子の性無善無不善説がそのままで再評価されることは難しい。新儒教の主将朱熹《しゆき》によって、孟子の性善説が、『中庸』の「天命之謂レ性」説を補強剤にして、性即理説と面貌《めんぼう》を一新して強力に主張された結果、『孟子』告子篇に展開されている孟子・告子論争は、不当にも孟子の圧倒的勝利であるかに処理された（『孟子集註』）。告子は誤れる思想家であると烙印《らくいん》をおされたのである。

孟子の性善説を基本的に継承する陽明学においても告子の主張はそのままでは全面的に肯定されることはいかにも困難である。ところが、告子の孟子批判の視角が、告子の原意をこえて再評価されることになる。そのことを表現したのがこの語録である。

告子の性無善無不善説は、仁は先天的に固有するが義は後天的に習得するという、仁内義外説を基礎にもつ。主客関係の場に実現される義（理）を、先天的に固有する仁と切りはなして、それとは全く別にもっぱら後天的に習得するものだと主張することは、性善説を継承する者にとっては許されない。この点では、告子は、陽明学の徒にも酷評されている。ここでもそうである。

告子その人がいう仁は「生之謂性」「食色性也」などというのをみると生命力を表言したものとみてよい。だから、告子の性無善無不善説は、荀子《じゅんし》の性素朴説に似て、人間の本性は、善悪以前の、その意味では価値中立的なものである。

王陽明は告子の義外説はもちろん徹底的に否定した。それなら性無善無不善説のほうも否定されなければならないのに、こちらのほうはむしろ積極的に承認した。おかしなことである。実は王陽明は、性無善無不善説を、性善説の一表現と読みかえて承認したのである。この点は朱子学とは全く異なる。わざわざ読みかえてまで告子を最大限に評価するのも朱子学の性善説＝性即理説を念頭においてのことであった。それではどのように読みかえたのか。朱子学

朱子学の性即理説においては、人間（心）の背理可能性を深く配慮して、心そのままが真理を発見創造するものとは考えきれなかった。心はその中核に別格のものとして天命の性を賦与されており、その性に主宰統御されてこそ初めて不条理を結果することから免れると考えた。その主宰統御する性の永遠不変な一定性を誇示して性即理の理を定理と表現した。

朱子学が心即理とはついにいわずして、性即理と主張したのは人間の現姿に対する理解が陸象山・王陽明などと決定的に異なっていたのである。朱子学においては現実に存在するままの人間が真理を創造発見するのではなくして、本来あるべき人間がそうするのである。それを聖人という。心は定理を把握してそれに準拠して修己・治人の実践をすることになる。定理の認識を致知格物という。

我々は普遍的定理を把握することはできないから、それが個別的に現象している一物の理を把握し、それを集積して、あらためて抽象して普遍的定理を認識する。個別的理の把握は、天理・定理を体現した聖人の言行が典型である。経書の世界あるいはそれに準ずるものと評価された世界である。この一物の理が、普遍的位相に返す抽象作業を手ぬきされると、歴史的事実に固定されてしまう。一定不変の真理が、ここに既定の固定された真理とうけとられ、教条的に受容されると、実践主体の自在活発な真理を発見創造する意識意欲をおしころしてしまい、安易に社会通念に妥協して世俗の海に埋没してしまいかねない。

こうなると、本来は天命の性を確信して心が自力で自己救済・自己実現することをめざした性善説の本領が失われてしまい、外在する既成の規範に依存する半他律的教義に堕してしまい、道学の真面目を喪失したものと観ぜられることになってしまう。王陽明は朱子学の性善説をこのように理解したのである。王陽明はもちろん孟子の性善説の立場に立つ。しかし、朱子学の性善説が結果した弊害を直視して、告子の性無善無不善説をも評価する。

王陽明の心即理説は心そのものがそのままの力で真理を発見創造することをいう。その発見創造力を性といい、この性は心と渾然《こんぜん》一体のものである。自力のみにて真に発見創造するから、この本来性は既成の価値観や社会通念からは自由に、それを越えて発見創造できるのである。本性はこの意味では無善無悪なのである。「無」とは「ない」ということではなくして、善悪をこえることである。自由になること、解放されること、白紙状態にあることである。一切の外的・後天的なものから解き放たれてこそ真に創造発見できるのである。

告子の性無善無不善説を無善無悪説と同一の内容のものと位置づけて評価したのである。告子を曲解したものといってしまえばそれまでのことだが、画期的な告子評価であり、告子は一躍思想界の寵児《ちょうじ》となったのである。

原朱子学においては、既成の価値観を惰性的に承認することなど、むしろ否定されているのだが、定理意識のおもむくところ、まかり間違えば定理が人を殺しかねない。告子の性無善無不善説を強引に解釈してまで我が陣営にとりこんだのは、朱子後学の教条主義に対する衝撃的療法であったともいえよう。

岩中の花（下巻　七五条）

先生《せんせい》南鎮《なんちん》に遊《あそ》ぶ。一友《いちゆう》岩中《がんちゅう》の花樹《かじゅ》を指《さ》して、問《と》いて曰《いわ》く、「天下《てんか》に心外《しんがい》の物《もの》無《な》し、と。此《こ》の花樹《かじゅ》の如《ごと》きは、深《ふか》き山《やま》の中《なか》に在《あ》りて、自《おのずか》ら開《ひら》き自《おのずか》ら落《お》つ。我《わ》が心《こころ》に於《おい》て亦何《またなん》ぞ相関《あいかん》せんや。」と。

先生曰《せんせいいわ》く、「你未《きみいま》だ此《こ》の花《はな》を看《み》ざりし時《とき》、此《こ》の花《はな》と汝《なんじ》の心《こころ》とは、同《おな》じく寂《じゃく》に帰《き》せり。你来《きみき》たりて此《こ》の花《はな》を看《み》し時《とき》、則《すなわ》ち此《こ》の花《はな》の顔色《がんしょく》は、一時《いちじ》に明白《めいはく》に起《お》こり来《き》たる。便《すなわ》ち知《し》る、此《こ》の花《はな》は你《きみ》の心《こころ》の外《そと》に在《あ》らざるを。」と。

○南鎮　浙江《せっこう》省会稽《かいけい》山。

先生遊二南鎮一。一友指二岩中花樹一、問曰、「天下無二心外之物一。如二此花樹一、在二深山中一、自開自落。於二我心一亦何相関。」

先生曰、「你未レ看二此花一時、此花与二汝心一、同帰二於寂一。你来看二此花一時、則此花顔色、一時明白起来。便知、此花不レ在二你的心外一。」

〈口訳〉

先生が南鎮に行楽された。ある友人が岩に咲く花を指さして、問うていう、「この世界に、主体と無関係なものはないということですが、この花などは、深い山の中で、ひとりでに咲きひとりでに散っていますから、我々主体者とはそもそも何の関係がありますか。」と。先生がいう、「きみがこの花を見る前は、この花ときみ自身の主体とは、互いに働きかけていなかった。きみがやってきてこの花をみた時、この花の色彩はその時に鮮やかになった。つまり、この花がきみという主体者と無関係なのではないということがわかるだろう。」と。

〈解説〉

「もの」が「此の花」になる

「遊二南鎮一」の章として有名な語録である。とりわけ、王陽明の思想は唯心論であると理解されるとき、よく引き合いに出される一条である。

それにしても、この語録の理解は決して容易ではない。それだけにこれまでにもさまざまな解釈が試みられてきたものである。

この語録に限ったことではないが、語録を理解するときには、門人の質問そのものをよく吟味することが肝要である。質問がよく飲み込めたならば、それに対する返答もまたよく理解でき、ひいては語録全体の理解が行き届くことになるものである。逆に質問それ自体が読み取りにくいときには、なぜ、そのような返答がなされたのかを考えて質問文を吟味することが理解の糸口を得る道である。

さて、この友人は、王陽明の「天下無心外之物」という教えをきいて日ごろから疑問に思っていたのであろう。たまたま王陽明と一緒に南鎮にハイキングしたおり、山深くに自生する花を見たので、こう質問したのであろう。「無㆓心外之物㆒」の物とは花樹など客観的存在物としてのものを指すのではない。この質問者自身が、この花樹は、我が心とは何の関係がありますか、と述べてもいるように主客関係を指す。客体である「もの」は、主客関係（物）の一方を構成する。「物なし」はともすれば「ものなし」と誤解されやすい。

九華山に遊ぶ（48歳）

主体の働きとは無関係にこの花はそれ自体で存在しているのではないか、というのがこの質問の主旨である。日常的な経験にもとづいた素朴な質問である。この質問に対して、王陽明は存在論の視角から返答したのではない。主体者がその花を見ようが見まいが、そんなこととは無関係に花は時いたらば花を咲かせ散っていくことはあまりにも自明な自然現象である。王陽明はあくまでも認識論の視角から返答しているのである。

認識主体がこの花をまだ見なかったときとは、言いかえるならば、主体者がこの花という客体に働きかけて両者の間に緊張関係が生まれていなかったことをいう。このことをここでは「寂に帰す」と表現している。主体に即していえば、この客体に対しては心が未発本体のままであって已発作用していなかったことをいう。

ここで、羅念菴《らねんあん》や聶双江《じょうそうこう》が、未発本体を確立する工夫を、帰寂説として主張したことを想い起こされたい。

認識主体がひとたび「此の花」を見て両者の間に緊張関係が生じ、曇りなき目で見る限り、それまでは主体者にとっては無縁であった「此の花」は、主体者の前にその本質を露《あらわ》にする。そのものは見られる前から存在はしていたであろう。しかし、それは見られる前は無記的な「もの」一般でしかなかった。見られることによってはじめて、それは「此の花」となったのである。

良知大同論（下巻 九三条）

問《と》う、「良知《りょうち》は一《いつ》のみなるに、文王《ぶんおう》は彖《たん》を作《つく》り、周《しゅう》公《こう》は爻《こう》を繫《か》け、孔子《こうし》は易《えき》を賛《さん》す。何《なに》を以《もっ》て各自理《かくじり》を

問、「良知一而已、文王作レ彖、周公繫レ爻、孔子賛レ易。何以各自看レ理不レ同。」

看《み》ること同《おな》じからざるや。」と。

先生曰《せんせいいわ》く、「聖人《せいじん》は何《なん》ぞ能《よ》く死格《しかく》に拘得《かかわ》らん。大《たい》要《よう》、良知《りょうち》の同《おな》じに出《い》ずれば、便《すなわ》ち各《おのおの》説《せつ》を為《な》すも何《なん》ぞ害《がい》あらん。且如《たとえば》、一園《いちえん》の竹《たけ》は、只此《ただこ》の枝節《しせつ》を同《おな》じくせんと要《ほっ》すれば、便《すなわ》ち是《こ》れ大同《だいどう》なり。若《も》し枝枝節《ししせつ》節《せつ》を拘定《こうてい》し、都《す》べて高下大小《こうげだいしょう》の一様《いちよう》ならんことを要《ほっ》すれば、便《すなわ》ち造化《ぞうか》の妙手《みょうしゅ》に非《あら》ず。汝輩《なんじら》は只去《ただゆ》きて良《りょう》知《ち》を培養《ばいよう》するを要《ほっ》するのみ。良知同《りょうちおな》じければ、更《さら》に異《こと》なる処有《ところあ》るを妨《さまた》げず。汝輩《なんじら》、若《も》し肯《あ》えて功《こう》を用《もち》いざれば、筍《たけのこ》をすら也《ま》た曾《かつ》て抽得《めば》えざらん。何《なん》の処《ところ》に去《ゆ》きて枝節《しせつ》を論《ろん》ぜんや。」と。

先生曰、「聖人何能拘二得死格一。大要出二於良知同一、便各為レ説何害。且如一園竹、只要レ同二此枝節一、便是大同。若拘二定枝枝節節一、都要二高下大小一様一、便非二造化妙手一矣。汝輩只要三去培二養良知一。良知同、更不レ妨レ有二異処一。汝輩若不二肯用レ功、連レ筍也不二曾抽得一。何処去論二枝節一。」

○文王作レ彖、云々　『易経』の彖辞《たんじ》を文王が創作し、周公が爻辞《こうじ》を創作し、孔子が十翼《じゅうよく》を創作したことをいう。　○死格　死は生生活発に対する語で臨機応変の活用力をもたない固定した規格を死格と表現した。

〈口訳〉

問う、「良知は同一なはずですのに、（『易経』について、）文王は彖辞を作り、周公は爻辞を作り、孔子は十翼を作った（のをみると）、どうして各自の易理の解釈に違いがあるのでしょうか。」と。

先生がいう、「聖人がなんで固定した規範にとらわれましょう。根本が等しく良知から発出したのですから、おのおのが主張したとても何の妨げがありましょう。例えば、庭園の竹をごらん。等しく枝があり節《ふし》があるということでは、みんな等しく竹だよ。それをもし、枝の一本一本、節の一つ一つを拘束して、高さや大きさをすっかり同じにしようとするのは、造化の妙手とはいえますまい。きみたちは良知をこそ培養すべきであり、良知が同じならば、（その発揮に）差異が生じても一向にかまわない。きみたちがもし進んで努力しなければ、筍すら生育できまい。それではどうして枝や節について議論するかね。」と。

〈解説〉

庶民階層の参加　文王・周公・孔子のおのおのが先天的に固有する良知は等質のものであるのに、なぜ彼らは独自の理解のもとに異なった創作をしたのであろうか。この質問者は、良知が等質であるということは、良知の所産の分量も等量であるはずだと考えたのであろうか。それとも文王・周公・孔子の良知は等質なばかりではなく、等量でもあると考えたのであろうか。

文王・周公・孔子ばかりが聖人なのではない。良知を先天的に固有するから、万人が聖人なのである。

この良知に根ざす限り、分量上の差異のままに発揮されたとしても、それは最初から承認ずみのことである。等質なる良知が各個人によって分量上の差異をむしろ積極的に承認することにより、力量の高下大小に応じて、万人を人倫創造の主体者として位置づけ、彼らをして自らの人生を生きる主人公として自信をもたせ責任を負わせたのである。

こうして、陽明学の世界では庶民階層はもはや一方的に教化される被治者ではない。それまでには、自覚的に人倫を創造する実践主体としては位置づけられることのなかった圧倒的大多数の庶民階層が、士大夫階層同様に良知心学の担い手として飛躍的に高められることになった。工作者・職人・商人などが王門の講学会に参加することになるのは、庶民階層の社会的実力が高まり知識内容が豊かになったこともその要因の一つであろうが、良知心学の教義そのものが彼らを歓迎こそすれ、決して拒むものではなかったことがもっとも基本的な要因であろう。

良知に根ざすことが第一義であること、その基本に忠実である限り、文王・周公・孔子の創作の差異は承認されること、これは庶民階層にそのまま適応されることは先に述べたが、この論理からすれば、良知に根ざすかぎり、儒・仏・道などの既成の教学体系の枠を越えることも承認される。則《のっと》るべきは各自の良知であって、儒・仏・道は今や良知が自己実現するときの表現手段として利用されるものでしかない。

ここで、竹を比喩《ひゆ》に用いるのは竹林の豊富な江南地方なればこそであるが、この「大同」比喩は、良知の多様な顕現を認めることの比喩としては巧みである。

最後のところで「良知を培養する」ことを門人たちに教諭していることは示唆的である。万人が本来完全なる良知を固有するというのに、いったい、なぜ培養する必要があるのだろうか。

そもそも良知心学は「本来完全なる良知を万人が先天的に固有する」ことを確信することに基礎をもつ。この確信が大前提となって良知心学は成立する。だから、このことを確信しきれないものにとっては、良知心学は誤謬《ごびゅう》の体系でしかない。「良知を培養する」とは、まず、この確信を再確認することである。しかし、それだけではない。再確認することによって、その完全なる良知に照らしてはじめて現実の不足欠陥が見えてくるのであり、見えればこそ、その不足欠陥をもたらした原因を排除して、本来の良知が自己を顕現するように努力しようとするのである。

ある客体との緊張関係の場で自己実現を企てる良知の本来態を確信し、良知本体の内容を豊穣《ほうじょう》にすること、良知を培養するとはこのことをいう。志を立てて自覚的に発揮しようとしない限り、「本来完全」な良知を固有していたとしても、それでは死蔵するばかりで宝の持ち腐れである。良知に覚醒することが決定的に重要なのである。

蘇秦・張儀の評価（下巻 一〇六条）

先生《せんせい》曰《いわ》く、「蘇《そ》秦《しん》・張儀《ちょうぎ》の智《ち》は、也《ま》た是《こ》れ聖人《せいじん》の資《し》なり。後世《こうせい》の事業文章《じぎょうぶんしょう》の、許多《おおく》の豪傑《ごうけつ》の名家《めいか》は、只《ただ》是《こ》れ儀《ぎ》・秦《しん》の故智《こち》を学得《まなぶ》のみ。儀《ぎ》・秦《しん》の学術《がくじゅつ》は、善《よ》く人情《にんじょう》を揣摸《しも》し、一些《いささか》も人《ひと》の肯綮《こうけい》に中《あ》たらざる無《な》し。故《ゆえ》に其《そ》の説《せつ》は窮《きわ》む能《あた》わず。儀《ぎ》・秦《しん》も亦是《またこ》れ良知《りょうち》の妙用《みょうよう》の処《ところ》を窺《うかが》い見得《みえ》たり。但《た》だ之《これ》を不善《ふぜん》に用《もち》うるのみ。」と。

先生曰、「蘇秦・張儀之智、也是聖人之資。後世事業文章、許多豪傑名家、只是学㆓得儀・秦故智㆒。儀・秦学術、善揣㆓摸人情㆒、無㆓一些不㆑中㆓人肯綮㆒。故其説不㆑能㆑窮。儀・秦亦是窺㆓見㆒得良知妙用処㆒。但用㆓之於不善㆒爾。」

○蘇秦・張儀　「蘇秦」は戦国時代末期に西方の秦《しん》に対抗して六国を連合する合従策《がっしょう》を推進した外交戦略家。「張儀」は蘇秦と同時代の外交戦略家で、秦と六国とが個別に同盟を結ぶ連衡策《れんこう》を推進した。

〈口訳〉

先生がいう、「蘇秦や張儀の知恵も、やはり聖人の資質だよ。後の時代に事業をやりとげ文章を著した、多くのすぐれた人物や著名な人々は、張儀・蘇秦の故知を学んだだけだよ。

張儀・蘇秦の学問政術は、人情を的確に把握し、いささかも人心のつぼをはずすことはなかったから、彼らの主張は、誰《だれ》も問いつめられなかった。張儀・蘇秦もまた、良知の絶妙な作用《はたらき》を知っていたのだ。ただ、それをよくないことに用いたがね。」と。

〈解説〉

権謀術策と道義性　徳治主義を中核にすえた王道政治を説く儒教の世界においては、蘇秦・張儀の両思想家は、道義を忘れた権謀術策の徒であると酷評されるのが常例であった。それを考えると、王陽明の論評は大胆な発言である。

はたして、王陽明の良知心学を論難する徒輩は、王陽明のこの発言を好餌《こうじ》として激しく非難した。良知現成論が一世を風靡《ふうび》し、いわゆる良知家の横議横流がとりざたされた万暦の時代ともなると、この語録を非難する論調はひときわ高くなったといってよい。良知心学に好意的な思想家でさえ、この語録には異議を申し立てており、ことほどさように、この語録は物議をかもした一条である。

それではなぜ、この発言が生まれたのであろうか。王陽明がこの発言をした直接の契機はいったい何であったのか、また、どのような状況のもとでこの発言がなされたのか、などについては、具体的には何も記されていないので一切わからない。

寧王宸濠《しんごう》の乱を平定するに当たって、政治家軍人として絶妙な陣頭指揮をとり、腐敗官僚を相手に戦後処理をして辛酸を嘗《な》めながらも一応の成果をあげ、父王華の冤罪《えんざい》事件を処理し、複雑な家政をとりしきり、人心の機微をわきまえて秀抜な門人教育をするなど、王陽明自身が、道義性の一点ばりでは現実処理はとてもできないことを十二分に知り尽くしていたこと、この「体認」は確かにこの発言を生む土壌とはなったであろう。

しかし、この蘇秦・張儀論が、ほかでもない良知論として発表されたのはなぜであろうか。このような発言は、良知心学の構造のどこから生まれるのであろうか。

良知心学の構造そのものについては、これまでおりにふれて述べてきたので、ここで繰り返すことはさけたい。

この語録を理解する鍵《かぎ》をにぎるのは、最後の一文であろう。いったい、蘇秦・張儀が良知が絶妙に作用することをわきまえていながら、しかもそれを「不善」に作用させたということは、どういうことなのか。

ここは前後を分けて考えるとよい。前文は良知の機能性について知悉《ちしつ》していたことをいい、機能性そのものは価値的には中立のものである。良知の機能をどのように発揮するかは、その良知の内容をどのように理解するかによる。「本来完全」「本来良知」などと表現されるときの「本来」の中身いかんによって、良知が機能して創造発見したものの価値評価がなされるのである。つまり、蘇秦・張儀は、王陽明とは異なる「本来」観のもとに、王陽明の「本来」観からみれば「不善」の世界において良知の機能を発揮させたことになるのである。いいかえるならば、王陽明と蘇秦・張儀とは立てた志が異なったのである。聖人観・理想論が異なったといってもいい。

この点に関しては、王陽明は蘇秦・張儀をいささかも許容していない。そうではあるけれども、蘇秦・張儀があくまでも自らの「本来」観のもとに「本来良知」を発揮させたこと自体は否認できないのである。だから、この語録は蘇秦・張儀を高く評価しているかにみえて、けっして全面的に承認しているわけではないことを忘れてはいけない。むしろ、それほどの力量にめぐまれながらも「不善」に用いてしまったことを非難した発言ともとれるのである。

それにしても、蘇秦・張儀を聖人の仲間に数えて、後世の豪傑名家は彼らの故知を襲用したにすぎないという発言は人の度肝《どぎも》をぬく。

しかし、そもそも『孟子』の「所二不レ慮而知一者、其良知也」（尽心篇上）という良知の定義は、先天的能力を開示したものであるから、良知を価値的には中立な先天的能力と理解することは少しも不自然ではない。

ただ、王陽明もまた孟子の性善説を前提に立論構成していて、彼の良知論が性善説と渾然《こんぜん》一体のものとして表現されていることに、我々があまりにも慣れてしまい、良知そのものは価値中立的な先天的能力そのものであることをつい忘れてしまっているから、このような発言を聞くとびっくりするのである。

後世、この語録を非難した者は、性善説を前提にしてそれと良知論とを連結させて考えており、性善説と良知論をひとまず切り離して考えてみることなどとても思い浮かばなかったのである。性善説は新儒教の大前提であったから、そのような理解に基づく批判はいかにもやむをえなかったといえば、いえなくもない。

古人の本性論評価（下巻　一〇八条）

問《と》う、「古人《こじん》の性《せい》を論《ろん》ずるや、各《おのおの》異同《いどう》有《あ》り。何者《なにもの》をか乃《すなわ》ち定論《ていろん》と為《な》さん。」と。

先生曰《せんせいいわ》く、「性《せい》は定体《ていたい》無《な》ければ、論《ろん》も亦定体無《またていたいな》し。本体《ほんたい》の上《うえ》より説《と》く者有《ものあ》り。発用《はつよう》の上《うえ》より説《と》く者有《ものあ》り。源頭《げんとう》の上《うえ》より説《と》く者有《ものあ》り。流弊《りゅうへい》の処《ところ》より説《と》く者《もの》有《あ》り。総《す》べて之《これ》を言《い》えば、只是《ただこ》れ這箇《こ》の性《せい》のみ。但《た》だ見《み》る所《ところ》に浅深有《せんしんあ》るのみ。若《も》し一辺《いっぺん》に執定《しつじょう》せば、便《すなわ》ち是《ぜ》ならず。性《せい》の本体《ほんたい》は、原《もともとこ》是れ善無《ぜんな》く悪無《あくな》きもの。発用《はつよう》の上《うえ》は、也《ま》た 原《もともとこ》 是れ以《もっ》て善《ぜん》と為《な》す可《べ》く、以《もっ》て不善《ふぜん》と為《な》す可《べ》きもの。其《そ》の流弊《りゅうへい》は、也《ま》た 原《もともとこ》 是れ一定《いってい》の善《ぜん》、一定《いってい》の悪《あく》なるもの。譬《たと》えば眼《め》の如《ごと》し。

問、「古人論レ性、各有二異同一。何者乃為二定論一。」

先生曰、「性無二定体一、論亦無二定体一。有下自二本体上一説者上。有下自二発用上一説者上。有下自二源頭上一説者上。有下自二流弊処一説者上。総而言レ之、只是這箇性。但所レ見有二浅深一爾。若執二定一辺一、便不レ是。性之本体、原是無レ善無レ悪的。発用上、也原是可二以為レ善、可三以為二不善一的。其流弊、也原是一定善、一定悪的。譬如レ

喜《よろこ》ぶ時《とき》の眼《めあ》有り、怒《いか》る時《とき》の眼《めあ》有り。直視《ちょくし》は就《すなわ》ち是《こ》れ看《み》るの眼《め》、微視《びし》は就《すなわ》ち是《こ》れ覷《うかが》うの眼《め》なり。総《す》べて之《これ》を言《い》えば、只是《ただこ》れ這箇《こ》の眼《め》なり。若《も》し怒《いか》る時《とき》の眼《め》を見得《みえ》て、就《すなわ》ち未《いま》だ嘗《かつ》て喜《よろこ》ぶの眼《めあ》有らずと説《と》き、看《み》る時《とき》の眼《め》を見得《みえ》て、就《すなわ》ち未《いま》だ嘗《かつ》て覷《うかが》うの眼《めあ》有らずと説《と》かば、皆是《みなこ》れ執定《しつじょう》なり。就《すなわ》ち是《こ》れ錯《あやま》りなるを知《し》る。孟子《もうし》の性《せい》を説《と》くは、直《ただ》ちに源頭《げんとう》の上《うえ》より説《と》き来《き》たる。亦是《またこ》れ箇《こ》の大概《たいがい》此《か》くの如《ごと》しと説《と》けり。荀子《じゅんし》の性《せい》悪《あく》の説《せつ》は、是《こ》れ流弊《りゅうへい》の上《うえ》より説《と》き来《き》たる。也《ま》た未《いま》だ尽《ことごと》く他《かれ》は是《ぜ》ならずと説《と》く可《べ》からず。只是《ただこ》れ見得《みう》ること未《いま》だ精《せい》ならざるのみ。衆人《しゅうじん》は則《すなわ》ち心《こころ》の本体《ほんたい》を失《うしな》(了)えり。」と。

眼。有二喜時的眼一、有二怒時的眼一。直視就是看的眼、微視就是覷的眼。総而言レ之、只是這箇眼。若見二得怒時眼一、就説レ未三嘗有二喜的眼一、見二得看時眼一、就説レ未三嘗有二覷的眼一、皆是執定。就知二是錯一。孟子説レ性、直従二源頭上一説来。亦是説二箇大概如レ此。荀子性悪之説、是従二流弊上一説来。也未レ可三尽説二他不レ是。只是見得未レ精耳。衆人則失二了心之本体一。」

〈口訳〉

問う、「昔の人の、本性論には、おのおのに異同がありますが、どれが定論なのでしょうか。」と。

先生がいう、「本性には固定した実体はないのだから、本性論にもまた固定した結論などないのだ。本体に即して説く人もおり、已発作用に即して説く人もおり、根源に即して説く人もおり、末流の弊害に即して説く人もおります。総括していえば、この性のことなのです。ただ、その理解に浅深の差異があるだけです。もし、一つの見方にこだわるならば、正しくはありません。本性の本体は、もともと善も悪もないものです。已発作用となると、もともと善となったり、悪となったりするものなのです。それが末流して弊害を生じますと、善・悪を固定させることになります。眼《め》にたとえてみますと、喜ぶときの眼もあれば、怒ったときの眼もあります。直視するのはそれこそものを見る眼であり、うす眼で見るのはそれこそうかがう眼です。総括していえば、この眼のことなのです。もし、怒ったときの眼を見て、喜ぶときの眼はないといったり、ものを見る眼を見て、うかがう眼はないといったりするのは、いずれもとらわれているのであって、誤ちであることがわかろう。孟子の性（善）説は根源そのものに即して説いたものであり、これは（本性の）大綱はこうだと説いたのである。荀子の性悪説は、末流の弊害に即して説いたものであり、これとて間違いだと一概にはいえない。ただ理解が行き届いていないだけだ。衆人の場合は心の本体を見失っているのだ。」と。

〈解説〉

定体がないから定論はない

古人の本性がまとめて記録されているもっとも古いものは、『孟子』の告子篇である。趙岐《ちょうき》の「孟子題辞」によると「孟子外篇」四篇があったという。その中の性善篇は専ら本性論を論究したもののようである。その信憑《しんぴょう》性を趙岐は疑っているが、それはともかくとしても、古人の本性論の中では孟子その人の性善説が論旨もっとも鮮明である。

『孟子』告子篇は冒頭で告子と孟子の本性論争を記録しているが、そこで告子がさまざまに表現した本性論をとらえて、荀子の性悪説、揚雄《ようゆう》の性は善悪混ずるの説、韓退之《かんたいし》の性三品説、禅宗の作用是性説をひきあてて、総批判したのは、朱熹《しゅき》の『孟子集註』であった。朱熹にとっては、孟子の性善説こそが唯一の定論なのであって、それ以外の本性論はすべて誤謬《ごびゅう》の説として全面否定さるべきものであったのである。

朱熹としても孟子の性善説そのものは本性論の大前提として是認するものの、孟子の性善説の立論構成には満足してはいなかった。なんといっても孟子の性善説の弱点は人間の本性が善であることの普遍的論拠を提示しきれなかったことである。この弱点を朱熹はよくわきまえており、そこで『中庸』冒頭の「天命之謂レ性」を基礎にすえて、性善を天命とみた。性の善なるは天命であるから万人に抗拒しがたいものとして普遍的に賦与されているのである。この天命は天理とも表現され、ここに性善説は性即理説と面貌《めんぼう》をあらためて主張されたのである。

朱子学の「性善説・性即理説＝定論」を思い起こすとき、この語録の質問者は、この時点で朱子学的思考方法からすでにひとまずは自由であったといえる。そのうえであまたある本性論のうちでどれが定論ですかと質問しているのは、そこには朱子学的余習がなお残存していることを物語るともいえよう。あるいは、とかく定論を求めたがる人間の弱さを露呈したものともいえよう。この質問文からは質問者の問題意識がいま一つわからない。

これに対する王陽明の解答は、質問者にとっては衝撃であったにちがいない。どれか一つを定論に選んだのではないばかりか、そもそも定論などないのだという。それでもそれだけなら、言語表現の限界を表白したともとれるから、さして驚くこともないかもしれない。そうではなくして、王陽明が定論はないと答えたのは、単に言語表現の位相のことではなくして、そもそも表現さるべき本性そのものに定体がないから定論がないのだというのである。

さて、王陽明は古人の本性論は、本性論の全体構造のうち、未発本体あるいは已発作用、源頭あるいは流弊の一辺を開示したにすぎず、それを全面的真理であると主張するのは正しくないという。この古人の中には性善説を主張した孟子も含まれていることに注意されたい。

それでは、王陽明自身はどう考えたのか。彼は、本性の本体は本来は無善無悪のものであるという（ここに告子の無善無不善説が評価される素因のあったことについては先にみたとおりである）。この無善無悪の本体は性善を源頭（実践の熱源）とするがゆえに、已発作用すれば善を実現することができるのである。それと同時に不善をも結果するものでもある。

それでは性善を源頭としながら、不善はなぜ結果されるのか。それは流弊するからである。末流の弊害とは、未発本体と已発作用の両者が渾然《こんぜん》一体的調和をくずしたところに生ずる。いいかえるならば、未発本体と已発作用が支離《バラバラ》になると、已発作用の場において無善無悪の本体が既成の価値観・固定観念を相対化する機能を発揮できないから、熱源である性善が発揮されない。そのために不善が結果するのである。

ところで、未発本体と已発作用が支離になるとはおかしな話である。作用しているのは本体が作用しているのだから、本体と作用は渾然一体であるのが常態のはずである。だから、ここで両者が支離であるというのは、作用する主体（心）が本体（無善無悪の本体＝性）を見失うことをいう。事実の問題ではなくして自覚・意識の問題である。「衆人の場合は心の本体を見失っている」とはこの支離の状態をいう。

それでは、無善無悪の機能が発揮されなかったために結果された「不善」の内容とは何か。それは「一定の善、一定の悪」、つまり、善・悪を固定的にとらえてしまうことである。

悪ばかりが不善なのではない。善といえども、それを相対化することを忘れて固定的に把握し永遠不変のものと絶対化してしまうと、それが既成の観念先入観となって習気となり、我々が真に創造発見する（このことを体認という）ことを妨げる最大の原因となってしまうのである。陸象山が「悪は能く心を害《そこ》なう。善も亦《また》能く心を害なう」（『語録』下）というのは稚拙な表現ながらも王陽明が「一定の善」をも「不善」とみた考え方と同案である。

王陽明が孟子の性善説を源頭論の限りで是認しているということは、荀子の性悪説を流弊論として是認することと同一の考え方による。孟子の性善説が本性論の全体を論じ尽くしたものと認められなかったと同様に、荀子の性悪説が頭から全面的に否定されなかった。

この孟子・荀子の評価は、朱子学の諸子評価を根底からくつがえす可能性をもつだけに、これはこれで思いきった発言であった。荀子の思想の真面目が独自に評価されるのは、はるかに後代をまつことになるが、王陽明のこの荀子評価は荀子思想の全体像を必ずしも視野に入れたうえでのものではないにしろ、朱子学の教学体系に一つの風穴をあけることになった。


問《と》う、「孟子《もうし》は源頭《げんとう》の上《うえ》より性《せい》を説《と》けり。人《ひと》の功《こう》を用《もち》いて、源頭《げんとう》の上《うえ》に在《あ》りて明徹《めいてつ》せんことを要《もと》むればなり。荀子《じゅんし》は流弊《りゅうへい》より性《せい》を説《と》けり。功夫《くふう》は只末流《ただまつりゅう》の上《うえ》に在《あ》りて救正《きゅうせい》せば、便《すなわ》ち力《ちから》を費《つい》やせしや。」と。

先生曰《せんせいいわ》く、「然《しか》り。」と。


問、「孟子従㆓源頭上㆒説㆑性。要㆘人用㆑功、在㆓源頭上㆒明徹㆖。荀子従㆓流弊㆒説㆑性。功夫只在㆓末流上㆒救正、便費㆑力了。」

先生曰、「然。」


〈口訳〉

問う、「孟子が根源に即して本性論を述べたのは人々が根源に即して努力して（善なる本性を）明徹させることをねがったからである。荀子が末流の弊害に即して本性論を述べたのは、末流に即して救正することに努力することになり、精力を消耗しますね。」と。
先生がいう、「そのとおりだ。」と。

〈解説〉

孟子・荀子をとりこむ

この問答は本性論より展開して工夫論に及んだものである。同一の質問者であるとすれば、質問者自身が定論を得ないままに古人の本性論を自分なりに考察していたことを、王陽明の性論を聴講して、このような表現にまとめて質問したものであろうか。

この質問の言葉を王陽明はそのまま是認しているが、工夫論としては孟子の源頭論がすぐれていることを認めたのである。ただし、王陽明は孟子の性善説をあくまでも荀子の性悪説と比較して相対的にすぐれていることを評価しているにすぎないことは注意しておく必要がある。

「源頭を明徹させる」とは性善を発現させること。そのためには無善無悪の本体を機能させることである。いいかえるならば、実践主体である心が「性の本体」が本来的に無善無悪であることにつねに覚醒して、源頭である性善をおのずから発現させることである。

「末流より救正する」とは、性の本体が本来的には無善無悪ではあっても、現実的には、後天的・習慣的に一定の善悪の価値観を習気としてすでに身につけており、それが源頭の発現を遮る蒙弊《カバー》となっていることを直視して、まずはその蒙弊を排除して、源頭の発現を促すことである。現実態の蒙弊を蒙弊と認定するのは心であるが、なぜ心が認定できるのかというと、心が、性の本体は無善無悪であることを覚醒してその機能を発揮させるからである。いいかえるならば、本来態に照らすからこそ現実態の非本来性＝蒙弊がみえてくるのである。

このように考えてみると、この問答において、孟子の源頭論・荀子の流弊論は、静態的にみれば氷炭《ひょうたん》の如く相反するかにみえて、実は、それを工夫論の場に移して論究してみると、同一の思惟《しい》構造の中で、工夫の出発点を本来態に措定するか現実態に措定するかの差異にすぎないことが明白であろう。

もちろん、この差異を軽視することはできないが、ここでは、孟子の性善説・荀子の性悪説が全く異なった思惟体系と考えられているのではなくして、源頭・流弊の語が象徴する如く、一事の本末論と位置づけられていることがわかる。換言するならば、孟子の性善説・荀子の性悪説が、王陽明の本性論の構造に組み込まれて一構成要素としての役割を果たしているのである。

ここでの源頭論・末流論は、後述する「天泉橋問答」の中で、王竜渓の四無説、銭緒山の一無三有説として、面貌を一新して問答が繰り広げられており、この問題は、孟子・荀子の評価などという小さい問題ではなくして、人間そのものをどのように考えるのか、という根本問題として、陽明後学の間で激しく討論された論争主題であった。

狂者の意識（下巻　一一二条）

薛尚謙《せつしょうけん》・鄒謙之《すうけんし》・馬子莘《ばししん》・王汝止《おうじょし》侍坐《じざ》す。因《よ》りて先《せん》生《せい》の寧藩《ねいはん》を征《せい》してより已来《いらい》、天下《てんか》の謗議《ぼうぎ》益《ますます》衆《おお》きを嘆《なげ》き、各《おのおの》其《そ》の故《ゆえ》を言《い》わんことを請《こ》う。先生《せんせい》の功業《こうぎょう》勢位《せいい》日《ひ》に隆《たか》く、天下《てんか》之《これ》を忌《い》む者《もの》日《ひ》に衆《おお》しと言《い》うもの有《あ》り。先生《せんせい》の学《がく》日《ひ》に明《あき》らかなり、故《ゆえ》に宋儒《そうじゅ》の為《ため》に是《ぜ》非《ひ》を争《あらそ》う者《もの》亦《また》日《ひ》に博《ひろ》しと言《い》うもの有《あ》り。先生《せんせい》は南都《なんと》より以後《いご》、同志《どうし》の信従《しんじゅう》する者《もの》日《ひ》に衆《おお》くして、四方《しほう》の排阻《はいそ》する者《もの》日《ひ》に益《ますます》力《つと》むと言《い》うもの有《あ》り。

先生曰《せんせいいわ》く、「諸君《しょくん》の言《げん》は、信《まこと》に皆之《みなこ》れ有《あ》り。但《た》だ吾《わ》が一段《いちだん》の自《みずか》ら知《し》る処《ところ》は、諸君《しょくん》は倶《とも》に未《いま》だ道《い》い及《およ》ばざるのみ。」と。

諸友請《しょゆうこ》い問《と》う。

薛尚謙・鄒謙之・馬子莘・王汝止侍坐。因嘆下先生自レ征二寧藩一已来、天下謗議益衆上、請三各言二其故一。有レ言二先生功業勢位日隆、天下忌レ之者日衆一。有レ言下先生之学日明、故為二宋儒一争二是非一者亦日博上。有レ言下先生自二南都一以後、同志信従者日衆、而四方排阻者日益力上。

先生曰、「諸君之言、信皆有レ之。但吾一段自知処、諸君倶未二道及一耳。」

諸友請問。

先生曰《せんせいいわ》く、「我南都《われなんと》に在《あ》りし已前《いぜん》は、尚《な》お些子《いささか》の郷《きょう》愿《げん》の意思《いし》在《あ》る有《あ》り。我今這《われいまこ》の良知《りょうち》を信《しん》じ得《え》ば、真是《しんぜ》真非《しんぴ》は、手《て》に信《まか》せて行《おこな》い去《ゆ》き、更《さら》に些《いささ》かの覆蔵《ふくぞう》を著《つ》けず。我今纔《われいまわず》かに箇《こ》の狂者《きょうしゃ》の胸次《きょうじ》に做《な》り得《え》たり。使《も》し天下《てんか》の人《ひと》、都《す》べて我《わ》が行《おこな》いは言《げん》を揜《おお》わずと説《と》くも也《ま》た罷《や》めん。」と。

尚謙《しょうけん》出《い》でて曰《いわ》く、「此《これ》を信《しん》じ得過《えす》ぎて、方《はじ》めて是《こ》れ聖人《せいじん》の真血脈《しんけつみゃく》なり。」と。

先生曰、「我在二南都一已前、尚有二些子郷愿的意思在一。我今信二得這良知一、真是真非、信レ手行去、更不レ著二些覆蔵一。我今纔做二得箇狂者的胸次一。使天下之人、都説二我行不一レ揜レ言也罷。」

尚謙出曰、「信二得此一過、方是聖人的真血脈。」

○薛尚謙　薛侃《せっかん》。字《あざな》は尚謙、号は中離。広東省掲陽の人。はやい時期からの門人。『伝習録』上巻の記録者の一人。○鄒謙之　鄒守益。字は謙之、号は東廓。江西省安福の人。一四九一～一五六二。○馬子莘　馬明衡。字は子莘。福建省莆田の人。○王汝止　王艮《おうごん》。字は汝止、心斎先生と称さる。一四八三～一五四〇。江蘇《こうそ》省泰《たい》州の製塩業者の子。良知心学を良知現成論として展開し、その一派は泰州学派と称された。○征二寧藩一　寧王宸濠《しんごう》の反乱を平討したこと。○宋儒　ここでは朱子学をいう。○南都　南京。○郷愿・狂者　『論語』陽貨篇「郷原は徳の賊なり」、『論語』子路篇「狂者は進取す」による。『孟子』尽心篇下には、中道（中行）・狂・獧《けん》（狷）、郷原について詳説する。以上をふまえた議論である。

〈口訳〉
薛尚謙《せつしょうけん》・鄒謙之《すうけんし》・馬子莘《ばししん》・王汝止《おうじょし》がお側に控えていたおり、たまたま、先生が寧王宸濠《しんごう》の反乱を征伐してからというもの、世の人々の先生を非難中傷する者がますます多くなったことを慨嘆して、各自がその原因を述べ合うことになった。先生の功績や権勢・地位が日増しに隆盛となったので、世の人々で先生を忌み嫌う者が日増しに多くなったのですと述べた人がいた。先生の学問が日増しに普及したので、宋儒を擁護して是非を競う者が日増しに多くなったのですと述べた人がいた。先生が南京に移住されてからというもの、信奉する同志が日増しに多くなったので、全国で排斥する者が日増しに力を増したのですと述べた人がいた。

先生がいう、「諸君の発言は、確かにどれも事実である。しかし、わたし自身で気がついている一つのことを、諸君は誰《だれ》もふれていない。」と。

友人たちが教えて下さいとお願いした。

先生がいう、「わたしが南京に滞在する以前は、まだ、郷愿《きょうげん》の心がいささかあった。わたしは、現在では、この良知を確信して、良知が真に判断した是非のままに、そのまま実践して、全くいささかも包み隠すことをしない。わたしは現在では狂者の気概になりきった。それで世の人々誰もが、『おまえのふるまいは口ほどでもない』というのだがいわせておくさ。」と。

薛尚謙が進み出ていう、「この良知を確信しきれてこそ、はじめて聖人の真血脈をものにしえるのですね。」と。

〈解説〉

屹立する王陽明

王陽明が世俗の批評にさらされたのは、いわゆる竜場の大悟を得て、朱子学に訣別《けつべつ》し、思想家として独立宣言をして以来のことであって、江西省の南昌を本拠地にして寧王宸濠が明《みん》朝打倒を企てて決起したのを王陽明が短期日のうちに平討した後に、はじめてにわかに非難がわき起こったのではない。

宸濠の反乱平定を天に祈る（48歳）

しかし、この時以前の非難は、思想家王陽明に対する批判が主潮であったのに比べると、この後の非難は、門人たちがいうように、政治家軍人、そして思想家としての王陽明に対する批判であった。反乱討滅の功業が抜群であったこと、腐敗した宦官《かんがん》・官僚相手に戦後処理を敢行《かんこう》して困難をきわめたこと、致良知説を発見して良知家の心力が充実し、良知心学が急速に普及し門人も急増したこと、など、その気になれば大活躍した王陽明の身辺には非難の材料は事欠かなかったであろう。

王陽明は、門人たちがあげた理由のすべてを承認したうえで、なお肝心のことが指摘されていないという。それは、王陽明の心境が変化したこと、世俗社会にたちむかう王陽明の基本的姿勢が根本的に変化したことを告白する。これはいかにも王陽明本人でなければいいきれないことかもしれない。

この王陽明の告白を一読してすぐ気がつくことは、次の二点である。

第一点は、王陽明は四十三歳から四十五歳まで南京に官僚として滞在したが、この時以前は郷愿の心（世間におもねる気持ち）があったが、この時を境にそれがなくなったということ。

第二点は、現在は良知を確信して狂者の気概にあること。以上の二点である。

致良知説を発見したのは、寧王宸濠《しんごう》の乱を平定した翌年の秋、四十九歳の後半であったから、狂者を自認するようになったのは、この告白を文面通りに受け取ったならば、四十九歳以後ということになり、四十五歳から四十九歳までは、郷愿の心をすてながらも狂者の気概にはなりきれない、いわば過渡期であったとも理解できないことはないが、この告白を年次的に厳密に考えなくともよいであろう。

要するに南京時代に郷愿の心が消えうせて、致良知説を発見して良知の完全性を確信する現在においては狂者の気概にあるので、世間の評判・非難などは全く気にならないというのである。

しかし、この告白の真の問題は、心境の変化の時間的経過にあるのではなくして、変化した内容である。それも郷愿から狂者へと変化した概念的意味ではなくして、その具体的内容が問題なのである。そのことが明らかにならないと、この告白がなぜ門人たちの質問に答えたことになるのか、皆目見当がつかないことになる。

第一点の郷愿の心のほうから解き明かしていこう。

朱子学の格物窮理説の体認に挫折《ざせつ》した経験をあたためて転迷開悟の契機とした王陽明が竜場の大悟の結果、心即理説、知行合一説、親民説などを発明して、それを思想界に公表した当初、朱子学徒からの非難をあびた。今に伝わる語録などには、朱子学に妥協したかと思われるような言辞を指摘することは容易ではないが、実際の場面では、朱子学を信奉するものが圧倒的多数を占める思想界にあっては、時に詰問され面罵《めんば》されたりして苦境に立たされることもあったにちがいない。

良知心学を開拓して満腔《まんこう》の自信を獲得し、誰《だれ》はばかることなく良知心学を公言して、天下の俊秀を門下に得て、思想界の風雲児となった王陽明が、良知心学の賛同者である愛弟子を前にして、この告白をしている時点から、かつての自分がとった態度はいかにも郷愿の心がまといついていたと反省されたのではあるまいか。

朱子学に対する気づかいをふりすてる契機になったのは何か。それこそが南京時代に編集した『朱子晩年定論』である。『朱子晩年定論』は刊行こそは王陽明が四十七歳の時にずれこむが、編集作業は南京時代に完了しており、門人の間ではひそかに筆写されて回読されていたのである。

朱熹《しゅき》は晩年に自説を全面的に自己批判したのであって、世間通行の朱子学は中年未定の論であり、わが心学こそが、朱熹が晩年に悔悟した内容を発明したものだと宣言して「朱子学」に対してきっぱりと訣別したのである。郷愿の心が唯一朱子学に対してのみであったと断言するのは言い過ぎかもしれないが、それが主要な対象であったことは否定しがたい。いまや朱子学に遠慮することなく自説を展開する王陽明に対して、朱子学陣営の批判は昔日の比でなかったであろうことは火をみるよりも明らかである。

第二点の狂者の気概について。『論語』『孟子』では人となりを論評して、中行（中道）・狂・狷《けん》（獧）・郷愿の四位に分類している。王陽明はこの評価基準に照らして「狂者」と自認したのである。この狂者とは、精神に異常をきたした人のことではない。理想のあくなき追求者という意味である。新儒教の二焦点である修己と治人の二点において理想の追求者なのである。

個人的には、自力で自己の本来態を回復し自己救済すること、この理想を掲げて実現に努力するのである。社会的には、構成員が人格的に自立し相互に誠愛惻怛《そくだつ》の仁を交換する大同社会を建設すること、つまり楽園建設の理想を掲げ、その実現を夢みて説きつづけるのである。

この問答の最後の薛尚謙の言葉もそうなのだが、欧陽南野が「狂は聖の基」と述べたのは、個人的にせよ社会的にせよ、理想を追求するのが人間であることの根本条件だと考えたからである。

狂者の意気にもえる王陽明の言動をとらえて、もともと狂者などとは無縁な世人はますます非難の度合いを強めたのである。

満街の人はみな聖人（下巻 一一三条）

先生《せんせい》の人《ひと》を鍛錬《たんれん》する処《ところ》、一言《いちごん》の下《もと》、人《ひと》を感《かん》ぜしむること最《もっと》も深《ふか》し。一日《あるひ》、王汝止《おうじょし》出遊《しゅつゆう》して帰《かえ》る。先生曰《せんせいいわ》く、「遊《あそ》んで何《なに》をか見《み》たる。」と。対《こた》えて曰《いわ》く、「満街《まんがい》の人《ひと》、都《す》べて是《こ》れ聖人《せいじん》なるを見《み》たり。」と。先生曰《せんせいいわ》く、「你《きみ》は、満街《まんがい》の人《ひと》は是《こ》れ聖人《せいじん》なるを看《み》たるも、満街《まんがい》の人《ひと》は到《かえ》って你《きみ》は是《こ》れ聖人《せいじん》なるを看《み》たるならん。」と。

先生鍛二錬人一処、一言之下、感レ人最深。一日、王汝止出遊帰。
先生曰、「遊何見。」
対曰、「見二満街人、都是聖人一。」
先生曰、「你、看二満街人是聖人一、満街人到看二你是聖人一。」

又一日《またあるひ》、董蘿石《とうらせき》出遊《しゅつゆう》して帰《かえ》り、先生《せんせい》に見《まみ》えて曰《いわ》く、「今日《こんにち》一異事《いちいじ》を見《み》たり。」と。

先生曰《せんせいいわ》く、「何《なん》の異《い》ぞ。」と。

対《こた》えて曰《いわ》く、「満街《まんがい》の人《ひと》、都《す》べて是《こ》れ聖人《せいじん》なるを見《み》たり。」と。

先生曰《せんせいいわ》く、「此《こ》れ亦常事《またじょうじ》のみ。何《なん》ぞ異《い》と為《な》すに足《た》らんや。」と。

蓋《けだ》し汝止《じょし》は圭角未《けいかくいま》だ融《と》けず。蘿石《らせき》は恍《こう》として悟《さと》ること有《あ》るを見《あらわ》せり。故《ゆえ》に問《と》いは同《おな》じきも答《こた》えは異《こと》なれり。皆其《みなそ》の言《げん》を反《かえ》して之《これ》を進《すす》めしなり。


又一日、董蘿石出遊而帰、見㆓先生㆒曰、「今日見㆓一異事㆒。」

先生曰、「何異。」

対曰、「見㆓満街人、都是聖人㆒。」

先生曰、「此亦常事耳。何足㆑為㆑異。」

蓋汝止圭角未㆑融。蘿石恍見㆑有㆑悟。故問同答異。皆反㆓其言㆒而進㆑之。

○王汝止　前出の王艮《おうごん》。　○董蘿石　董澐《とううん》。字《あざな》は復宗、号は蘿石、従吾道人。一四五八〜一五三四。浙江省海塩の人。詩人。晩年に王陽明に師事した。

〈口訳〉

先生が人々をきたえる場合、一言で深く人々を感服させた。ある日、王汝止が外出から帰ってくると、先生がいう、「外出して何を見たかね。」と。

(王汝止が) 答えていう、「街行く人みんなが聖人であるのを見ました。」と。

先生がいう、「きみは街行く人みんなが聖人だと見ただろうが、街行く人みんなは、きみが聖人だと見たろうよ。」と。

またある日、董蘿石《とうらせき》が外出から帰ってきて、先生にお会いしていう、「今日は不思議なことを見ました。」と。

先生がいう、「どんな不思議なことかね。」と。

(董蘿石が) 答えていう、「街行く人みんなが聖人であるのを見ました。」と。

先生がいう、「それが平常なことなのであって、なにも不思議なことはないよ。」と。

(わたくし銭徳洪《せんとくこう》が) 思いますが、王汝止は圭角《けいかく》がまだとれていなかったが、董蘿石はほのかに悟るところがあったので、だから (二人の) 質問は同じでありながら、(先生の) 答えが違ったのであり、いずれも (門人の) 発言を逆にかえして門人を進歩させたのです。

〈解説〉

聖人分量論と良知現成論

この語録は日時を異にする三つの問答を合わせ記録したものであるが、内容的には前後に二つに分かれる。記録者は銭緒山《せんしょざん》である。銭緒山の意図は、師王陽明が一言を以て門人を開悟に導くその教化力が抜群であったことを高らかに宣言することにあったのかもしれない。そのためには、型破りの門人を相手にした問答であるほうが効果的である。相手役の董蘿石と王汝止はその意味では他人を以てはかえがたい貴重な役柄であった。

この両者との問答が後半の問答と同年のものとすると董蘿石は六十九歳、王汝止は四十四歳、当の王陽明は五十五歳である。両者が王陽明に入門する以前の経歴、入門そのものの経緯、いずれにおいても特異であったが、年齢も董蘿石は王陽明よりもはるかに年長であるし、王汝止は、年少であるが同門の中で一世代年長である。

銭緒山が師王陽明を称揚するところに力点をおいていたとすると、問答内容は二の次であったことになるが、しかし、我々にとってはその教養内容の聖人観が興味深い。配役と語録内容をからませることによって、この語録は二人の門人の人物点描が生き生きとしたものとなっており、王陽明の機鋒《きほう》を発明してみごとなものとなっている。

都市の街路がいつも往来する人で満ちているのは、昔も同じであったらしい。

ところで、朱子学では、「本来聖人」を未来に実現さるべき理想的人格として措定し、自らは現状を自己否定しつつ理想的人格の実現に向けて努力しつつある中間者と覚悟する。この「中間者意識」を実践者にまず要請する朱子学の世界では、「街行く人はみな聖人」という発言は絶対におこりえない。そもそも朱子学では、街行く人々が人倫の主体的創造者・担い手として積極的に位置づけられていなかったのである。このことを考えるとき、この王陽明の発言がいかに破天荒なものであるかが了解できよう。

しかし、この言葉が王陽明の口からまず発せられたものではなくして、門人の発言であることに注意されたい。この発言が、王陽明の良知心学の展開としてごく自然なものであったことを物語るものである。

これまでしばしば言及してきた精金の比喩《ひゆ》を以て表現された聖人論がこの発言の基盤である。本来性の発現が分限（個々人の資質の多様性）に基づいて分量上の差異を示すことが原理として承認ずみであることから、それが本来性の発現と認められる限り、すべて「聖人」なのである。これがために街行く人はすべて聖人という言葉が発せられたのである。

もう一点、この発言の基盤となっている考え方は、良知現成論である。良知現成論とは、良知が現在に円満成就していることをいう。現在とは単なる時間概念なのではない。我々が真に実在するのは、この一瞬の今という分割不可能な時間（意識に即してこの時間のことを一念と表現することもある）においてであり、これ以外に存在しえない。このことを実存とはいわずに現在という。とすると、我々が良知を固有することが真実ならば、この現在に成就しているはずである。もし、朱子学の如く、中間者意識のもとに、実在もしない未来に成就を期するのは、「現在」に固有する本来性を不完全とみなすものである。

我々が「現在」以外に実存しえないことを考えるとき、この考え方は本来性を完全に固有するという性善説に対する冒瀆《ぼうとく》であり似而非《えせ》の性善説本来主義である。

聖人分量論と良知現成論を基底におくからこそ、街行く人すべての本来性がこの現在に円満成就しているので誰《だれ》もが聖人であるという発言がなされたのである。

王心斎に答えた王陽明の発言は、王心斎が街行く人を聖人だとみたからこそ、その王心斎を街行く人が聖人だとみなしたことを意味するものであろう。自意識の旺盛《おうせい》な王心斎、何につけても謙虚な董蘿石、この両者の質問ぶりと王陽明の返答は、三者三様の人柄を彷彿《ほうふつ》させて実に興味深い問答となっている。

洪《こう》は、黄正之《こうせいし》・張叔謙《ちょうしゅくけん》・汝中《じょちゅう》と、丙戌《へいじゅつ》の会試《かいし》より帰《かえ》る。先生《せんせい》の為《ため》に道《い》う、途中学《とちゅうがく》を講《きわ》めしに、信《しん》ずるもの有《あ》り信ぜざるもの有《あ》り。

先生曰《せんせいいわ》く、「你們《きみたち》、一箇《ひとり》の聖人《せいじん》を拏《とら》え去《ゆ》き、人《ひと》と学《がく》を講《きわ》めなば、人《ひと》は聖人《せいじん》の来《き》たるを見《み》て、都《す》べて怕《おそ》れ走《に》げたり。如何《いかん》ぞ講《きわ》め得行《えゆ》かん。箇《こ》の愚夫愚婦《ぐふぐふ》と做《な》り得《う》るを須《ま》ちて、方《はじ》めて人《ひと》と学《がく》を講《きわ》む可《べ》し。」と。

洪又言《こうまたい》う、「今日《こんにち》、人品《じんぴん》の高下《こうげ》を見《み》ることを要《もと》むるは最《もっと》も易《やす》し。」と。

先生曰《せんせいいわ》く、「何《なに》を以《もっ》て之《これ》を見《み》るか。」と。

対《こた》えて曰《いわ》く、「先生《せんせい》は、譬《たと》えば泰山《たいざん》の前《まえ》に在《あ》るが如《ごと》し。仰《あお》ぐを知《し》らざる者有《ものあ》らば、須《すべ》からく是《こ》れ目無《めな》き

洪与二黄正之・張叔謙・汝中一、丙戌会試帰。為二先生一道、途中講レ学、有レ信有レ不レ信。

先生曰、「你們、拏二一箇聖人一去、与レ人講レ学、人見二聖人来一、都怕走了。如何講-得-行。須三做二得箇愚夫愚婦一、方可二与レ人講一レ学。」

洪又言、「今日、要レ見二人品高下一最易。」

先生曰、「何以見レ之。」

対曰、「先生、譬如二泰山在一レ前。有二不レ知レ仰者一、須二是無レ目

人《ひと》なるべし。」と。

先生曰《せんせいいわ》く、「泰山《たいざん》は平地《へいち》の大《だい》なるに如《し》かず。平地《へいち》は何《なん》の見《み》る可《べ》きもの有《あ》らんや。」と。

先生《せんせい》の一言《いちごん》は、終年外《しゅうねんそと》の為《ため》に高《たか》きを好《この》むの病《やまい》を翦裁《せんさい》剖破《ぼうは》せり。座《ざ》に在《あ》る者《もの》悚懼《そくく》せざる莫《な》し。


人。」

先生曰、「泰山不レ如二平地大一。平地有二何可レ見。」

先生一言、翦二裁-剖-破終年為レ外好レ高之病一。在レ座者莫レ不二悚懼一。

○洪　銭徳洪《せんとくこう》。字《あざな》は洪甫、号は緒山。王陽明と同郷の浙江省《せっこう》余姚《よよう》の人。一四九六～一五七四。○黄正之　黄弘綱《こうこうこう》。字は正之、号は洛村。一四九二～一五六一。○張叔謙　張元沖。字は叔謙、号は孚峯《ふほう》。一五〇二～一五六三。○汝中　王畿。字は汝中、号は竜渓。一四九八～一五八三。○丙戌　嘉靖《かせい》五（一五二六）年、時に王陽明は五十五歳。

〈口訳〉

銭徳洪《わたくし》は黄正之・張叔謙・王汝中と、嘉靖五年の会試から帰ったおり、みちみち、学問を講義しましたが、信ずる者もおりましたが、信じない者もおりました、と先生に報告した。

先生がいう、「きみたちは聖人を自負して人々に講義したもんだから、彼らは聖人がやってきたとみてとって、すっかりこわがって逃げてしまったのさ。とても講義などできますまい。愚夫愚婦となりきってこそ、はじめて人々に学問を講義できるのだよ。」と。

銭徳洪《わたくし》がさらにいった、「今日人格の高下を見きわめることがとても容易です。」と。

先生がいう、「どうやって見きわめるのかね。」と。

（銭徳洪が）答えていう、「先生は例えば泰山が目の前にそびえているようなものですから、（先生を）仰ぐことをわきまえないものは、きっと目のない人にちがいありません。」と。

先生がいう、「泰山とて平地の広大なことには及ばないよ。その平地には目に立つものは何もないよ。」と。

先生のこの一言は、年がら年中、世俗の人々に高く評価されたいと願う欠点を一刀のもとに切りすてた。同席した人で身をふるわせて反省しないものはなかった。

〈解説〉

愚夫愚婦となれ　前半の問答のときも銭緒山《せんしょざん》は同席したのであろうが、この後半の問答は銭緒山みずからが発言した問答である。

この年の会試には王陽明の良知心学を非難する内容の試験問題が出題されたので、銭緒山と王竜渓は答案を書かずに黄洛村《こうらくそん》・張孚峯《ちょうふほう》と同舟で帰郷した途中に、良知心学を講じたおり聴講者の中に不信の態度を明らかにした者があったことを、王陽明に報告した。

いったい、聖人づらをして高みから講義したのでは、聴講者は、聖人は我々とは無縁な別格なものと観念して敬遠するばかりであろう。良知をこの現在に円満成就していると確信している君たちは確かに聖人ではあるが、それは愚夫愚婦とて同じなのであり、気負ったりせずに肩の力をぬいて彼らと同じ地平に我が身をおいてこそ共感を得られるのである。「街行く人はみな聖人」論と同一の立論である。

時に最年長の黄洛村は三十五歳、銭緒山は三十一歳、王竜渓は二十九歳、最年少の張孚峯は二十五歳。彼らの確信する良知心学が、会試の場で公然と非難されたことに義憤をおぼえた彼らが、帰郷の途中でおりをみてその良知心学を講じたときに、狂者を任ずる英雄気どりがなかったとはいえまい。弾圧を受けてそれを平静に受けとめるには、彼ら若者の良知心学にかける情熱はあまりにも激しかったのである。王陽明が「愚夫愚婦となれ」というのは、こういう時勢だからこそ頭をひやして平静に対応することが肝要なことを諭したものである。

はじめの問答についで、すぐさま銭緒山の発言がなされたのであろうか。それにしては唐突な発言である。この種の語録は、状況説明には必ずしも意を用いないで、感銘をうけた師言を記録することに重点をおくのが常態であるから、驚くにあたらないが、この最後の問答はあるいは時を異にする独立した問答とみたほうがよいのかもしれない。そのように考えてみても、このように師をあからさまに賛嘆する言葉を師に直接語りかけた発言を本人自身が記録していることはいかにも珍しい。それだけ銭緒山の本心が吐露されているのであり、師教を定法と受けとめた銭緒山ならではのことである。

以上のように銭緒山の発言を理解できないことはないが、そのように理解するのは、この問答を一般論として受けとめるからである。そうではなくして、良知心学が普及するにつれて、誹謗《ひぼう》中傷も高まり、今や会試の場で出題された非難の試験問題を拒否して帰郷した銭緒山が義憤にかられていささか興奮状態で発言したものであることを考慮すると、銭緒山の発言意図がみえてくる。

良知心学に対する弾圧が公然化した当節、王陽明・良知心学に対してどのような態度をとるかに、その人物の真価があらわれるから、その評価は容易であるというのである。泰山のごとき、あまりにも明白な良知心学の真実を確信しないものは見識のない人だというのである。

師を泰山にたとえた銭緒山の発言を、大地に比べれば及ばないと諭した王陽明のきりかえしはうまい。この比喩は特定の個人を特別視することを否定する。なぜなら誰《だれ》もが良知を固有するから。異なるのは分量のみ。街行く人々、愚夫愚婦一人一人が聖人ながらも平凡なのは彼らの分限に応じてその分量を発現しているからだが、平凡な万人の総力量の前には、抜群の英雄豪傑の力量もはるかに及ばないことを主張しているのではないだろうか。

この語録全体は、王陽明の指導教化力が秀逸であることを強調するために、銭緒山が複数の問答を用いて構成したものであるが、問答内容もまた同一主題で一貫していたことが了解できたであろう。前半と後半を比較すると、良知現成論に対して微妙に異なる措辞をしているが、そこに、もともと良知現成論に対して批判的であった銭緒山の筆誅《ひっちゅう》を読み取ろうとするのは、深読みであろう。

天泉橋問答（下巻　一一五条）

丁亥《ていがい》の年《とし》の九月《くがつ》、先生起《せんせいた》ちて復《た》た思《し》・田《でん》を征《せい》す。将《まさ》に行《こう》を命《めい》ぜんとせし時《とき》、徳洪《とくこう》と汝中《じょちゅう》と学《がく》を論《ろん》ず。汝中《じょちゅう》、先生《せんせい》の教言《きょうげん》を挙《あ》げて曰《いわ》く、「善無《ぜんな》く悪無《あくな》きは、是《こ》れ心《こころ》の体《たい》。善有《ぜんあ》り悪有《あくあ》るは、是《こ》れ意《い》の動《どう》。善《ぜん》を知《し》り悪《あく》を知《し》るは、是《こ》れ良知《りょうち》。善《ぜん》を為《な》し悪《あく》を去《さ》るは、是《こ》れ格物《かくぶつ》。」と。

徳洪曰《とくこういわ》く、「此《こ》の意《い》は如何《いかん》。」と。

汝中曰《じょちゅういわ》く、「此《こ》れ恐《おそ》らくは未《いま》だ是《こ》れ究竟《くきょう》の話頭《わとう》にあらず。若《も》し心体《しんたい》は是《こ》れ善無《ぜんな》く悪無《あくな》しと説《と》かば、意《い》も亦是《またこ》れ善無《ぜんな》く悪無《あくな》きの意《い》、知《ち》も亦是《またこ》れ善無《ぜんな》く悪無《あくな》きの知《ち》、物《もの》も是《こ》れ善無《ぜんな》く悪無《あくな》きの物《もの》なり。若《も》し意《い》に善《ぜん》悪有《あくあ》りと説《と》かば、畢竟心体《ひっきょうしんたい》も還《ま》た善悪有《ぜんあくあ》り。」と。

丁亥年九月、先生起復征二思・田一。将レ命レ行時、徳洪与二汝中一論レ学。汝中挙二先生教言一曰、「無レ善無レ悪、是心之体。有レ善有レ悪、是意之動。知レ善知レ悪、是良知。為レ善去レ悪、是格物。」

徳洪曰、「此意如何。」

汝中曰、「此恐未二是究竟話頭一。若説二心体是無レ善無レ悪、意亦是無レ善無レ悪的意、知亦是無レ善無レ悪的知、物是無レ善無レ悪的物矣。若説三意有二善悪一、畢竟心体還有二善悪一在。」

徳洪《とくこう》曰《いわ》く、「心体《しんたい》は是《こ》れ天命《てんめい》の性《せい》なれば、原《もともと》是れ善《ぜん》無《な》く悪無《あくな》きもの。但《た》だ人《ひと》は習心有《しゅうしんあ》れば、意念《いねん》の上《うえ》に善悪有《ぜんあくあ》り。格《かく》・致《ち》・誠《せい》・正《せい》・修《しゅう》は、此《こ》れ正《まさ》に是《こ》れ那《か》の性体《せいたい》に復《かえ》るの功夫《くふう》なり。若《も》し原《もともと》善悪無《ぜんあくな》ければ、功夫《くふう》も亦《また》説《と》くを消《もち》いず。」と。

徳洪曰、「心体是天命之性、原是無レ善無レ悪的。但人有二習心一、意念上有二善悪一在。格・致・誠・正・修、此正是復二那性体一功夫。若原無二善悪一、功夫亦不レ消レ説矣。」

○丁亥　嘉靖《かせい》六（一五二七）年、王陽明五十六歳。　○征二思・田一　広西省の思恩と田州の反乱を征討したこと。　○徳洪与二汝中一　銭緒山と王竜渓。この語録の記録者は銭緒山。　○先生教言　王陽明のいわゆる四句説であるが、『大学』八条目のうちの格物・致知・誠意・正心をふまえた立言である。　○天命之性　『中庸』冒頭の語をふまえる。　○格・致・誠・正・修　『大学』八条目のうちの、格物・致知・誠意・正心・修身を工夫に力点をおいて縮言したもの。

〈口訳〉

嘉靖丁亥《ていがい》六年の九月、先生は起用されて、あらためて（江西省の）思恩・田州（の反乱）を征伐することになった。今にも出発をお命じになさろうとしていたとき、銭徳洪《せんとくこう》と王汝中《おうじょちゅう》は学問を議論していた。

王汝中は先生のご教示を取り上げていう、「善も悪もなく（既成の価値観から自由なのが）心の本体です。善・悪が結果するのは、（心が）意として活動したときです。その善悪を判断するのは良知です。そして善を実現し悪を排除するのは、主客関係の場においてです。」と。

銭徳洪がいう、「これをどう思うかね。」と。

王汝中がいう、「これは、きっと究極的なご教示ではありますまい。もし、心の本体が、善も悪もないのであれば、(その心が活動した)意は、善も悪もない(既成の価値観から自由な)意のはずですし、(善悪を判断する)良知は善も悪もない(既成の価値観から自由な)良知のはずですし、(善悪が顕現する)物は善も悪もない(既成の価値観から自由に成立する)主客関係のはずです。もしも意に善悪が結果するというのであれば、とどのつまり、心の本体もまた善悪を固有していることになりますから。」と。

銭徳洪がいう、「心の本体は、天が命令して賦与した本性ですから、もともとは善も悪もないものです。しかし、人間には(後天的に身につけた)習心がありますから、意念の場に善悪を結果するのです。主客関係を正し、良知を発揮し、意念を誠にし、主体を確立し、人格を高める、ということは、これこそがあの本来性としての本体を回復する努力にほかならないのです。もしも(意に)もともと善悪がないのであれば、努力することなど、いわなくてもよいのです。」と。

〈解説〉

問答の経緯　この語録は、問答の行われた場所にちなんで「天泉橋問答」といわれ、また問答内容から四句教・四句訣・四言教などといわれる。『伝習録』中、第一の名所である。

王陽明門下はもとより、広く中国・日本の思想界において、『伝習録』の「花間草章」や「精金章」なども随分と話題になった。しかし、この「天泉橋問答」がにぎやかに論議されたことには遠く及ばない。

すでにここに、銭緒山と王竜渓の間に師教理解において著しい差異がみられるが、この語録の記録者である銭緒山は、自説に沿った叙述をしており、同じく銭緒山が編集した王陽明の年譜（『王文成公全書』所収）においても同様の記録を残している。王竜渓は自らの理解を「天泉證道紀」（『王竜渓全集』巻一所収）として残している。この問答の主役であった銭緒山・王竜渓以外にも、たとえば、鄒東廓《すうとうかく》はこの四言教について「青原贈処」（『鄒東廓文集』巻二）にて取り上げて異伝を残しているし、聶双江《じょうそうこう》には異解がある（『聶双江文集』巻十所収）。

この「天泉橋問答」は、はしなくも、後学が師教をどう理解したのかをうかがう試験紙の役割をすることにもなっている。王門後学ばかりではない。朱子学徒や仏教徒の間でもこの「天泉橋問答」は大きな話題となった。ことほどさようにこの「天泉橋問答」は問題の語録であったのである。

さて、この「天泉橋問答」の行われた状況については、王陽明の年譜の嘉靖六（一五二七）年の条に記述されている。王陽明は嘉靖六年五月に都察院左都御史を兼ねて思恩・田州の反乱を征討することを命ぜられた。実際に出発したのは、九月である。

出発する前日の九月八日に、銭緒山と王竜渓の二人は、張元沖を舟の中に訪ねて、為学の宗旨を議論した。その時に王竜渓が王陽明の四言教を話題に取り上げて、先生のこの発言は最終的な結論ではあるまいと銭緒山に話しかけたことに発端する。張元沖は最年少でもあったし、先生の代講をつとめるほどの二人の先輩の議論を傍らで静かに聴きとどける役割を演じたものであろう。これがこの語録の第一段である。

会葬する門人たち（1528年）

二人で論議してもらちがあかないので、先生が明日出発してしまうからには今晩のうちに先生を訪ねて直接に真意を問い質《ただ》そうと、王竜渓が提案した。そこで他の知友門人が帰った後に、天泉橋のほとりに席をあらためて、王陽明に結判を請うた。これが第二段である。

一応の結判を示した後に、王陽明が

あらためて四言教について教示した。これが第三段である。この三段目が、銭緒山と王竜渓とではその記述に差異がある。

ここでは「天泉橋問答」を、便宜上、三段に分けて叙述することにした。

まず、銭緒山と王竜渓の両者が張元沖の所で開陳した四言教理解の相違から解析していくこととしたい。

ここで問題となるのは、四言教そのものが、王竜渓の口をかりて述べられていることである。王陽明の良知心学を高く評価しながらも、この四言教にはてきびしい評価を下す者の中には、この表現形式をとらえて、この四言教は実は王竜渓の創作であって、王陽明を祖述したものではないと非難する者がいた。

この王竜渓創作説には一理ある。このことについて王竜渓その人は「天泉證道紀」において「毎《つね》に門人と学を論じて四句を提げて教法と為せり。」と述べているけれども、この四言教を王陽明がつねに門人に教諭していたのであれば、語録や書簡においても言及していてよさそうなものだが、この語録以外に皆無なのはいかにも不自然である。王陽明がつねに唱えたのか否かはともあれ、王竜渓創作説が唱えられる所以《ゆえん》である。

それは確かにそうなのだが、この四言教を王竜渓の創作とする説を根底からくつがえす証言がある。証人は銭緒山である。もし、王竜渓の創作であったら、銭緒山は王竜渓の問題提起そのものを即座に否定したはずである。四言教が王陽明その人の教法であることは銭緒山が認めているのであるから、四言教を王竜渓の創作とみて、王陽明と四言教を切り離そうとするのは、とかく非難の集中した四言教の圏外に王陽明を避難させようとしたわけだが、ひいきのひきたおしである。

銭緒山のこの記録よりも王竜渓の「天泉證道紀」の記録が尖鋭的である。それだけに両者の理解の差異がより鮮明に叙述されている。例えば、ここでは、王陽明の四言教を基本的に是認する銭緒山の理解と、それを最終的結論とはみなさない王竜渓の理解を並記しているだけだが、「天泉證道紀」では、銭緒山は王陽明の四言教を「定本」とうけとめたのに対して王竜渓は「権法」とうけとめたと。銭緒山の四言教理解は「四有」説であるが王竜渓のそれは「四無」説である、と。

王竜渓の表現力がいかんなく発揮された一文である。ただし、「天泉證道紀」の記述はあくまでも王竜渓の立場からの叙述であることを忘れてはいけない。たとえば、王竜渓は銭緒山の四言教理解を四有説ときめつけているが、銭緒山は四有説を主張したりはしていない。それは後述する鄒東廓の四言教理解にこそふさわしい表現であって、銭緒山自身は王陽明の教言どおり一無三有説である。東林党の驍将《ぎょうしょう》であった顧憲成なども王竜渓の「天泉證道紀」にひきずられて銭緒山のを四有説ときめつけているが誤解である。

心の本体が無善無悪であることについては、『伝習録』上巻の「花間草章」でも言及しており、はやい時期からの立論であった。致良知説発見後は頻繁に述べていたことはこれまでの説明で十分に理解できるであろう。

王陽明・銭緒山が、意・知（良知）・物の三者には善悪が有ることをふまえて努力すべきことを主張しているのは、この三者は、本体が已発作用する現実態であり、となると、「習心」のために善悪の観念が染着することはいかにも免れないので、このことをふまえて本来性を回復する努力が不可欠であることを主張しているのである。もっともな理解である。これが「定本」でなくて何であろうか。

これをなぜ、王竜渓は承認しなかったのであろうか。彼は、心の本体が本来、無善無悪であるならば、その本体が已発作用した意・知・物も無善無悪であるという。本来主義を四条目に貫徹させたのである。この論法でいくと、本体が有だとその作用は有になる。逆にいえば、銭緒山の如く、作用を有とみるなら本体も有である。

かくして王竜渓は銭緒山の理解を四有説だときめつけたのである。本体が有だということは、本体が即今当下の現在に無の機能を発揮しようにもできない。これでは良知心学の本領を全く喪失することになる。王竜渓が王陽明の教言を究極的なものではあるまいと考えたのはこのためである。

王陽明・銭緒山の一無三有説は、王竜渓より四有説だと論難されたけれども、一無三有説は三有の場で本体が無の機能を発揮するのであって、良知心学を放棄したわけではない。王竜渓といえども、後年、現実態を考慮して、一無三有説を主張しているのであって、ここでの両者の理解を四無説・四有説であると王竜渓の論評を踏襲するのは浅慮のそしりを免れないのであろう。

是《こ》の夕《ゆう》べ、天泉橋《てんせんきょう》に侍坐《じざ》し、各《おのおの》挙《あ》げて正《ただ》されんことを請《こ》う。

先生曰《せんせいいわ》く、「我今将《われいままさ》に行《い》かんとす。正《まさ》に你們《きみたち》の来《き》たりて此《こ》の意《い》を講破《こうは》せんことを要《よう》す。二君《にくん》の見《けん》は、正《まさ》に相資《あいと》りて用《もち》うるを為《な》す好《べ》し。各《おのおの》一辺《いっぺん》を執《と》る可《べ》からず。我這裏《われここ》に人《ひと》を接《みちび》くに、原《もともと》此の二種《にしゅ》有《あ》り。利根《りこん》の人《ひと》は、直《ただ》ちに本源《ほんげん》の上《うえ》より悟入《ごにゅう》す。人心《じんしん》の本体《ほんたい》は、原《もともと》是《こ》れ明瑩《めいえい》にして滞《とどこお》ること無《な》きもの、原《もともと》是《こ》れ箇《こ》の未発《みはつ》の中《ちゅう》なり。利根《りこん》の人《ひと》は、一《ひと》たび本体《ほんたい》を悟《さと》るが、即《すなわ》ち是《こ》れ功夫《くふう》にして、人己内外《じんこないがい》、一斉《いっせい》に倶《とも》に透《とお》れり。其《そ》の次《つぎ》は、習心有《しゅうしんあ》りて、本体《ほんたい》は蔽《へい》を受《う》くるを免《まぬか》れず。故《ゆえ》に且《しば》らく意念《いねん》の上《うえ》に在《あ》りて実落《じつらく》に善《ぜん》を為《な》し悪《あく》を去《さ》らしむ。功夫《くふう》の熟《じゅく》して後《のち》、渣滓《さし》の去《さ》り得《え》尽《つ》くる時《とき》、本体《ほんたい》も亦《また》明《あき》らかにし尽《つ》くせん。汝中《じょちゅう》の見《けん》は、是《こ》れ我這裏《われここ》に利根《りこん》の人《ひと》を接《みちび》きしもの。徳洪《とくこう》の見《けん》

是夕、侍㆓坐天泉橋㆒、各挙請㆑正。

先生曰、「我今将㆑行。正要㆔你們来講㆓破此意㆒。二君之見、正好㆓相資為㆑用。不㆑可㆔各執㆓一辺㆒。我這裏接㆑人、原有㆓此二種㆒。利根之人、直従㆓本源上㆒悟入。人心本体、原是明瑩無㆑滞的、原是箇未発之中。利根之人、一悟㆓本体㆒、即是功夫、人己内外、一斉倶透了。其次、不㆑免㆘有㆓習心㆒在、本体受㆖㆑蔽。故且教㆘在㆓意念上㆒実落為㆑善去㆖㆑悪。功夫熟後、渣滓去得尽時、本体亦明尽了。汝中之見、是我這裏接㆓利根人㆒的。徳洪之見、是我這裏為㆓其次㆒立㆑法的。二君相取為㆑

は、是《こ》れ我《われ》這裏《ここ》に其《そ》の次《つぎ》の為《ため》に法《ほう》を立《た》てしものなり。二君《にくん》は相取《あいと》りて用《もち》うるを為《な》せば、則《すなわ》ち中人《ちゅうじん》の上《じょう》下《げ》、皆《みな》引《ひ》きて道《みち》に入《い》らしむ可《べ》し。若《も》し各《おのおの》一辺《いっぺん》を執《と》らば、眼前《がんぜん》に便《すなわ》ち人《ひと》を失《うしな》うこと有《あ》らん。便《すなわ》ち道体《どうたい》に於《おい》て、各《おのおの》未《いま》だ尽《つ》くさざること有《あ》ればなり。」と。

用、則中人上下、皆可三引入二於道一。若各執二一辺一、眼前便有レ失レ人。便於二道体一、各有レ未レ尽。」

〈口訳〉

その日の夕方、天泉橋のほとりに、先生のお側にひかえたおり、おのおのが考えを述べて先生の判断をあおいだ。

先生がいう、「わたしが出発しようとしている今、きみたちにはこの意味をちゃんと理解してもらいたい。二人の意見は両者が補い合ってこそ役に立つのであって、一方だけに執着してはいけない。わたし自身が人々を導くのには、もともと二つの方法がある。素質のすぐれた人の場合は、本源を基点にしてストレートに開悟します。人心の本体はもともと明澄で（その働きが）遅滞することのないものであり、もともと「未発の中」だからです。素質のすぐれた人にとっては、一気に本体を覚悟することが、努力することそのものであり、自己と他者、先天と後天との区別を全部つきぬけられるのです。その次の素質の人は、習心（後天的に取得する既成の価値観・社会通念）がどうしても身についてしまいますから、本体は蔽われてしまいます。ですから、（彼らには）とりあえず（善悪の顕現する）意念の場で着実に善を実現し悪を排除させるのです。この努力がみのり、不純物がすっかり除去されましたときには、本体もまたすっかり明澄になります。王汝中の考えは、わたし自身が素質のすぐれた人を導く方法であり、銭徳洪の考えは、わたし自身がその次の素質の人のために立案した方法です。お二人はお互いに補い合って役に立てたならば、素質の特にすぐれた人も特に劣った人も、みな道に案内できるでしょう。もしおのおのが一方の考えに執着して、目前で人々をつかまえそこねることにでもなれば、道の本体について、二人ともまだわかっていないことになりますよ。」と。

〈解説〉

両可の裁定　王陽明が両者の理解を裁決した言葉である。

王陽明は両論を可と評した。いずれか一方の論のみでは対機説法としては不完全であり、両者が相互に補い合ってこそ、すべての人を教導できるのだというのである。つまり人間の機根（資質）が上根・中根・下根と多様であるという現実が厳然としてあることを考えるとき、彼らを接導する教言もまた、単調一様なものであってはすべての人を包括することができないから、機根の多様性に対応して接導の方法にも多様性が要請されるのだというのである。

両者の理解をそのままにその一方のものとして是認したのは、機根の多様性は無限であるが、煎《せん》じつめれば本来性を頓悟できる上根（利根）の人と、漸修の工夫をして本体の弊を排除してはじめて本体を明らかにできる中・下根の人とに二別できるので、この二種の機根の人に対する教言として、王竜渓と銭緒山の理解を是認したのである。資質の上下により教言接導を異にする考え方は『論語』『中庸』などにもみえ、ことあたらしいわけではないが、禅宗における頓悟・漸修論の一展開とみてよい。

　両者の一方を許可することなく、両可論の中に無理なく位置づけて教諭して、師言理解の分裂を回避したのは巧みである。王陽明にお互いに補い合うことを諭された王竜渓と銭緒山は、王陽明のこの勧告が相当に心に残ったもののようである。たとえば銭緒山は、

（王）竜渓の学は、日に平実にして、毎《つね》に毀誉《きよ》紛冗の中に於て、ますます奮惕《ふんてき》せるを見る。弟《わたくしさき》向にともに意見同じからず。老師（王陽明）の遺命を承けて、あい取りて益と為すといえども、終《つい》にともに入る処は異にし、未《いま》だよく渾接《こんせつ》一体なるを見ず。帰りてよりこのかた、しばしば多くの故《こと》を経て、不肖始めて能く純《もつぱ》ら本心を信ず。（王）竜渓もまた事上に於て肯《あ》えてみずから磨滌《までき》し、これより正にあい当たり、よく頭面を出露せず、道を以て自任す（「与二張孚峯一」）

と、この「天泉橋問答」を開端したときに同席した張孚峯《ちょうふほう》に両学の近況報告をしている。師の遺命をよく心得ながらも、両者が師学理解において一致することはついになかった。もはや、単に師学をどう理解するかが問題なのではなかった。人間の現実態をどのように理解するのかの相違であって、この点になると、王竜渓は良知現成論を主張し、銭緒山はその良知

現成論が師意に戻《もと》るものであることを鮮明にするために、師の遺言遺文の編集に走ったのである。

王竜渓と銭緒山は王門では銭王と並称され、各所の講学会の活動を共同してもりたて、師学の普及宣伝に共に大きな功績をあげた点では王陽明の期待に負《そむ》かなかったといえる。しかし、この「天泉橋問答」における教示については、お互いに十分の配慮をした形跡は顕著だけれども、各人の原体験にもとづく人間観の基本的差異は、師言といえども解消できなかった。

それでは、どちらが思想界において歓迎されたのか。

良知現成論の弊害が憂慮されるときに、銭緒山の一無三有説が顧みられることはあったが、話題性という点では四無説のほうが圧倒的に人々の関心を集めて、思想界の寵児《ちょうじ》となったのである。

そもそも王陽明が四無説・一無三有説の両論を機根の上下に対応させて両可としたこと自体は、実は四言教がはらむ問題点を原理的になんら解決したものではない。ましてや、例えば一方の論をきりすてたところで問題の解決には全くならない。「本来態―現実態」を平静に考慮するとき、この両可論以上の裁決が可能であったともおもえない。

それにしても、四無説は上根者向き、一無三有説は中・下根者向きと宣告されたとき、自らを下根者と甘んずるものがいるだろうか。本来態（聖人）に視座をすえること、つまり聖人に志を立てることが為学の出発点であると力説したのは当の王陽明ではなかったか。四無説が、時に人々に現姿を顧みることを忘れさせてまで、魅了したのもまたやむを得ないことであったのかもしれない。

既《すで》にして曰《いわ》く、「已後《いご》、朋友《ほうゆう》と学《がく》を講《きわ》めて、切《せつ》に我《われ》の宗旨《しゅうし》を失《うしな》(了)う可《べ》からず。善無《ぜんな》く悪無《あくな》きは、是《こ》れ心《こころ》の体《たい》。善有《ぜんあ》り悪有《あくあ》るは、是《こ》れ意《い》の動《どう》。善《ぜん》を知《し》り悪《あく》を知《し》るもの、是《こ》れ良知《りょうち》。善《ぜん》を為《な》し悪《あく》を去《さ》るは、是《こ》れ格物《かくぶつ》。只我《ただわれ》の這《こ》の話頭《わとう》に依《よ》りて、人《ひと》に随《したが》いて指点《してん》せば、自《もと》より病痛没《へいつうな》し。此《こ》れ原《もともと》是れ徹上徹下《てつじょうてつか》の功夫《くふう》なり。利根《りこん》の人《ひと》は、世《よ》に亦遇《またあ》い難《がた》し。本体《ほんたい》・功夫《くふう》、一《ひと》たび悟《さと》りて尽《ことごと》く透《とお》るは、此《こ》れ顔子《がんし》・明道《めいどう》、敢《あ》えて承当《しょうとう》せざる所《ところ》なり。豈軽易《あにけいい》に人《ひと》に望《のぞ》む可《べ》けんや。人《ひと》は習心有《しゅうしんあ》れば、他《かれ》をして良知《りょうち》の上《うえ》に在《あ》りて実《じつ》に善《ぜん》を為《な》し悪《あく》を去《さ》るの功夫《くふう》を用《もち》いしめざれば、只去《ただゆ》きて懸空《けんくう》に箇《こ》の本体《ほんたい》を想《おも》いて、一切《いっさい》の事為《じい》は、倶《とも》に

既而曰、「已後、与二朋友一講レ学、切不レ可三失二了我的宗旨一。無レ善無レ悪、是心之体。有レ善有レ悪、是意之動。知レ善知レ悪的、是良知。為レ善去レ悪、是格物。只依二我這話頭一随レ人指点、自没二病痛一。此原是徹上徹下功夫。利根之人、世亦難レ遇。本体・功夫、一悟尽透、此顔子・明道、所レ不二敢承当一。豈可二軽易望一レ人。人有二習心一、不レ教下他在二良知上一実用中為レ善去レ悪功夫上、只去懸空想二箇本体一、一切事為、倶不二着実一。不レ過三養二成一

着実《ちゃくじつ》ならず。一箇《いっこ》の虚寂《きょじゃく》を養成《ようせい》するに過《す》ぎず。此《こ》れ箇《こ》の病痛《へいつう》は、是《こ》れ小小《しょうしょう》にあらず。早《と》く説破《せっぱ》せざる可《べ》からず。」と。
是《こ》の日《ひ》、徳洪《とくこう》・汝中《じょちゅう》倶《とも》に省《かえり》みる有《あ》り。

箇虚寂一。此箇病痛、不二是小小一。不レ可レ不二早説破一。」
是日徳洪・汝中倶有レ省。

〈口訳〉

しばらくしていう、「今後、友人と学問をきわめるときには、是非ともわたしの主旨を見失ってはいけない。善も悪もないのが、心の本体なのです。善悪が結果するのが（心が）意として発動した場です。善悪を判断するのが、良知です。善を実現し悪を排除することが、主客関係を正すということです。わたしのこの主張に基づいて、人の素質を勘案して指導したならば、おのずと弊害は起こらないでしょう。これはもともとあらゆる素質の人の努力すべきことなのです。素質のすぐれた人は、世の中にめったにいないものです。本体を覚悟することだけが努力することで、一気に開悟したならば何もかもつきぬけられる、などというのは、顔回や程明道でさえも進んで引き受けようとしなかったことなのですから、決して軽率に人々に要望してはいけません。人には（実際には）習心がしみついているのですから、良知を基点に着実に善を実現し悪を排除する努力をさせずに、人間の現実態から目をそらして本体（の完全さ）ばかりを考えさせるようでは、どんなことをしたって、ぜんぜん着実なものにはならずに、役たたずを養成するがおちだ。この弊害は小さいものではないだけに、一刻も早く述べないわけにはいかなかったのだ。」と。

この日、銭徳洪も王汝中も二人とも反省した。

〈解説〉

利根の人は得がたい

銭緒山のここの記録の眼目は、王陽明が、利根（上根）の人は世の中にめったにいないのだから、一無三有説こそが我が宗旨であるとあらためて教諭したのだと主張していることである。つまり、王陽明は、さきには両可と裁決しながらも、王竜渓の四無説を究極の教言とは決して考えていなかったのであり、銭緒山の一無三有説をこそ「定本」と認めていたというのである。

銭緒山は自分の理解が先生によって正解であると認められたと記録したのがこの語録である。もう一方の当事者である王竜渓が記録した「天泉證道紀」は、この第三段目の記録が著しく異なっている。微妙な言いまわしをしながらも「上乗は兼ねて中下を修む」といい、四無説を究極の教言であると王陽明が認めたことを記録している。

天泉橋のほとりで四言教の理解について王陽明に問い質《ただ》したとき、王竜渓と銭緒山の両人以外は張孚峯が同席した。王陽明自身は、この他に四言教に関する証言を自らは残していない。銭緒山と王竜渓の二人は、王陽明の面前においても、今に残る記録以上に相当に緊迫した問答のやりとりをしたにちがいない。二人の激しい議論をまのあたりにして王陽明が調停した発言を、銭緒山と王竜渓のおのおのが記録する際、四言教を総括する視点がそもそも異なっていたために、これほどの差異が生まれたのであろう。

だから、銭緒山と王竜渓の両者が自説に都合がよいように勝手に王陽明に発言させてこの問答を総括したのだと考えるよりは、両者が王陽明の発言として記録した内容のことを王陽明は実際に述べたのであり、その限りでは決して両者の創作ではないのであるが、自説に不利な、相手の説に言及した部分は、故意に記録しなかったのだと考えるほうが真相に近いのではないだろうか。

ところで、この四言教については鄒東廓《すうとうかく》に異伝がある（『鄒東廓文集』巻二、青原贈処）。ここでは、出発の当日に富陽の地に見送る二人に王陽明が問いかけたのに対して、銭緒山・王竜渓が答え、王陽明が両論を調停両可と裁決したということになっている。まず時と所が異なる。王陽明の遠征を見送りに鄒東廓も同行したであろうから、この四言教問答を傍聴する機会はあったであろう。しかし、それにしても前日の議論を翌日あらためてむし返したのであろうか。鄒東廓の記録は詳細を欠くので断言できないが、いかにも不自然なこととはいえ、絶対にありえないことではない。

第二に四言教が王陽明から発せられた教言ではなくして銭・王両人の発言したものであり、王陽明はそれを裁決したにすぎないことになっている。とかく議論の沸騰した四言教から王陽明をあえて避難させる意図があってのことであろうか。

第三に最も決定的な差異は、銭緒山の一無三有説の第一句「無善無悪な心の体」が「至善無悪は心」と改めて記録されて、ここでは四有説となってしまっていることである。この「至善」は無善を内包するものと解釈することも不可能ではない（王竜渓にはそのような用例がある）。しかし、この場合は記録者の鄒東廓の良知心学理解がここに投影されて、一無三有説が四有説に変貌したものと解釈するほうが自然であろう。

四言教は王陽明の一応の裁決はあるものの王門派下に大きな問題点を投げかけたまま、その受けとめ方はひとえに門人一人一人に委ねられて、これをめぐってさまざまな論議が展開され、中国ばかりではなくして、日本の儒学思想界においても幾多の理解がみられる。この「天泉橋問答」はことほどさように話題性に富む語録である。

王門の盛況（下巻　小跋）

先生初《せんせいはじ》めて越《えつ》に帰《かえ》りし時《とき》、朋友《ほうゆう》の蹤跡《そうせき》は尚《な》お寥落《りょうらく》たり。既《すで》にして後四方《のちしほう》より来遊《らいゆう》する者日《ものひ》に進《すす》めり。癸未《び》の年已後《としいご》は、先生《せんせい》を環《めぐ》りて居《お》る者《もの》は比屋《ひおく》すること、天妃《てんき》・光相《こうそう》の諸刹《しょさつ》の如《ごと》し。一室《いっしつ》に当《あ》たる毎《ごと》に、常《つね》に合食《がっしょく》する者数十人《ものすうじゅうにん》。夜《よる》は臥《ふ》せる処無《ところな》く、更相《たがい》に

先生初帰レ越時、朋友蹤跡尚寥落。既後四方来遊者日進。癸未年已後、環ニ先生一而居者比屋、如ニ天妃・光相諸刹一。毎レ当ニ一室一、常合食者数十人。夜無ニ臥処一、更相就レ席、歌声徹ニ昏旦一。南鎮・禹

席《せき》に就《つ》き、歌声《かせい》は昏旦《こんたん》に徹《てっ》す。南鎮《なんちん》・禹穴《うけつ》・陽明洞《ようめいどう》の諸山《しょざん》、遠近《えんきん》の寺刹《じさつ》は、足《あし》を徙《うつ》して到《いた》る所《ところ》、同志《どうし》の游寓《ゆうぐう》の在《あ》る所《ところ》に非《あら》ざるは無《な》し。先生《せんせい》の講座《こうざ》に臨《のぞ》む毎《ごと》に、前後左右《ぜんごさゆう》に坐《ざ》を環《めぐ》りて聴《き》く者《もの》は、常《つね》に数百人《すうひゃくにん》を下《くだ》らず。往《ゆ》くを送《おく》り来《き》たるを迎《むか》え、月《つき》に虚日《きょじつ》無《な》し。侍《じ》に在《あ》りて歳《とし》を更《あらた》むるも遍《あまね》く其《そ》の姓名《せいめい》を記《しる》す能《あた》わざる者有《ものあ》るに至《いた》る。別《わか》れに臨《のぞ》む毎《ごと》に、先生《せんせい》は常《つね》に嘆《たん》じて曰《いわ》く、「君等《きみら》は別《わか》るると雖《いえ》ども、天地《てんち》の間《かん》を出《い》でず。苟《いやし》くも此《こ》の志《こころ》を同《おな》じくすれば、吾《われ》も亦以《またもっ》て形似《けいじ》を忘《わす》る可《べ》し。」と。諸生《しょせい》は、講《こう》を聴《き》きて門《もん》を出《い》ずる毎《ごと》に、未《いま》だ嘗《かつ》て跳躍《ちょうやく》して快《かい》と称《しょう》せざることあらず。嘗《かつ》て之《これ》を同門《どうもん》の先輩《せんぱい》に聞《き》けり。曰《いわ》く、「南都以前《なんといぜん》は、朋友《ほうゆう》の従遊《しょうゆう》せし者《もの》は衆《おお》しと雖《いえ》ども、未《いま》だ越《えつ》に在《あ》るの盛《さか》んなるが如《ごと》き者有《ものあ》らず。」と。此《こ》れ、講学《こうがく》すること日《ひ》に久《ひさ》しく、孚信《ふしん》せらるること漸《ようや》く博《ひろ》しと雖《いえ》

穴・陽明洞諸山、遠近寺刹、徙レ足所レ到、無レ非ニ同志游寓所一レ在。先生毎レ臨ニ講座一、前後左右環レ坐而聴者、常不レ下ニ数百人一。送レ往迎レ来、月無ニ虚日一。至レ有下在レ侍更レ歳不レ能三遍記ニ其姓名一者上。毎レ臨レ別、先生常嘆曰、「君等雖レ別、不レ出ニ在天地間一。苟同ニ此志一、吾亦可三以忘ニ形似一矣。」諸生、毎ニ聴レ講出一レ門、未三嘗不ニ跳躍称一レ快。

嘗聞ニ之同門先輩一。曰、「南都以前、朋友従遊者雖レ衆、未レ有下如ニ在レ越之盛一者上。」此、雖ニ講学日久、孚信漸博一、要亦先生之学日進、感召之機、神変無レ方、亦自

ども、要《よう》は亦先生《またせんせい》の学日《がくひ》に進《すす》み、感召《かんしょう》の機《き》は、神変《しんぺん》有レ不レ同也。にして方無《ほうな》く、亦自《またおのずか》ら同《おな》じからざること有《あ》ればなり。

○初帰レ越　王陽明は正徳十六（一五二一）年八月に江西《こうせい》省の南昌より浙江《せっこう》省の会稽《かいけい》に帰った。王陽明五十歳の時である。この時に銭緒山など七十四人が入門した。○癸未年　嘉靖《かせい》二（一五二三）年、時に王陽明は五十二歳。父竜山公が前年の二月に死去したため、服喪のため郷里にあって、講学活動に従事した。

〈口訳〉

先生が初めて会稽に帰られた（一五二一）当時は、友人の訪問する者はごく少なくさびしいものだったが、しばらくすると全国からやってくる者が日一日と多くなり、嘉靖二年の癸《き》未《び》の年（一五二三）以後ともなると、先生を囲んで住む者が家屋を連ねて、まるで天妃寺・光相寺などのようであった。部屋ごとにいつも一緒に食事する者は数十人であった。夜には寝る場所もないほどで、交替して眠りにつき、（起きているものの）歌声は明け方まで続いた。南鎮・禹穴《うけつ》・陽明洞の山々やおちこちの名刹《めいさつ》は、歩いていける所はみな、同志の行楽地であった。先生が講席に臨まれるといつも、先生の前後左右にぐるりと座って聴講する人の数は、つねに数百人を下らなかった。帰る人を見送り新たに来た人を歓迎して、一日として暇な日はなかった。お側に仕えて年をあらためながらも同志の名前を覚えきることができないほどであった。お別れするたびごとに、いつも先生は嘆息していう、「諸君が別れていくといっても、天地の外にとび出すわけではない。志を同じくする限り、わたしもまた形骸《けいがい》を忘れ（心を交わすことができ）るさ。」と。学生は聴講して門を出るといつも、とび上がって快哉《かいさい》を叫ばぬ者はなかった。

あるとき同門の先輩が次のようにいうのを聞いた。「南京以前にも友人の遊学する者は多かったけれども、会稽ほどに盛況ではなかったよ。」と。これは、講学して月日を重ね、（先生の学問に対する）信頼がだんだんと博《ひろ》まったからであるが、何といっても、先生自身の学問が日一日と進歩し、門人を教化するやり方が臨機応変で型にはまらず、前とは全く違うからなのです。

〈解説〉

下巻の成立

『伝習録』の中で、この一条だけは、王陽明一団の行動を記して特異である。『論語』郷党篇の如く行為記録が語録の中にあっても少しもおかしくないが、一条だけというのはいかにも例外的記録である。そのためであろう。旧来はこの一条を条数に数えないで跋文《ばつぶん》に準ずる扱いをしてきた。しかし、考えてみると、『伝習録』の最後に跋文が別にあるから、これとはまた別にもう一つの跋文がそれも中間に配列されてあるというのはいかにも不自然である。

なぜ、このような体裁になったのかについては、最後の跋文の記事を参照したりしていろいろのことがいわれているが、すべて憶測にすぎない。これまで、この一条が特異であることについて明晰《めいせき》な説明がついになされなかったのは、なぜかというと、『伝習録』下巻の成立過程が不明であったからである。

ここで底本に用いた『王文成公全書』所収の『伝習録』は銭緒山が嘉靖《かせい》三十五（一五五六）年に編纂《へんさん》したものである。この時に銭緒山が祖本として採用したのは、その二年前、嘉靖三十三（一五五四）年にこれまた銭緒山が編集した『伝習録』であった。この時に編集した『伝習録』の構成が、『全書』本『伝習録』の構成に影を落としているために、ここの一条が特異な形態のままに中間に収められることになってしまったのである。だから、この一条の特異性を明らかにするためには、嘉靖三十三年の時の『伝習録』編集を明らかにすることが肝心なのである。

嘉靖三十三年に銭緒山が執筆した「続刻伝習録序」によると、『伝習録』は上・下の二巻。上巻は『初刻伝習録』三巻を収めた。下巻は南大吉編『伝習録』下巻に収める書簡集を再編した。これが『全書』本『伝習録』の上巻・中巻となる。

ここで問題にしている『全書』本『伝習録』下巻の語録がまとめて編集されたのは、嘉靖三十三年になってはじめてのことである。編者は銭緒山である。その時は『伝習続録』上・下巻に編まれ、さきの『伝習録』上・下巻に附刻された。上巻は陳《ちん》九川の記録、下巻は銭緒山・王竜渓の記録である。これが『全書』本『伝習録』下巻の原型となる。『伝習続録』上

会葬する門人たち（1529年）

巻は、『全書』本『伝習録』下巻の一条～五八条に相当し、語録四条は省かれた。『伝習続録』下巻は『全書』本『伝習録』下巻の六〇条～一一五条とその次にここで問題にしている「初帰レ越」条と「南逢吉曰」条の二条とである（ちなみに六〇条～一一五条において銭緒山と王竜渓が本名で登場するのは記録者本人だからである）。

『伝習続録』下巻の最終条である「南逢吉曰」条の末尾の割註によると、この一条はもともとは南大吉編『伝習録』の下巻に「答二徐成之一書」が収められたときに、この書簡が未定の論であることを王陽明が南逢吉に告白したその語録を、「答二徐成之一書」に附刻したものだという。銭緒山は『伝習続録』編纂と時を同じくして『伝習録』下巻（書簡集）を編集したときに、王陽明の発言を尊重して「答二徐成之一書」を収録しなかったので、この書簡に関する王陽明の語録だけを『伝習続録』の最後に移したのである。

王陽明の遺文遺言の編集にもっとも大きな功績を残したのは銭緒山であるが、銭緒山の編集作業を調べてみると、ここでのようなご都合主義的な処理はしばしばみられることであって珍しいことではない。

つまりは、「南逢吉曰」条は、銭緒山・王竜渓の記録した語録ではないのである。いいかえるならば、「初帰レ越」条が銭緒山・王竜渓の記録の最終条なのである。

この一条が王陽明の言葉を記録するのが主題ではなくして、王陽明学団の盛況ぶりを記録しているのは、これを以て『伝習続録』の跋文に替える意図があったのかもしれない。以上がこの一条だけが他に例をみない記録となっていることの説明である。

ついでなので、『全書』本『伝習録』下巻の一一六条〜一四二条について説明しておきたい。黄直と銭緒山が記録した王陽明の語録を曾才漢が刊行した『陽明先生遺言録』を三分の一に再編集して、これをも『伝習続録』と名づけた。これが一一六条〜一四二条である。つまり、『全書』本『伝習録』下巻は、銭緒山が自ら編集した二つの『伝習続録』を合刻したものなのである。

入門する求道者たち

さて、王陽明は五十歳の秋、正徳十六年八月に越に帰った。五十六歳の秋、嘉靖六年九月に思恩・田州の反乱を平討するために出発するまでの、満六年間、王陽明は郷里の越に滞在した。王陽明が生涯の中でもっとも充実した生活を送った時期である。越に帰る前に王陽明は致良知説をすでに発見していたし、帰越した直後の十二月には寧王宸濠《しんごう》の反乱平討の功績を以て新建伯に叙せられている。翌五十一歳の二月には父王華が死去したので喪に服して以後は出仕しなかった。

しかし、この「初帰レ越」条によると、このころまでは、王陽明に入門する者はいまだ多くなかったようである。それがにわかに盛況をみることになったのは、癸未の年、王陽明五十二歳以後のことだったという。この短期間の間になぜかくまで急速に良知心学が普及したのであろうか。それは、皮肉なことに、良知心学に対する弾圧が、逆に良知心学を天下に周知させることになったのである。

　弾圧はすでに前年に起こっているが、嘉靖二年の二月に礼部の試験官が心学を出題して王陽明の良知心学を闢《しりぞ》けた。この時に受験した門人のうち、徐珊《じょさん》などは答案を書かなかったが、欧陽南野・王臣・魏良弼《ぎりょうひつ》などは師旨を堂々と書ききったという。銭緒山が落第して帰り、王陽明に時勢の不利なることを告げると、王陽明は、「聖学はこれより大いに明らかならん。」と答えたという。銭緒山がそのわけを問うと、「吾が学、悪《いず》くんぞ遍《あまね》く天下の士に語るを得んや。今、会試の録は窮郷深谷と雖ども到らざる無し。吾が学既に非なれば、天下に必ず起ちて真是を求むる者有らん。」と答えたという。先にみた、王陽明が狂者の気概だと自らの感懐を述べたのも、この弾圧事件のころである。

　しかし、この中央政府の力による良知心学の逆宣伝がうらめに出て、入門者が殺到したのである。この一条を読んですぐさま感ずるのは、異常なまでの熱気である。既に与えられていたものによっては心の渇きをいやされなかった求道の士人たちが、光明を求めて王陽明の下に馳《は》せ参じたのである。官憲による弾圧は暗闇《くらやみ》に迷う人々に光源を指示したにも等しい。王陽明の人格的魅力・抜群の指導力など、カリスマ的要素もあったであろうが、なんといっても良知心学そのものがはせ集うた人々を歓喜させたのである。

この熱気は只事《ただごと》ではない。求道者集団のそれである。心火を病む者が療《いや》されたのである。儒教もまた宗教であること、それも自力により自己救済をめざすものであることをあらためて考えてみることが重要なことではあるまいか。

竹の理の探究——挫折体験（下巻 一一八条）

先生《せんせい》曰《いわ》く、「衆人《しゅうじん》は只格物《ただかくぶつ》は晦翁《かいおう》に依《よ》る要《べ》しと説《と》くのみにして、何《なん》ぞ曾《かつ》て他《かれ》の説《せつ》を把《と》りて去《ゆ》き用《もち》いんや。我《われ》は着実《ちゃくじつ》に曾《かつ》て用《もち》い来《き》たれり。初年《しょねん》、銭友《せんゆう》と同《とも》に聖賢《せいけん》と做《な》るを論《ろん》じて、天下《てんか》の物《もの》に格《いた》る要《べ》きも、如《い》今《ま》安《いず》くんぞ這等《これら》の大《だい》なる力量《りきりよう》を得《え》んや、と。因《よ》りて亭前《ていぜん》の竹子《たけ》を指《さ》して、去《ゆ》きて格《いた》り看《み》しむ。銭子《せんし》早夜《そうや》に去《ゆ》きて竹子《たけ》の道理《どうり》を窮格《きゆうかく》す。其《そ》の心思《しんし》を竭《つ》くすこと、三日《みつか》に至《いた》りて、便《すなわ》ち神《しん》を労《つか》らし疾《やまい》を成《な》すを致《いた》す。初《はじ》めに当《あ》たりて他《かれ》は這《これ》は是《こ》れ精力《せいりよく》の足《た》らずと説《と》

先生曰、「衆人只説㆓格物要㆒ㇾ依㆓晦翁㆒、何曾把㆓他的説㆒去用。我着実曾用来。初年、与㆓銭友㆒同論ㇾ做㆓聖賢㆒、要ㇾ格㆓天下之物㆒、如‐今安得㆓這等大的力量㆒。因指㆓亭前竹子㆒、令㆓去格看㆒。銭子早夜去窮㆓格竹子的道理㆒。竭㆓其心思㆒、至㆓於三日㆒、便致㆓労ㇾ神成㆒ㇾ疾。当ㇾ初説㆓他這是精力不㆒ㇾ足。某因自去窮格。早夜不ㇾ得㆓其理㆒。到㆓七日㆒、亦以ㇾ労ㇾ思致ㇾ

く。某《それがしよ》因りて自《みずか》ら去《ゆ》きて窮格《きゅうかく》す。早夜《そうや》に其《そ》の理《り》を得《え》ず。七日《なのか》に到《いた》りて、亦思《またおも》いを労《つか》らすを以《もっ》て疾《やまい》を致《いた》す。遂《つい》に相与《あいとも》に聖賢《せいけん》は是《こ》れ做《な》り得《え》ざるもの、他《かれ》の大《だい》力量《りきりよう》もて去《ゆ》きて物《もの》に格《いた》る無《な》きを嘆《なげ》く。夷中《いちゆう》に在《あ》ること三年《さんねん》に及《およ》んで、頗《すこぶ》る此《こ》の意思《いし》を見得《けんとく》す。乃《すなわ》ち天下《てんか》の物《もの》は、本《もともと》格《いた》る可《べ》き者無《ものな》し、其《そ》の格物《かくぶつ》の功《こう》は、只《ただ》身心《しんしん》の上《うえ》に在《あ》りて做《な》すを知《し》り、決然《けつぜん》として聖人《せいじん》を以《もっ》て人人到《にんにんいた》る可《べ》しと為《な》し、便《すなわ》ち担当《たんとう》すること有《あ》り。這裏《こ》の意思《いし》、却《かえ》って諸公《しょこう》に説与《せつよ》して知道《しら》しめんと要《ほっ》す。」と。

疾。遂相与嘆㆔聖賢是做不㆑得的、無㆓他大力量去格㆑物了。及㆘在㆓夷中㆒三年㆖、頗見㆓得此意思㆒。乃知㆘天下之物、本無㆓可㆑格者㆒、其格物之功、只在㆓身心上㆒做㆖、決然以㆓聖人㆒為㆓人人可㆑到㆒、便自有㆓担当㆒了。這裏意思、却要㆘説㆓与諸公㆒知道㆖。」

○**格物**　『大学』八条目の第一条。朱子学では持敬と両輪をなす工夫論として重視した。　○**晦翁**　朱熹《しゆき》の号。　○**銭友**　不詳。　○**在㆓夷中㆒三年**　貴州の竜場に流謫《るたく》されて大悟した。

〈口訳〉

先生がいう、「誰《だれ》もが（『大学』の）格物は、朱子の解釈に従うべきであると口でいうばかりで、ついぞ朱子の格物説を実践しただろうか。わたしはかつて本当に実践したのだ。若いころ、銭君と一緒に、聖賢になるためには、天下の物を窮めなければならないが、いまのところはとてもそうするだけの大きな力量はない、と議論した。そこで（とりあえず）庭先の竹を指さしてやってみることになった。銭君は朝から晩まで竹の理を窮めんとして、心思を使い果たし、三日目になって、神経をすり減らして病気になってしまった。そのときは、わたしは、銭君は精力が足りないからだといった。そこでわたしが自分で窮めること朝から晩までやったが、竹の理がわからずに、七日目には、わたしも心思をすり減らして病気になってしまった。あげくの果てに二人して、聖賢とはなろうと思ってもなれないものなのだ、格物するほどの大きな力量などないのだと慨嘆した。（後に）僻遠の貴州に三年間滞在するうちに、次のことがどうやらわかった。つまり、この世界には、窮めらるべき客体としてのものなどもともと存在せず、『大学』の格物という努力は、主体者自身のこととして実践することだということがわかった。そこで、聖人とは誰もがなりうるものだときっぱりと開悟したので、その努力をすることを引き受けたわけです。このことを諸君は是非ともわきまえてほしい。」と。

〈解説〉

挫折体験の思想史的意味　王陽明が朱子学に挫折《ざせつ》した体験を告白した一条である。銭緒山は『王陽明年譜』を執筆したとき、この事件を王陽明二十一歳の条に繫年《けいねん》したけれども、他に証拠がないので確認のしようがない。又、反証もないので二十一歳の時ではなかったともいえない。

この挫折体験は王陽明の心の中に深い傷跡を残し、思想的に放浪させたのもこの原体験であったし、竜場にて心即理説を大悟して朱子学の迷夢から解放されることになったのも、この原体験が根底にあってのことである。その意味では、挫折体験を告白したこの一条は王陽明の思想の原点を解明する意味で実に貴重な証言である。

王陽明の個人史のうえで貴重なだけではない。明《みん》代思想史を考えるうえでも、この朱子学体験は、朱子学がどのように理解されていたのかを知るうえで、これまた貴重な証例を我々に提供してくれる。

黄宗羲《こうそうぎ》が『明儒学案』の中で述べるほどに明代初期の学術思想界において朱子学が文字通り「一尊」の地位を独占していたわけではないが、圧倒的に優位にあったことは疑いない。

しかし、皮肉な言い方が許されるならば、成祖永楽帝の簒奪《さんだつ》事件にからむ弾圧のために、人材が払底した結果、思想界が極度に低迷したその中で、仏・道や儒の他学派が台頭しきれなかったから、公許の学としての朱子学が相対的優位を維持していたまでであって、思想としての活力が満ちていたために、主導権をにぎっていたわけではない。ようやく呉康斎《ごこうさい》や薛《せつ》敬軒《けいけん》が登場すると朱子学も思想としての生命力を発揮しはじめるが、それとて受用者としての朱子学徒の登場にすぎず、思想的にきびきびした論理を新展開するにはほど遠かった。

所与の朱子学をあらためて自らの思想信条として根底から問い直す朱子学徒が登場するのは十五世紀後半からであり、その中から、陳白沙《ちんはくしゃ》（一四二八〜一五〇〇）などのように朱子学に本質的な疑問をいだく者が出現する。王陽明の一世代前の人たちである。だから、王陽明が朱子学に挫折《ざせつ》したというのは、王陽明一人にみられる孤絶した現象なのではない。かりに王陽明が挫折した年次を「年譜」のいうごとく二十一歳のこととすると、一四九二年である。このころは陳白沙が心学路線を提起し、程敏政が『道一編』を著して朱子学を根底からみなおすことを提案して、陸象山の再評価を訴えていた時期である。思想界がかくまで地殻変動を起こしていた中での、挫折体験であったことを忘れてはいけない。

挫折からの出発

さて、この王陽明の挫折体験を、朱子学の原義をつかみきれなかった王陽明自身に原因があるのであって、朱子学の実践論が誤っているためではないと、朱子学を擁護する発言が後世、朱子学徒によって繰り返されるけれども、問題は、挫折した王陽明が朱子学の原義を把握していたのか否かではなくして、この語録に開陳されているように、朱子学の実践論をそのように理解していたという事実こそが重要なのである。王陽明の朱子学理解が当時の青年学徒の一般的理解の象徴であったといっても過言ではない。朱子学はそのように形骸《けいがい》化して受容されていたのである。

ともあれ、挫折体験の質が次の飛躍の方向を決定する。王陽明は、朱子学の実践論を遂行するほどの大きな力量を持ち合わせていないから、自分などはとうてい聖賢になれないのだと自らの希望を放棄するのである。放棄したままであれば、思想家王陽明は誕生しない。放棄したとはいっても、聖賢になりたいという願望は、朱子学を離れて思想的にさまざまに遍歴した時も深層に温められていた。

そもそも「聖賢になる」とは「人格的に完全になる」ということである。新儒教の思惟《しい》構造の中核を占める性善説とは、人は本来人格的に完全であるということである。善なる本性を万人が先天的に固有しているということは、本来的に完全なのであるから、既に人間は全面的に悪より免れて救われているのであり、他者の救済をまたないということである。

性善説とは右のことを意味する。しかし、本来的にはそうではあっても、現実には人はさまざまに悪を結果してしまっているから、その悪を超克して本来の性善を回復する努力をしなければならない。その回復力は各人が完全に固有する。つまり、現実的には、自力で自己の本来性を回復する能力を誰《だれ》もが持っているのである。朱子学にしろ陽明学にせよ、実践論・修養論などといわれてきたのは、この自力で自己の本来性を回復する方法に関する議論であった。心性論もそのための人間理解に関する論議であったのである。

だから、王陽明が朱子学に挫折したのは、（王陽明が理解した限りでの）朱子学が提示する本来性回復の方法を実践するだけの力量を自分は持ち合わせていないと自己認識したことである。新儒教の根本原理である性善説そのものまで否定したわけではない。

王陽明のこの挫折体験を回顧した語録は晩年のものであるから、挫折した当時の意識そのままではないかもしれない。しかし、この挫折体験をこの語録の如く王陽明自身が総括したということは決定的に重要である。

となると、問題は、王陽明ほどの力量でも、本来性の回復を実現することのできる方法を発見することである。いいかえるならば、朱子学の実践論は、大力量の保持者だけが実践可能な、その意味では大多数の庸常者は実践主体者として当初から排除され、一部の選良のみに適用可能な、実践論としては普遍的妥当性を持たないものと判断したわけだから、王陽明が模索すべきものは、本来性を回復するために誰もが実践可能な、普遍的妥当性をもつ人間観と実践論を発見することであった。

それを発見するのは挫折体験の十五年の後、流謫地の竜場においてであった。大悟した内容については、ここでは多くを語ってはいないが、大綱はこの表現で十分であるし、聴講者はこれで理解できたはずである。かつて挫折したのは、竹の理を窮めることが聖賢となることと全く結びつかなかったからである。王陽明はこの格物論をすてた。そして実践主体それ自体のことと新たに解釈しなおして、はじめて本来性を回復できると確信できたのである。

この語録の最後に王陽明の挫折体験と新発見のことを理解することを特に訴えていることは興味深い。

朱子学であれ陽明学であれ、新儒教の本義が自力で自己の本来性を回復するために構築された思想体系であることを忘れられたとき、その言葉が血のにじむような親切な体認や苦思のはてに発せられたことを、当然の如く見失ってしまう。良知心学も普及するにつれて真剣に担当することなく、風俗現象と化してしまうことを王陽明はもっとも危惧《きぐ》したのではあるまいか。この語録を聴講する門人たちの仲間にもその徴候がみえていたのではなかったか。されればこそ、これまで語ることのなかった挫折体験を告白して注意を喚起し猛省を促したのである。

王陽明が朱子学に挫折した体験を告白した別の語録がある。この語録は、『王陽明年譜』『伝習続録』にも採用されないまま『陽明先生遺言録』に収められている。そこでは、十五、六歳の時に書斎で筮竹《ぜいちく》を数えて理の所以然《しかるゆえん》を求めてついに病気になったという。亭前の竹の理を求めて病にかかった体験とは別のことである。少年時を回顧するときにそこに修飾が施されることがないともいえないが、事の真偽を問うことに目を奪われずにその意味するところをこそ考えてみるべきであろう。

想像をたくましくして考えることを許されるならば、朱子学の格物論に関する挫折体験の告白はあるいは王陽明の演技であったのかもしれない。かりにそうであったとしても、この告白がもつ意味はいささかも減殺されないであろう。

形而上の理解（下巻　一二九条）

一友《いちゆう》挙《あ》ぐ。「仏家《ぶっか》は手《て》の指《ゆび》を以《もっ》て顕出《けんしゅつ》し、問《と》いて曰《いわ》く、『衆曾《しゅうかつ》て見《み》るや否《いな》や。』と。衆曰《しゅういわ》く、『之《これ》を見《み》たり。』と。復《ま》た手《て》の指《ゆび》を以《もっ》て袖《そで》に入《い》れ、問《と》いて曰《いわ》

一友挙。「仏家以㆓手指㆒顕出、問曰、『衆曾見否。』衆曰、『見㆑之。』復以㆓手指㆒入㆑袖、問曰、『衆還

く、『衆還《しゅうま》た見《み》るや否《いな》や。』と。衆曰《しゅういわ》く、『見《み》えず。』と。仏《ぶつ》は、還《ま》た未《いま》だ性《せい》を見《み》ず、と説《と》けり。此《こ》の義《ぎ》未《いま》だ明《あき》らかならず。」と。

先生曰《せんせいいわ》く、「手《て》の指《ゆび》は、見《み》える有《あ》り見《み》えざる有《あ》り。爾《なんじ》の性《せい》を見《み》るは、常《つね》に人《ひと》の心神《しんしん》に在《あ》りて、只《ただ》観《み》る有《あ》り聞《き》く有《あ》るの上《うえ》に在《あ》りて馳騖《ちぶ》するのみにて、観《み》ず聞《き》かざるの上《うえ》に在《あ》りて着実《ちゃくじつ》に功《こう》を用《もち》いず。蓋《けだ》し観《み》ず聞《き》かざるは、是《こ》れ良知《りょうち》の本体《ほんたい》。戒慎恐懼《かいしんきょうく》は、是《こ》れ良知《りょうち》を致《いた》すの工夫《くふう》なり。学者《がくしゃ》は時時刻刻《じじこくこく》、常《つね》に其《そ》の観《み》ざる所《ところ》を観《み》、常《つね》に其《そ》の聞《き》かざる所《ところ》を聞《き》かば、工夫《くふう》は方《はじ》めて箇《こ》の実落《じつらく》の処《ところ》有《あ》らん。久久《ひさびさ》にして成熟《せいじゅく》して後《のち》は、則《すなわ》ち力《ちから》を着《つ》けるを須《ま》たず、防検《ぼうけん》を待《ま》たずして、真性《しんせい》は自《おのずか》ら息《や》まず。豈《あに》外《そと》に在《あ》る者《もの》の聞見《ぶんけん》を以《もっ》て累《わざわ》いを為《な》さんや。」と。

見否。』衆曰、『不レ見。』仏説二還未一レ見レ性。此義未レ明。」

先生曰、「手指有レ見有レ不レ見。爾之見レ性、常在二人之心神一、只在二有レ観有レ聞上一馳騖、不下在二不レ観不レ聞上一着実用上レ功。蓋不レ観不レ聞、是良知本体。戒慎恐懼、是致二良知一的工夫。学者時時刻刻、常観二其所一レ不レ観、常聞二其所一レ不レ聞、工夫方有二箇実落処一。久久成熟後、則不レ須レ着レ力、不レ待二防検一、而真性自不レ息矣。豈以二在レ外者之聞見一為レ累哉。」

○不レ観不レ聞・戒慎恐懼　『中庸』「其の観えざる所に戒慎し、其の聞こえざる所に恐懼す」による。

○防検　程明道の「識仁篇」の語。

〈口訳〉

ある友人が次のような故事をあげて質問した。「仏者が手の指を露《あらわ》に示して、『諸君は見えるかね。』と尋ねると、彼らは、『はい、見えます。』と答えた。こんどは手の指を袖《そで》の中に入れて、『こんども諸君は見えるかね。』と尋ねると、彼らは『見えません。』と答えた。（すると）仏者は『ぜんぜん本性がわかっていない。』といった。これは何をいおうとしているのですか。」と。

先生がいう、「手の指は、見えたり見えなかったりする。きみは本性を理解する際、いつも心の神《はたらき》の場においてしており、単に（心が発動して）見たり聞いたりする（作用の）次元でおいかけまわすばかりでは、（心が発動せずに）見たり聞いたりしない（本体の）次元で着実に努力していないことになるよ。思うに、（心が未発で）見たり聞いたりしないものとは、良知という本体のことである。「戒慎恐懼《おそれつつしむ》」というのは、良知を発揮するという努力のことである。学者は、片時もつねに見たり聞いたりしない未発の本体をみきわめてこそ、その努力は着実になるのです。しばらくそうして努力がみのったならば、特に力をこめることもなく、予防検索しなくとも、真の本性はおのずから発現します。（こうなりますと）耳目が何を見、何を聞こうとも、（本性の発現を）さまたげることなどけっしてありません。」と。

〈解説〉

見えざる本体

手の指が見えるか見えないかは、肉眼で知覚できるか否かということであり、形而下《けいじか》の世界のことである。たしかに、手の指が袖の中に隠されてしまうと、肉眼では見ることはできなくなってしまうが、だからといって、手の指がなくなったわけではない。我々の感覚器官では、知覚できないものがあることをたとえているのである。それを形而上《けいじじょう》のものという。

人間の本性それ自体もまた誰《だれ》もが見たことはない。しかし、それは厳然として存在するのである。形而上のものである人間の本性は、いわば、最初から袖の中に隠されているのである。その袖の中に隠された手の指が肉眼では見ることができないからといって、簡単に「見えません。」と答えるようであっては、形而上のものを理解する視座がいまだ養われていないことになる。現象の変化に惑わされて不変の実相を見きれていないことを述べているのである。

この質問をうけた王陽明は、それを『中庸』首章の「其《そ》の覩《み》えざる所に戒慎し、其の聞こえざる所に恐懼す（戒㆓慎其所㆒不㆑覩、恐㆓懼其所㆒不㆑聞）」を下敷きにして、未発・已発論、本体・作用論を展開する。未発本体を確立してこそ、本来性を発揮できるというのである。

王陽明は、この論法を用いて門人を教諭することがあったようである。門人の季本《きほん》（字《あざな》は明徳、号は彭山《ほうざん》、一四八五～一五六三）は、その著『説理会編』の中で次のように記録している。

予、嘗《かつ》て酒を載《の》せて陽明先師に従いて鑑湖の浜に遊ぶ。時に黄石竜（綰《わん》）も亦与《またとも》にす。因《ちな》みに「覩《み》ざるを戒慎し、聞かざるを恐懼す」の義を論ず。先師、手の中の筯《はし》を挙げて予に示して曰く、「見るや否や。」と。(予) 対《こた》えて曰く、「見ゆ。」と。既にして筯を棹《つくえ》の下に隠して、又問いて曰く、「見るや否や。」と。(予) 対えて曰く、「見えず。」と。先師は微《かす》かに哂《わら》えり。予、私《ひそ》かに之《これ》を（黄）石竜に問う。(黄) 終《つい》に解せず。(黄) 石竜曰く、「此《これ》は、常に覩《み》常に聞くを謂《い》うなり。」と。覩ざるを戒慎す。其《そ》の後、思いて之《これ》を得たり。蓋《けだ》し、覩ざるの中《うち》に常に覩る有り。故に能く覩ざるを戒慎す。聞かざるの中に常に聞く有り。故に能く聞かざるを恐懼す。此《こ》れ天命の於穆《あぁぼく》として已まざるなり。故に当《まさ》に応ずべくして応じて、声色に因りて而《しか》る後に念を起こさず。当に応ずべからずして応ぜず。声色に遇うと雖ども能く情を忘る。此れ心体の為に正しきを得て、聞見の牽《ひ》く所と為らざる所以なり。

論法は禅問答を思わせるが、これをとらえてそれみろ王陽明は禅だといってもはじまらない。禅学の内容は、この当時の士大夫の間ではごく普通に話題になっていたことが容易にみてとれよう。王陽明が禅の影響を受けたというよりは、停滞した思想界に禅の論法を利用して活気を蘇《よみがえ》らせたというほうが正しい。事実、それまで惰眠を貪《むさぼ》っていた禅界が、良知心学が登場したことによって生気を取り戻し、明《みん》末思想界に久方ぶりに禅宗の隆盛を見たことを証言するものが多いのである。

眼中の金玉——無善無悪説（下巻 一三五条）

先生《せんせい》嘗《つね》に学者《がくしゃ》に語《かた》りて曰《いわ》く、「心体《しんたい》の上《うえ》に一念《いちねん》の留《りゅう》滞《たい》を着《つ》け得《え》ず。就《たと》えば眼《め》に些子《さし》の塵沙《じんしゃ》を着《つ》け得《え》ざるが如《ごと》し。些子《さし》能《よ》く幾多《いくた》なるを得《え》ん。満眼《まんがん》は便《すなわ》ち昏天《こんてん》黒地《こくち》なり。」と。

又曰《またいわ》く、「這《こ》の一念《いちねん》とは、但《た》だに是《こ》れ私念《しねん》のみならず、便《すなわ》ち好《よ》き念頭《ねんとう》も、亦《また》些子《さし》も着《つ》け得《え》ず。眼《め》の中《なか》に些《いささ》かの金玉《きんぎょく》の屑《くず》を放《お》けば、眼《め》は亦《また》開《ひら》き得《え》ざるが如《ごと》し。」と。

先生嘗語二学者一曰、「心体上着二不レ得一念留滞一。就如三眼着二不レ得些子塵沙一。些子能得二幾多一。満眼便昏天黒地了。」

又曰、「這一念不二但是私念一、便好的念頭、亦着二不レ得些子一。如下眼中放二些金玉屑一、眼亦開不上レ得了。」

○金玉屑　『臨済録』の「金屑《きんせつ》は貴と雖ども、眼に落ちては翳《かげ》と成る」をふまえる。

〈口訳〉

先生はいつも学ぶ者に告げていう、「心の本体には一念たりととどめてはいけない。ちょうど目にごみが入るのと同じことで、ごみに何ができるかと思うだろうが、それで目は真っ暗になるんだ。」と。

また（先生が）いう、「この一念とは、私念だけではない。善念でもいささかもとどめてはいけない。目の中に黄金や宝石を入れたら、やはり目はあけられまい。」と。

〈解説〉

黄金もごみ

無善無悪説を「一念」の位相で、比喩《ひゆ》を用いて説明した語録である。

目の中にごみが入ると、あけてはいられない。せっかくの目の働きである「明」（『孟子』）を尽くすことができなくなり、我々はものを見ることができなくなってしまう。この際、ごみの種類は問わない。そもそも塵沙《じんさ》・金玉は人間の側が勝手に価値評価してつけた名前にすぎないのであって、それが目に入れば等しくごみでしかない。黄金・宝石といえども、目の働きを遮ることにおいては塵沙と等しい。

心の本体もまたある考えが固定観念となってしまうと、心体の本来の機能が十全に発揮しなくなってしまう。たとえ、固定観念が善なるものであったとしても、固定観念（先入観・偏見）であるということにおいては、私念（悪念）と同様に、心体の本来的機能を妨げることになってしまう。

目の中にはもともとは存在しない塵沙金玉を以て、心自体の働きである一念をたとえることについては、適切な比喩ではないと指弾して、王陽明の主張する無善無悪説が不当であると批判するものがあるかもしれない。しかし、王陽明の意図は、対象の本質・状況の真相を的確に認識し判断するためには、一瞬といえども、そしてそれが善念だとしても、ひとまずそれから自由になることが緊要であると開示することにあった。

この語録の主旨は、だから、これまでしばしば登場した無善無悪説であるが、ここでは心性論を緻密《ちみつ》に展開するのではなくして、巧みな比喩を用いて説明しているので、王陽明の教化のしぶりの一端を見るためにとも考えて取り上げたのである。

この主旨についていては、つたない表現ながらも陸象山《りくしょうざん》がすでに述べていたことについては、先にふれたが、「善」といえどもそれがひとたび固定的に把握されたとき、実践主体の自在活発な働きを損なうことを主張する点は、朱子学の思考方法とは著しく異なるところである。門人の鄒東廓《すうとうかく》が、定石通りばかりでは囲碁《いご》は勝てないことを述べているが、先入観・固定観念、思い込みが、我々の認識や判断をくもらすことは、誰《だれ》もが経験することである。

それにつけても、たとえ、それが「善」念であっても、ともかくもそれを白紙に返すこと、それも一瞬の意識のたるみをも許さず、厳しく見つめることを要請するこの語録の主張は厳しいものといわざるをえない。

万物一体――一気流通論（下巻　一三六条）

問《と》う、「人心《じんしん》は物《もの》と体《たい》を同《おな》じくす、と。吾《わ》が身《み》の如《ごと》きは、原《もともと》是《こ》れ血気《けっき》の流通《りゅうつう》するものなり。所以《ゆえ》に之《これ》を体《たい》を同《おな》じくすと謂《い》う。若《も》し人《ひと》に於《おい》ては便《すなわ》ち体《たい》を異《こと》にせば、禽獣草木《きんじゅうそうもく》は益《ますます》遠《とお》し。而《しか》るに何《なん》ぞ之《これ》を体《たい》を同《おな》じくすと謂《い》うか。」と。

先生曰《せんせいいわ》く、「你《きみ》は只感応《ただかんおう》の幾《き》の上《うえ》に在《あ》りて看《み》よ。豈《あに》但《た》だに禽獣草木《きんじゅうそうもく》のみならんや。天地《てんち》と雖《いえ》ども也《ま》た我《われ》と体《たい》を同《おな》じくするもの、鬼神《きしん》も也《ま》た我《われ》と体《たい》を同《おな》じくするものなり。」と。

請《こ》い問《と》う。

先生曰《せんせいいわ》く、「你《きみ》は看《み》よ、這箇《こ》の天地《てんち》の中間《ちゅうかん》、甚麼《なにを》か是《こ》れ天地《てんち》の心《こころ》。」と。

問、「人心与レ物同レ体。如二吾身一、原是血気流通的。所以謂二之同一レ体。若於レ人便異レ体了、禽獣草木益遠矣。而何謂二之同一レ体。」

先生曰、「你只在二感応之幾上一看。豈但禽獣草木。雖二天地一也与レ我同レ体的、鬼神也与レ我同レ体的。」

請問。

先生曰、「你看、這箇天地中間、甚麼是天地的心。」

対《こた》えて曰《いわ》く、「嘗《かつ》て聞《き》けり、人《ひと》は是《こ》れ天地《てんち》の心《こころ》。」　対曰、「嘗聞、人是天地的心。」
と。

曰《いわ》く、「人《ひと》は又甚麼《またなにを》か心《こと》と做《な》さしめん。」と。　曰、「人又甚麼教レ做レ心。」

対《こた》えて曰《いわ》く、「只是《ただこ》れ一箇《いっこ》の霊明《れいめい》のみ。」と。　対曰、「只是一箇霊明。」

○人是天地的心　『礼記』礼運篇「人者天地之心也」による。

〈口訳〉

問う、「人間の心は万物と本体を等しくするといわれます。なるほどわたし一身のことであれば、もともと血気が流通していますから、本体を等しくするといえますが、他人とは本体を異にしますし、鳥獣草木などは、ますますわたしとは遠い存在です。それをどうして本体を等しくするなどといえるのですか。」と。

先生がいう、「きみは、ともかく（主客の）感応の幾《きざし》の所で考えてごらん。鳥獣草木ばかりでなく、天地といえどもわたしと本体を等しくするものだし、鬼神といえどもわたしと本体を等しくするものだよ。」と。

どういうことですか。

先生がいう、「考えてごらん。この天地にあっては、天地の中心とは何ですか。」と。

答えていう、「むかし、人間が天地の中心だと聞きました。」と。

（先生が）いう、「それでは人間は何を中心とするのかね。」と。

答えていう、「霊明そのものに他《ほか》なりません。」と。

〈解説〉

一体論　我々が王陽明の万物一体論を読んですぐにはなかなか理解できないのは、「一体」であるとはどういうことなのか、なぜ「一体」でありうるのか、について必ずしも説明することなしに、議論が進められてしまうからである。それだけに、この質問は素朴であるけれども本質的な疑問を提起しているのである。我々もまた、この質問者とともに王陽明の解答をみまもりたい。

質問者が存在論の視角から静態的にとらえて、一体論に疑問をなげかけたのに対して、王陽明は、「感応の幾」、つまり主体と客体とが感覚し反応する緊張関係の場における一体論として把握することを提起する。

「一体」とは複数のものの、ある関係を示す概念であるが、存在論の視角から他者との相互関係を静態的にみるなら、個々の一物は独立して存在するものであるから、この質問の如く「一体」であることなどありえない。この質問は「一体」論を否定してかかろうとしているのである。

それをいなして、王陽明は、「一体」論を、主体が客体に働きかけるその関係態としてとらえなおすことを提起して、まず、主体者の主宰に問題を展開し、質問者に逆に問い質《ただ》して、人・心・霊明と明らかにして究極の主宰者は霊明であることを確認する。

知《し》る可《べ》し、天《てん》に充《み》ち地《ち》に塞《ふさ》がりて、中間《ちゅうかん》は只《ただ》這箇《こ》の霊明有《れいめいあ》るのみ。人《ひと》は只形体《ただけいたい》の為《ため》に自《みずか》ら間隔《かんかく》せらるるのみ。我《われ》の霊明《れいめい》は、便《すなわ》ち是《こ》れ天地《てんち》鬼《き》神《しん》の主宰《しゅさい》なり。天《てん》は我《われ》の霊明有《れいめいあ》る没《な》ければ、誰《たれ》か去《ゆ》きて他《そ》の高《たか》きを仰《あお》がん。地《ち》は我《われ》の霊明有《れいめいあ》る没《な》ければ、誰《たれ》か去《ゆ》きて他《そ》の深《ふか》きを俯《ふ》せん。鬼神《きしん》は我《われ》の霊明有《れいめいあ》る没《な》ければ、誰《たれ》か去《ゆ》きて他《そ》の吉凶災祥《きっきょうさいしょう》を辨《べん》ぜん。天地《てんち》鬼《き》神万物《しんばんぶつ》は、我《われ》の霊明《れいめい》を離却《はなれ》なば、便《すなわ》ち天地《てんち》鬼《き》神万物有《しんばんぶつあ》る没《な》し。我《われ》の霊明《れいめい》は、天地《てんち》鬼《き》神万物《しんばんぶつ》を離却《はなれ》なば、亦我《またわれ》の霊明有《れいめいあ》る没《な》し。此《か》くの如《ごと》くんば便《すなわ》ち是《こ》れ一気《いっき》の流通《りゅうつう》するものなり。如何《いかん》ぞ他《それ》と間隔《かんかく》し得《え》ん。

可㆑知、充㆑天塞㆑地、中間只有㆓這箇霊明㆒。人只為㆓形体㆒自間隔了。我的霊明、便是天地鬼神的主宰。天没㆑有㆓我的霊明㆒、誰去仰㆓他高㆒。地没㆑有㆓我的霊明㆒、誰去俯㆓他深㆒。鬼神没㆑有㆓我的霊明㆒、誰去辨㆓他吉凶災祥㆒。天地鬼神万物、離㆓却我的霊明㆒、便没㆑有㆓天地鬼神万物㆒了。我的霊明、離㆓却天地鬼神万物㆒、亦没㆑有㆓我的霊明㆒。如㆑此便是一気流通的。如何与㆑他間隔得。

〈口訳〉

（先生がいう）そうだろう、この満ち満ちた天地には、この霊明があるだけなのだ。人間は肉体のために（万物と）隔たっているだけなのだ。わたしの霊明こそが天地・鬼神の主宰者なのだよ。天空はわたしの霊明が存在しなかったら、誰《だれ》がその高みを仰ぎみようか。大地はわたしの霊明が存在しなかったら、誰がその深みをのぞきみようか。鬼神は、わたしの霊明が存在しなかったら、誰がその吉凶を判別しようか。天地も鬼神も万物も、わたしの霊明を離れては存在しないし、わたしの霊明も、天地鬼神万物を離れては、わたしの霊明は存在しないのだよ。これらのすべては一気が流通しているものなのだから、どうしてそれらと隔たることができようか。

〈解説〉

主客の相互依存関係　ここで「真に実在するのは霊明だけである」かの如く表現されてはいるが、それはあくまでも「主宰」者としてそうであることが表現されているのであって、存在論としてそうであると表現されているのではない。無記的な自然物を、この霊明が主宰力を発揮して「感応」し、それを天地・鬼神・万物と認識するのである。ある存在物は、その本質を主宰者に認識されて、たとえば、はじめて天地となるのである。それが天地として存在するのは霊明がその本質を認識して天地と命名したからである。先の「岩中の花」の語録をここで想起していただきたい。

また、主宰者は、客体との緊張関係の中ではじめて主宰者たりうる。つまり客体なしには、この霊明はその本質である主宰能力を発揮することはできないのである。

ところで、この認識論の構造を成立させる主客関係を、一気流通論で説明するというのはどういうことなのだろう。一気が主客を流通するがゆえに「感応」の場が形成されるということであろうが、なぜ、このような説き方になるのであろうか。

たとえば、利瑪竇《リマトウ》は、有形の被造物の中では人間のみが天主から霊魂を賦与されているので理性を働かすことができると説いた(『天主実義』)。ここでは、客体と関係があるかないかに関《かか》わりなしに、客体の本質を認識する理性が人間にのみ備わることが自明のこととして前提されている。

中国の博物分類の原理からいえば、人間、夷狄・禽獣・草木・金石の各類間の差異は、その構成要素である気(陰陽と五行——木火土金水)の清濁軽重の差異と、構成の仕組みの差異に起因する。この差異は一気のありようの相対的差異にすぎないから、各類間の差異もまた絶対的なものではない。つまり人間は他の類と比較して絶対的にすぐれているのではない。霊明の主宰を発揮して客体の本質を理解できるのは、人間の相対的優秀性がこのように表れたまでのことである。そして、あくまでもこの霊明はともに一気流通する客体との関係が前提されて主宰能力を発揮するという。一気流通論は主客の相互依存関係を開示しているといえる。

ここで、儒教の実践倫理が君臣・父子・夫婦・兄弟・長幼・朋友などとおしなべて一人称と二人称の二項関係のもとに主張されていることに注意されたい。『大学』の格物の物が「事」と解釈されたのもこの二項関係のことである。たしかに具体的な実践となれば特定の二人称との関係の場で実践されるわけだが、例えば、父子という二項関係をこえて、父なり子なりが人格的に自立した一個人として普遍的倫理を探究し、それを二項関係の場で実現することを追求するという構造にはなっていない。最初から二項関係に拘束されて発想するとき、その一人称は二人称に足をとられて自立できないために、三人称の普遍的世界を自由に構想することができないのではないだろうか。

王陽明が自得体認論などを主張して人格的自立を強く主張しながらも、伝統的に措定されてきた二項関係をこえた実践倫理を構想することに必ずしも成功しなかったのは、その根底に一気流通論が伏在していたからではなかったか。

一気を以て万物を流通させるのではなくして、万気を以て万物を阻隔させ、そのうえで人間の万物に対するあるべき関係を模索する、この質問者の思考方法に沿った発想が実を結ばなかったことの意義はけっして小さくない。

又問《またと》う、「天地鬼神万物《てんちきしんばんぶつ》は、千古《せんこ》に見在《げんざい》す。何《なん》ぞ我《われ》の霊明没《れいめいな》ければ、便《すなわ》ち倶《とも》に無《な》からんや。」と。
曰《いわ》く、「今《いま》、死《し》せる人《ひと》を看《み》れば、他《かれ》の這些《こ》の精霊《せいれい》は游散《ゆうさん》せり。他《かれ》の天地万物《てんちばんぶつ》は、尚《な》お何処《いずこ》に在《あ》りや。」と。

又問、「天地鬼神万物、千古見在。何没㆓了我的霊明㆒、便倶無了。」
曰、「今、看㆓死的人㆒、他這些精霊游散了。他的天地万物、尚在㆓何処㆒。」

〈口訳〉

また問う、「天地も鬼神も万物も、永遠に存在しているものなのに、わたしの霊明が存在しないと、どうしてそれもなくなるんですか。」と。

(先生が)いう、「それじゃ死んだ人のことを考えてごらん。彼の精霊は散逸してしまっているよ。彼の天地万物は、いったいどこに存在しているのかね。」と。

〈解説〉

認識論としての一体論　この質問者は、王陽明が認識論の視角から述べていることが飲み込めなかったので、あらためて存在論の視角から質問したのである。我々の霊明とは無関係に、森羅万象のすべてが千古の昔より存在しているではないか、という、この質問者の疑問は、存在論の視角からみる限り、真正なものである。

しかし、王陽明が存在論ではなくして、認識論を主題にしていることは、この解答によりいっそう明瞭である。王陽明は、認識主体とは無関係に客観的に存在する無記的自然物のことを問題にしているのではない。その無記的自然物は、認識主体によって「天地万物」と認識されて、主体にとってはじめて有意味な存在となることを問題にしているのである。「一体」論とは、主体が客体の世界に融和融合することではない。そうではなくして、主体が無記的自然物との感応の場でその本質を発見すること、逆にいえば客体がその本質を主体に開示すること、そのような主客関係のあり方をいう。その際、この主客の両者は相互依存関係の中で「一体」作用が発揮されるのである。

『伝習録』下巻の六一条に、

良知はこれ造化の精霊なり。この些《いささ》かの精霊は、天を生じ地を生じ、鬼を成し帝を成す。みなこれより出《い》ず。真にこれ物と対するなし。

という語録がある。この語録に基づいて、良知は万物を創造するとか、王陽明の思想は唯心論だとか理解するむきもあるが、王陽明の良知造化論を存在論の視角から理解しようとするのは的《まと》はずれであることが了解できよう。

王陽明は存在と時間を考察して現在論を主張したが、この良知造化論は存在と空間を考察したものである。南宋《そう》の陸象山の高弟である楊慈湖《ようじこ》（一一四一～一二二六）もまた存在と空間とを「天地は我の天地なり、変化は我の変化なり、他物に非ざるなり」（『己易《こえき》』）ととらえていたことを附言しておきたい。

厳灘《げんたん》問答――実相幻相論（下巻　一三七条）

先生起行《せんせいきこう》して思《し》・田《でん》を征《せい》す。徳洪《とくこう》と汝中《じょちゅう》と、追《お》って

先生起行征二思・田一。徳洪与二汝

厳灘《げんたん》に送《おく》る。汝中《じょちゅう》、仏家《ぶっか》の実相幻相《じっそうげんそう》の説《せつ》を挙《あ》ぐ。先生曰《せんせいいわ》く、「有心《うしん》は倶《とも》に是《こ》れ実《じつ》、無心《むしん》は倶《とも》に是《こ》れ幻《げん》なり。無心《むしん》は倶《とも》に是《こ》れ実《じつ》、有心《うしん》は倶《とも》に是《こ》れ幻《げん》なり。」と。

汝中曰《じょちゅういわ》く、「有心《うしん》は倶《とも》に是《こ》れ実《じつ》、無心《むしん》は倶《とも》に是《こ》れ幻《げん》なりとは、是《こ》れ本体《ほんたい》の上《うえ》に功夫《くふう》を説《と》けり。無心《むしん》は倶《とも》に是《こ》れ実《じつ》、有心《うしん》は倶《とも》に是《こ》れ幻《げん》なりとは、是《こ》れ功夫《くふう》の上《うえ》に本体《ほんたい》を説《と》けり。」と。

先生《せんせい》其《そ》の言《げん》を然《しか》りとす。洪《こう》は是《こ》の時《とき》に於《お》いて、尚《な》お未《いま》だ了達《りょうたつ》せず。数年功《すうねんこう》を用《もち》いて、始《はじ》めて本体功夫《ほんたいくふう》の合《ごう》一《いっ》なるを信《しん》ず。但《た》だ先生《せんせい》は是《こ》の時《とき》、問《と》いに因《よ》りて偶《たまたま》談《かた》れり。吾《わ》が儒《じゅ》の人《ひと》を指点《してん》する処《ところ》の若《ごと》きは、此《これ》を借《か》りて言《げん》を立《た》てるを必《ひっ》せざるのみ。

中、追送二厳灘一。汝中、挙二仏家実相幻相之説一。

先生曰、「有心倶是実、無心倶是幻。無心倶是実、有心倶是幻。」

汝中曰、「有心倶是実、無心倶是幻、是本体上説二功夫一。無心倶是実、有心倶是幻、是功夫上説二本体一。」

先生然二其言一。洪於二是時一、尚未二了達一。数年用レ功、始信二本体功夫合一一。但先生是時、因レ問偶談。若下吾儒指二点人一処上、不レ必二借レ此立レ言耳。

○征二思・田一　広西省の思恩・田州の反乱を征討に出発したこと。　○徳洪与二汝中一　銭緒山と王竜渓。

〈口訳〉

先生が起用されて思恩・田州の反乱征伐に出発するとき、銭徳洪《せんとくこう》と王汝中《おうじょちゅう》とが、厳灘《げんたん》までお見送りした。そのおり、王汝中が仏者の実相・幻相の説を取り上げた。

先生がいう、「とらわれている主体こそが現実態であり、とらわれていない主体などは現実態ではない。とらわれていない主体こそが真実態であり、とらわれている主体などは真実態ではない。」と。

王汝中がいう、「『とらわれている主体こそが現実態であり、とらわれていない主体などは現実態ではない』とは、本体の視点から現実態を指摘し、（現実態を本来態に回帰させることに）努力することを述べたのですね。『とらわれていない主体こそが真実態であり、とらわれている主体などは真実態ではない』とは、努力することに視点をすえて努力する主体者の本体を述べたのですね。」と。

先生は王汝中の発言を是認された。銭徳洪《わたくし》はその時は理解できなかったが、数年努力をして、はじめて、努力することと（努力する主体者の）本体とは分けられないことを確信した。しかし、先生はこの時、質問されたからたまたまこういわれたのであって、われわれ儒学徒が人々を指導する場合、仏学を借りてまで立論する必要はない。

〈解説〉

銭緒山の編集ぶり

この語録は、嘉靖《かせい》六（一五二七）年九月十一日の問答の記録である。時に王陽明は五十六歳。

この年の五月に思恩・田州の反乱を征討することを命ぜられてすでに四か月。九月九日に王陽明は出発して三日目の十一日、銭塘江《せんとうこう》を渡って厳灘に遊んだときに交わされた問答である。この時に王陽明に付き従ったのは、銭緒山・王竜渓・楊思《ようし》臣《しん》・沈元材《ちんげんざい》の四人の門人である。聡明《そうめい》であった王竜渓の本領が発揮されている語録である。

この語録の記録者は銭緒山であり、もともとは『陽明先生遺言録』巻下に収めるものである。それを補遺『伝習続録』つまり現行『伝習録』下巻に収めるときに、記述をあらためている。ささいな変更の如くみえて、銭緒山の編集ぶりがよくうかがえるので紹介しておきたい。

『陽明先生遺言録』では、問答が交わされた発端を「及レ論二及実相幻化一」というだけで、すぐに王陽明の発言を記述しており、この主題の提起者を明記していない。また、最後の銭緒山の案語は「数年後果覚二原是如レ此」で終わっている。これを銭緒山はここの本文の如く書きあらためて、仏教の実相・幻相の話題はそもそも王竜渓が持ち出して王陽明の発言を引き出したことを明白にしている。

そして最後に一文を新たに付け加えて、王陽明がこのように仏教思想について発言したのは、王竜渓が質問したものだから、やむを得ずそうしたまでであって、本来ならば聖学で十分に足りるのであり、仏教思想をかりる必要はないのだという。王竜渓は要《い》らぬ質問をして先生を仏教の話題にひきずり込み、自分の聡明さをひけらかした出しゃ張りだといわんばかりである。つまり、銭緒山は王陽明を聖学の枠にひきとどめてその純粋性を守ろうとするのである。

銭緒山の意図がわからぬでもないが、ひいきのひき倒しであろう。むしろ、王陽明一門にあっては、仏教思想が話題になることはさほど珍しいことではなかった。銭緒山の如く仏教思想の遺産を当初から排除してしまうことは、良知心学の内容を貧弱にしてしまうおそれが十分にある。

そもそも良知心学は、儒・仏・道などという既成の教学体系の枠を越えて、本来心に基礎をおき、儒・仏・道の三教の思想的遺産を自在に操作して、それらを包越した豊穣《ほうじょう》な内容を生むところに本領があったはずである。銭緒山の如く聖学の枠をきめてその他を排除することは、包越の可能性を閉ざすことになりはすまいか。仏教思想を話題にすることはそれに足をとられることではなくして、それを滋養として摂取して「聖学」を充実させることなのである。

王竜渓は良知心学を良知現成論として展開させて教学意識をさらに払拭《ふっしょく》させたが、銭緒山はそういう王竜渓の良知心学の理解には賛成できなかった。それが、この語録の文章を改めさせる動機となったのである。

九月八日の夜半の「天泉橋問答」、九月十一日のこの「厳灘問答」といい、王竜渓と銭緒山の両者の差異がよく表れている語録である。

傲《おご》りの意識（下巻　一三九条）

先生曰《せんせいいわ》く、「人生《じんせい》の大病《たいへい》は、只是《ただこ》れ一《いっ》の傲《おご》りの字《じ》のみ。子為《こた》りて傲《おご》らば、必《かなら》ず不孝《ふこう》なり。臣為《しんた》りて傲《おご》らば、必《かなら》ず不忠《ふちゅう》なり。父為《ちちた》りて傲《おご》らば、必《かなら》ず不慈《ふじ》なり。友為《ともた》りて傲《おご》らば、必《かなら》ず不信《ふしん》なり。故《ゆえ》に象《しょう》と丹朱《たんしゅ》とは倶《とも》に不肖《ふしょう》なり。亦只一《またただいっ》の傲《おご》りの字《じ》、便《すなわ》ち此《こ》の生《せい》を結果《けっか》せり。諸君《しょくん》は常《つね》に此《これ》を体《たい》するを要《ほっ》す。人心《じんしん》は本《もともと》是れ天然《てんねん》の理《り》にして、精精明明《せいせいめいめい》、繊介《せんかい》の染着無《せんちゃくな》し。只是《ただこ》れ一《いっ》の無我《むが》のみ。胸中切《きょうちゅうせつ》に有《あ》る可《べ》からず。有《あ》れば即《すなわ》ち傲《おご》りなり。古先《こせん》の聖人《せいじん》の許多《おおく》の好《よ》き処《ところ》は、也《ま》た只是《ただこ》れ無我《むが》のみ。無我《むが》なれば自《おのずか》ら能《よ》く謙《けん》なり。謙《けん》は衆善《しゅうぜん》の基《もと》にして、傲《おご》りは衆悪《しゅうあく》の魁《かい》な

先生曰、「人生大病、只是一傲字。為レ子而傲、必不孝。為レ臣而傲、必不忠。為レ父而傲、必不慈。為レ友而傲、必不信。故象与ニ丹朱一倶不肖。亦只一傲字、便結ニ果了此生一。諸君常要レ体レ此。人心本是天然之理、精精明明、無ニ繊介染着一。只是一無我而已。胸中切不レ可レ有。有即傲也。古先聖人許多好処、也只是無我而已。無我自能謙。謙者衆善之基、傲者衆悪之魁。」

り。」と。

○傲　『礼記』曲礼篇上に「敖は長ず可《べ》からず」という。　○象与二丹朱一　「象《しょう》」は舜《しゅん》の異母弟、「丹朱《たんしゅ》」は堯の子、象と丹朱が傲慢《ごうまん》であったことは『書経』堯典篇・益稷《えきしょく》篇にみえる。

〈口訳〉

先生がいう、「人生の最大の病弊は、傲《おご》るの一字にほかなりません。子でありながら傲ると必ず不孝となり、臣でありながら傲ると必ず不忠となり、父でありながら傲ると必ず不慈となり、友でありながら傲ると必ず不信となります。ですから、象《しょう》と丹朱《たんしゅ》が共に不肖であったのもやはりこの傲るの一字が原因で、あんな人生を送ってしまったのです。諸君はこのことをとくとわきまえなさい。人間の人格とはもともと天が然らしめた理法としてあるから、精一明澄で微塵《みじん》も人為の介入することのない、無我そのものなのです。胸中に絶対に（我《が》は）あってはいけません。（我が）あるとそれこそ傲りなのです。古代の聖人のたくさんすぐれたところも、つまりは『我がない』からこそなのです。我がなければ自然に謙虚になれます。謙虚にするということは、あらゆる善の基礎ですし、傲るということはあらゆる悪のさきがけです。」と。

我々人間がひとたび気をゆるすと誰《だれ》もがすぐ陥りがちな傲慢の意識に対する戒めの言葉である。

〈解説〉

キリスト教の「傲り」との比較

傲りの意識をいだいてしまう直接の原因は、その人の生きる時代や社会によってさまざまであろうし、その表れ方もそれに応じて多様であろう。傲りの意識は、古今東西を問わずにみられる人間の悪しき姿であるから、いつでもどこでも人間の存在を反省するとき、誰もがこのことに注意深く配慮して、なにがしかの戒めの言葉を残しているものである。たとえば、明《みん》代末期に中国にやってきた耶蘇《ヤソ》会の宣教師の一人である龐迪我《ロウテキガ》は、その著書『七克』の冒頭に「伏傲」を配置して、傲りの意識を深く戒めているのである。

ただし、ひとしく傲りの意識を戒めるにしても、王陽明と龐迪我とでは、その思考様式が全く異なることはいうまでもない。そこで、王陽明がこの語録で述べる「傲り」の構造を明らかにした後に、龐迪我の「傲り」の構造について簡単にふれて、王陽明と龐迪我、ひいては儒教とキリスト教、中国と西欧の思惟《しい》構造の差異を明らかにすることによって、王陽明のこの語録の意味をよりいっそう鮮明にしたい。

この語録が示す傲りの構造は、謙と傲・無我と有我・善と悪の二項対立のもとに述べられていることは一目瞭然である。このうち、有我—傲—悪のほうが人間にとって本質的なものだとみる考え方もありうるが、王陽明はそうは考えない。無我—謙—善こそが本質なものであり、有我—傲—悪はあくまでも後天的に「染着」したもので本来は無いものである。だからこそ決して有ってはいけないものなのである。

　ところで、後天的に染着するとなぜ我《が》が生じ傲りになるのか。このことについて王陽明は何も説明しない。そこで王陽明の心性論の場に引き込んで考えてみたい。

　後天的に染着すると本体の本来態である精精明明が蒙弊《カバー》されて「無我」でなくなるわけだが、この染着し蒙弊するものとは、先の語録でみた「一定の善・一定の悪」のことである。染着・蒙弊がなく無我であれば、人心は本体の無善無悪を機能させて、客体が我々に露《あらわ》す本質を認識する。ところが「一定の善・一定の悪」が染着するとそれが固定観念・先入観となって本来の精明《せいめい》を蒙弊し、それを基に客体の本質を一方的にきめてかかり、それでよいのだと考えてしまう。自らの価値観を相対化できずに独善に陥り、傲慢になるのである。

　それではこの傲りをなくすためにはどうすればよいのか。本来的に固有する無善無悪の機能を発揮させて後天的に染着した「一定の善・一定の悪」を相対化してそれから自由になることである。つまり、独善に陥ることから自力で免れ、傲りの過ちを犯すことから自己を救うのである。

　耶蘇会宣教師龐迪我は、傲りの第一原因として「善は己《おのれ》より出《い》ずと以為《おも》いて天主に帰せず」をあげる。また「善を以て上帝に帰せざるは、乃《すなわ》ち最悪なり」ともいう。善の第一原因はひとえに天主上帝なのであり、被造物の人間がそれを自覚しないことが最大の悪である。このように発言するのは、『七克』がもともと中国人士大夫を主たる布教対象とした伝道文書であったことを考えるとき、中国の性善説を意識したものであることは明白である。はたして龐迪我は「七克自序」において次の如く宣言する。

夫《そ》れ世の傲然《ごうぜん》として自ら是とする者は、咸《みな》徳を修め欲に克《か》つの力量は、我自らこれを能くすと謂《おも》えり……。

妄《みだ》りに自ら認めて己能くすと為すは、謬《あやま》り孰《いず》れか（これより）甚だしからんや。

つまり、自力で傲慢や欲望にうちかつことができると考えるのは、最大の誤謬《ごびゅう》なのである。それはあげて天主上帝の恩寵《おんちょう》と救済の結果はじめて可能なのであって、自力で自己救済できると考えること自体がすでに傲りそのものなのである。

傲りを戒めることにおいては、おそらくいずれの宗教・倫理も同調しようが、傲りの意識をどう理解するか、それをいかにして克服するのかとなると、その教義の根本原理と関係して多様な構造をもつことになる。性善説・自力主義の思惟構造におく王陽明と性悪説＝原罪説・他力主義の龐迪我とでは全く相反する論理構造のもとに「傲り」を主張していることは、新儒教の特色をみるうえでは大いに参考になるものである。

学術文庫版あとがき

本書は、一九八八年に角川書店から「鑑賞 中国の古典」シリーズの一冊として刊行された『王陽明』を文庫化したものである。

卒業論文に王陽明をとりあげて以来、『伝習録』は私にとって生涯の同伴者となった。その時には、『伝習録』の成立過程もとりあげたのだが、『陽明先生遺言録』をまだ入手していなかったので、新しい知見はなかった。大学院に進んだ後、神田神保町の山本書店で『陽明先生遺言録』の写本を購入した。先代の山本敬太郎さんの時代である。ガラス戸を開けて平台の古書を一覧して後、本棚の一隅に目を移して見いだしたことが、昨日のことのように思い出される。

そのおりは本の素性を、まだわきまえてはいなかった。『陽明先生遺言録』は、狩野文庫にも写本が所蔵されているが、こちらは土佐の陽明学者、奥宮慥斎・暁峯兄弟の書写かもしれない。そのほか国内の漢籍所蔵機関には蔵書がいくつかあるが、その祖本は佐藤一斎が所蔵していた閻東本『王陽明全集』所収本である。これらは昌平坂学問所に学んだ俊秀たちが写したものであろう。

九州大学に助手として赴任した際に、この『陽明先生遺言録』と通行本『伝習録』の下巻を比較検討したことで、下巻の跋文が初めて読めるようになった。これは文化大革命が終息し、北京の日本学研究センターに客員教授として赴任した際に、お土産として持参し、北京大学の先生にさしあげたところ、とても喜ばれて、これを一つの材料にして論文をまとめられた。

朱子学・陽明学を双璧とするいわゆる新儒教の研究は心性論の解析に重点が置かれるために、書誌学については、必ずしも丹念には論究されることはない。しかし、書物の素性が明らかだと心性論の理解を長進させることがある。それを実感させてくれたのが、『陽明先生遺言録』であった。私にとっては貴重な出会いであった。

実は佐藤一斎の『伝習録欄外書』が、既に『陽明先生遺言録』と『伝習録』下巻との関係について詳細な劄記（読書の感想などを記したもの）を残している。しかし、これは厳密な意味では佐藤一斎の著書とはいえない。あくまでも佐藤一斎が『伝習録』を読んだ時の読書劄記である。それを門人が窃かに抄書したものが流布したのである。佐藤一斎の他の欄外書も同じである。佐藤一斎はさらに『伝習録』を読み続けて劄記を記した。それを朱子学者である楠本碩水が抄写したものが楠本文庫に所蔵されている。これについては、仮に『伝習録読本』と命名して紹介したことがある。

わが国において、『伝習録』は『近思録』と並んで多くの読者を得た。そして、江戸時代よりも明治時代以降の方が熱心に読まれた形跡が歴然としている。鉄華書院刊『陽明学』、明善学社刊『王学雑誌』、陽明学会刊『陽明学』、大阪陽明学会刊『陽明』『陽明主義』をそれぞれの機関誌とする民間の啓蒙団体が、『伝習録』を熟読する機運を醸成した。欧化主義に対峙するもの、啓蒙主義を宣伝するもの、日本の陽明学徒の思想資源を発掘顕彰するもの、国体論に与するもの、さまざまな立場に立つ人が、『伝習録』を読み継いだ。

かつては漢文・書き下し文の文体が思索する言語であったから、そのころに著された読解注釈書は、その当時の読者には理解できたのであろうが、今日の一般的な漢文の素養ではそれはむずかしい。勢い、かつての読解注釈は、今の読者にはいかにも不親切だといえよう。

本書はそれを反省して、『伝習録』の言説が、なぜそのような表現になるのか、その構造を丁寧に解析することに意を注いだ。それでもなお舌足らずなところがあるに違いない。

本書の原本を贈呈したおり、島田虔次先生から王陽明の病は結核であると指摘された。結核を身近に知らない世代の理解不足を正された。愛弟子の徐愛は肌膚が雪のように白かったと記されているが、徐愛も結核であったのだろうか。そうだとすれば、師弟ともに、宿痾を抱えての学びであったことになろう。

当節、我々は『伝習録』から何を学ぶのであろうか。読者の皆さんの率直な読後感をお聴きしたい。

平成二十五年四月十日

吉田公平

参考文献

一　テキスト・註釈書・現代語訳

今日通行する『伝習録』三巻の祖本は『王文成公全書』所収のものである。以下日本刊行の『伝習録』の主なものを紹介する。

『伝習録』楊嘉猷刻本　三巻附録一巻（慶安三〈一六五〇〉年）返り点、送り仮名のみをつけた本邦最初の和刻本。刊行者不明。

『標註伝習録』三輪執斎撰　三巻附録一巻（正徳二〈一七一二〉年）世界最初の註釈。底本は楊嘉猷刻本『伝習録』。

『伝習録欄外書』佐藤一斎撰　三巻（天保八〈一八三七〉年刊、明治三十〈一八九七〉年　啓新書院）底本は『標註伝習録』。

『伝習録』は明治期以降に数多く刊行されたが、『標註伝習録』を底本とするものが多いのは、普及の度合いをそのまま反映する。このほかに『標註伝習録』を底本としたものとしては、

『伝習録講義』東正堂（明治三十九・四十〈一九〇六・一九〇七〉年　松山堂、「先哲遺著追補漢籍国字解全書」昭和七・八年、早稲田大学出版部にも収める）

『伝習録』星野恒・安井小太郎校訂（「漢文大系」大正二年　冨山房。増補版は昭和五十一年）

『現代語訳伝習録』小野機太郎（大正十二年　新光社）現代語訳の嚆矢。

『伝習録』山田準・鈴木直治（「岩波文庫」昭和十一年　岩波書店）

『伝習録』山本正一（昭和四十一年　法政大学出版局）現代語訳。原文はない。

『伝習録』安岡正篤・柳町達也・中田勝（「陽明学大系」　昭和四十七年　明徳出版社）

『伝習録』安岡正篤（「中国古典新書」　昭和四十八年　明徳出版社）抄訳。

『伝習録欄外書』を底本としたものには、

『伝習録』小柳司気太（「漢文叢書」　大正八年　有朋堂書店）

がある。近年は『王文成公全書』所収本を底本とするのが一般的傾向である。

『伝習録』近藤康信（「新釈漢文大系」　昭和四十六年　明治書院）現代語訳もつけ、余説もある。

『伝習録』山下竜二（「中国教育宝典」　昭和四十七年　玉川大学出版部）抄訳。

『伝習録』溝口雄三（「世界の名著」所収『朱子・王陽明』　昭和四十九年　中央公論社）現代語訳のみ。

『伝習録』島田虔次（「中国文明選」『王陽明集』　昭和五十年　朝日新聞社）抄訳。

なお、陽明学派の思想的遺産を書き下し文様式の訳註の形で総合的に紹介したのが『陽明学大系』全十三巻（明徳出版社）である。同じく明徳出版社から『王文成公全書』の全訳が『王陽明全集』全十巻として刊行。

二　伝記・評伝

王陽明の思想を扱った著書においても、王陽明の波乱に満ちた生涯についてかなりの紙幅を費やすのを通例とするが、ここでは、伝記・評伝の専著のみをあげる。


『王陽明詳伝』高瀬武次郎（大正四年　広文堂書店）王陽明の思想と行動に対する評価についてはそのままは首肯できないが、事実理解についてはなおとるべき所がある。

『王陽明』山本正一（昭和十八年　中文館書店）叙述・評価とも穏当な評伝である。

近年に著されたものとしては、

『王陽明』谷光隆（「中国人物叢書」　昭和四十二年　人物往来社）

『王陽明』大西晴隆（「人類の知的遺産」　昭和五十四年　講談社）

『王陽明』山下竜二（「中国の人と思想」　昭和五十九年　集英社）
「王陽明の家庭と王家の運命」佐野公治（愛知県立大学創立十周年記念論集　昭和五十年　愛知県立大学）

三　研究書・研究論文

王陽明・明代思想史に関する研究史をとりあげた論文としては、
「明代思想研究はどう進められてきたか」山下竜二（名古屋大学文学部研究論集　三六号、昭和三十九年　名古屋大学文学部）
がある。近年の研究史については、
「王陽明研究史」吉田公平（岡田武彦編『陽明学の世界』所収　昭和六十一年　明徳出版社）
がある。詳細な文献目録としては、
「宋明学文献目録」（『陽明学大系』第十二巻『陽明学便覧』所収　昭和四十九年　明徳出版社）
がある。
以下、研究書・研究論文の主要なものを、㈠「近代思惟」をめぐる論争、㈡気の哲学をめぐる論争、㈢比較研究、㈣哲学的研究、の順にあげる。

㈠「近代思惟」をめぐる論争

戦前の陽明学研究と比較して、戦後四十年間の陽明学研究、広くは宋《そう》・明《みん》思想研究にみられる大きな特色の一つは、東洋史家が思想史研究に参加し、旧来とは異なった研究視角のもとに、宋・明思想の歴史的規定を試みて研究方法を一新したことである。その口火を切ったのは、
『中国に於ける近代思惟の挫折』島田虔次（昭和二十四年　筑摩書房。昭和四十五年増補版）
である。この著書の基調となったのは、

「陽明学に於ける人間概念・自我意識の展開と其意義」島田虔次㈠㈡（東洋史研究　八―三、五・六号、昭和十八・十九年）
「シナにおける近代思惟の挫折」島田虔次（東光　四号　昭和二十三年）
である。島田氏は、王陽明―泰州学派―李卓吾のいわゆる王学左派の系譜を思想運動として解析し、そこに「近代思惟」の萌芽を認めた。この「近代思惟」の評価に対して山下竜二氏が異議を唱えた。両者の間に繰り広げられた論争経過のみを記せば、次の如くなる。
「『中国に於ける近代思惟の挫折』書評」山下竜二（斯文　三号　昭和二十四年）
「明末に於る反儒教思想の源流」山下竜二（哲学雑誌　六六巻七一一号　昭和二十六年）
「王学左派論批判の批判」島田虔次（史学雑誌　六一巻九号　昭和二十七年）
「島田氏の批判を読んで」山下竜二（史学雑誌　六一巻十二号　昭和二十七年）
「近世と近代――王学左派の評価をめぐって」山下竜二（東京支那学会報　十二号　昭和二十八年）
島田氏の反論は氏の前掲書の増補版にも収められており、山下氏の批判論文は、
「日本の陽明学」山下竜二（『陽明学大系』第一巻『陽明学入門』所収　昭和四十六年　明徳出版社）
に収められて、総括されている。
「陽明学研究の問題点」岩間一雄（名古屋大学法政論集　二五号　昭和三十九年）
は、政治思想史研究の視角から島田説を批判したものであり、岩間氏はそれを序章に収めて、
『中国政治思想史研究』岩間一雄（昭和四十三年　未來社）
を著し、島田説を激しく非難した。守本順一郎『東洋政治思想史研究』（昭和四十二年　未來社）が朱子学を封建的思惟の完成態とするのを基本的に継承し、陽明学をその解体過程とみて、島田氏の「近代思惟」説を論難した。
「ある陽明学理解について」島田虔次（東方学報〈京都〉　四四号　昭和四十八年）

は、岩間説に対する島田氏の反論である。次に、島田氏の主要な関係論文をあげておく。
「中国近世の主観唯心論について――万物一体の仁の思想」島田虔次（東方学報〈京都〉二八号　昭和三十三年）
「明代思想の一基調――スケッチ」島田虔次（東方学報〈京都〉三六号　昭和三十九年）
『朱子学と陽明学』島田虔次（「岩波新書」昭和四十二年　岩波書店）
「中国思想史研究上のいくつかの問題――岩間一雄氏『中国政治思想史研究』をめぐって」溝口雄三（歴史学研究　四〇〇号　昭和四十八年）
これは島田説を批判的に継承する溝口氏の岩間説批判の論文である。溝口氏の理解は、
『中国前近代思想の屈折と展開』溝口雄三（昭和五十五年　東京大学出版会）
に集大成されている。
『中国善書の研究』酒井忠夫（昭和三十五年　弘文堂）
これは、王陽明・陽明学を直接に主題にしたものではないが、明代における道教の思想運動を知るうえで有益である。
『中国郷紳地主の研究』奥崎裕司（昭和五十三年　汲古書院）
これは、島田・岩間・溝口・酒井各氏などの明代思想史研究を総批判して著されたものである。
これを契機に、溝口氏と奥崎氏の間に、次に記す如き応酬があらためて行われた。
「明末清初思想研究の当面の課題――奥崎裕司『中国郷紳地主の研究』によせて」溝口雄三（歴史学研究　四六八号　昭和五十四年）
「書評・溝口雄三『中国前近代思想の屈折と展開』」奥崎裕司（歴史学研究　五〇四号　昭和五十七年）
島田氏の提起した「近代思惟」説を跳躍台にして思想史研究が進められて、戦後の陽明学研究は豊かな研究成果を生んだのである。

(二)　気の哲学をめぐる論争

戦後、中国の学界が、理の哲学＝唯心論、気の哲学＝唯物論という理解を提起する前に、わが国で、理よりも気を重視する思想体系を「気の哲学」と定義して戴震に完成態を認めたのが、

「明清時代における『気』の哲学」山井湧（哲学雑誌　六六巻七一一号　昭和二十六年）

である。この提起をうけて王陽明と羅欽順の「気」を論究したのが、

「日鮮明における主理派主気派の系譜とその特質」阿部吉雄（朝鮮学報　十四輯　昭和三十四年）

である。さらに王陽明と羅欽順の「気」について詳細に論究して修正意見を提出したのが、

「羅欽順と気の哲学」山下竜二（名古屋大学文学部研究論集　二七号　昭和三十六年）

である。阿部氏は山下氏の意見をとり入れて、

『日本朱子学と朝鮮』阿部吉雄（昭和四十年　東京大学出版会）

に先の論文を修正して収めている。

山井湧氏の「気の哲学」論を中心命題とした共同研究の成果が、

『気の思想――中国における自然観と人間観の展開』小野沢精一・福永光司・山井湧編（昭和五十三年　東京大学出版会）

に収められている。「気の哲学」を主題とする山井氏の主な研究成果は、

『明清思想史の研究』山井湧（昭和五十五年　東京大学出版会）

に収められている。山下氏の主な研究成果は、

『陽明学の研究』上下　山下竜二（昭和四十六年　現代情報社）

に収められている。この他に山下氏には、

「董澐（蘿石）『従吾道人語録』について」山下竜二（名古屋大学文学部研究論集　六九号　昭和五十一年）

がある。また、

『大学・中庸』山下竜二（「全釈漢文大系」昭和四十九年　集英社）

は、陽明学の『大学』『中庸』理解を紹介した特色鮮明な訳註書である。

気の哲学をめぐる論議は必ずしも豊かな成果を生まなかった。今後は、理からひとまず切り離された気そのものの世界を綿密に解析することが課題である。

㈢　比較研究

戦後の陽明学研究の第三の特色は、比較研究が影をひそめたことである。

『明時代儒学の倫理学的研究』山本命（昭和四十九年　理想社）

『朱熹と王陽明――物と心と理の比較思想論』高橋進（昭和五十二年　国書刊行会）

右の二書は、西欧倫理学をおさめた研究者により著されたものである。

朱子学・陽明学などの近世哲学は、政治思想史的評価を下して断罪することをひとまずひかえて取り組んでみると、思想的遺産としては実に豊かな宝庫である。それだけに中国にせぐくまることなく、もっと大胆に比較研究が敢行されてもよいと思う。あるいは比較研究が浅薄な成果に終わることから免れるための条件が従来はあまりにも整っていなかったことが、比較研究をためらわせてきたのであろうか。

㈣　哲学的研究

第四の特色は、新儒教、宋明理学の哲学的研究が豊かな成果を生んだことである。楠本正継・岡田武彦・荒木見悟三氏の研究がその代表的なものである。楠本氏の業績は、

『宋明時代儒学思想の研究』楠本正継（昭和三十七年　広池学園出版部）

『中国哲学研究』楠本正継（昭和五十年　国士舘大学附属図書館編）

に収められている。

岡田氏の王陽明・陽明学に関する主要な著書を次に掲げる。

『王陽明と明末の儒学』岡田武彦（昭和四十五年　明徳出版社）
『王陽明文集』岡田武彦（「中国古典新書」　昭和四十五年　明徳出版社）
『宋明哲学序説』岡田武彦（昭和五十二年　文言社）

これは『宋明哲学の本質』と改題されて昭和五十九年に木耳社から再刊されている。

『江戸期の儒学——朱王学の日本的展開』岡田武彦（昭和五十七年　木耳社）
『中国思想における理想と現実』岡田武彦（昭和五十八年　木耳社）

岡田氏は師の楠本氏が詳述されなかった王陽明以後の明末、清初の思想や、その日本における展開を解明された。

荒木氏の主要な業績を次に掲げる。

『仏教と儒教——中国思想を形成するもの』荒木見悟（昭和三十八年　平楽寺書店）
『明代思想研究——明代における儒教と仏教の交流』荒木見悟（「東洋学叢書」　昭和四十七年　創文社）
『仏教と陽明学』荒木見悟（「レグルス文庫」　昭和五十四年　第三文明社）
『明末宗教思想研究——管東溟の生涯とその思想』荒木見悟（「東洋学叢書」　昭和五十四年　創文社）
『陽明学の開展と仏教』荒木見悟（昭和五十九年　研文出版）
「性善説と無善無悪説」荒木見悟（アジア文化　九巻四号　昭和四十八年）
「近世儒学の発展——朱子学から陽明学へ」荒木見悟（「世界の名著」『朱子・王陽明』の解説論文、昭和四十九年　中央公論社）

荒木氏の研究は著書の標題からも明白なように仏教と儒教の交流と思想の内部構造を綿密に解き明かしたものである。『仏教と儒教』が氏の原論とすればその後に著されたものはさしずめ思想史研究の方法が加味された展開編といえよう。

最後に筆者の王陽明・『伝習録』に関する論文を掲げておくことにする。

「銭緒山の『伝習続録』編纂について」吉田公平（哲学年報　三一輯　昭和四十七年）
「王陽明の思想――誠意説について」吉田公平（東北大学教養部紀要　二五号　昭和五十二年）
「王陽明の思想――体認をめぐって」吉田公平（中国哲学論集　三号　昭和五十二年）
「王陽明の『朱子晩年定論』について――明末清初朱陸論序説」吉田公平（中国哲学論集　特別号　昭和五十六年）
「性善説と無善無悪説」吉田公平（金谷治編『中国における人間性の探究』所収　昭和五十八年　創文社）
「日本における『伝習録』――日本陽明学の一素描」吉田公平（東北大学教養部紀要　三九号　昭和五十八年）
「銭緒山の『王文成公全書』所収『文録続編』の編纂について」吉田公平（東北大学教養部紀要　四一号　昭和五十九年）
「王陽明（下）」吉田公平（岡田武彦編『陽明学の世界』所収　昭和六十一年　明徳出版社）
「王陽明研究史」吉田公平（既出）
『陸象山と王陽明』吉田公平（平成二年　研文出版）
『日本における陽明学』吉田公平（平成十一年　ぺりかん社）
『中国近世の心学思想』吉田公平（平成二十四年　研文出版）
『日本近世の心学思想』吉田公平（平成二十五年　研文出版）
『陽明学からのメッセージ』吉田公平（平成二十五年　研文出版）

王陽明略年譜

西暦	年号	年齢	項目
一四七二	明の憲宗の成化　八年		浙江《せっこう》省、余姚《よよう》県の瑞雲《ずいうん》楼に王華の嫡男として生まる。
一四七六	成化十二年	五	幼名の雲を守仁に改めて、はじめて言葉を発したという。
一四八二	成化十八年	一一	前年、父の王華が進士第一に挙げられたので、この年、北京に移り住む。
一四八四	成化二十年	一三	母の鄭《てい》氏を喪う。
一四八八	孝宗の弘治　元年	一七	会稽《かいけい》に帰る。諸養和の女を洪都（南昌）に迎えて結婚する。
一四八九	弘治　二年	一八	夫人諸氏を伴い、余姚に帰る途中、広信で婁諒《ろう》に謁し、朱子学を語る。
一四九二	弘治　五年	二一	浙江の郷試に挙げらる。
一四九七	弘治　十年	二六	北京に寄寓し、兵法を学ぶ。この後、仏教・道教・辞章・詞章などの「五溺《でき》」にふける。
一四九九	弘治十二年	二八	進士出身に挙げらる。
一五〇〇	弘治十三年	二九	刑部雲南清吏司主事を授けらる。
一五〇二	弘治十五年	三一	病気のため休暇を願って会稽に帰り、陽明洞中に室を築き、道家の導引術を修める。後、道・仏が人情の自然に戻《もと》るを悟る。
一五〇四	弘治十七年	三三	再出仕して、秋、山東郷試を主管し、九月に兵部武選清吏司主事に改任。
一五〇五	弘治十八年	三四	詩文の学を排し、聖人の学を首唱して、講学する。湛甘泉《たんかんせん》・黄綰《こうわん》と交わる。
一五〇六	武宗の	三五	宦官劉瑾《りゅうきん》の専横を上疏して、帝の意に忤《さから》い、廷杖四十を受け、貴州の竜場駅《えき》

	正徳　元年		丞《じょう》に貶謫《へんたく》される。
一五〇八	正徳　三年	三七	春、竜場に到着。日夜端坐澄心して、心即理、知行合一を開悟し、人間は本来的に救われていること、現実的にも自力で自己救済できることを覚悟する（竜場の大悟）。
一五一〇	正徳　五年	三九	廬陵《ろりょう》県の知県に昇進し、江西に赴く。十二月に南京刑部四川清吏司主事に昇進。
一五一一	正徳　六年	四十	北京に在って、正月、吏部験封清吏司主事に任ぜられ、二月、会試同考試官、十月、文選清吏司員外郎に昇進。
一五一二	正徳　七年	四一	三月、考功清吏司郎中に、十二月、南京太僕寺少卿《しょうけい》に昇任。赴任の途、会稽に帰省し、徐愛と学を論じた。『伝習録』上巻の冒頭の語録はその筆録である。
一五一三	正徳　八年	四二	十月まで会稽に在って、弟子を伴い、山水を優遊し、各地を周遊した。十月、任地の安徽《あんき》省の滁《じょ》州に着任。
一五一四	正徳　九年	四三	四月、南京鴻臚《こうろ》寺《じ》卿《けい》に昇任。五月、南京に着く。徐愛も来て、門人同志雲集する。
一五一五	正徳　十年	四四	南京に在任。この間に、『朱子晩年定論』を編集する。
一五一六	正徳十一年	四五	九月、都察院左《さ》僉《せん》都御史に昇任。巨賊の横行する江西の南贛《かん》、福建の汀・漳地方を巡撫し、十月、会稽に帰る。
一五一七	正徳十二年	四六	贛州に赴き、二月、漳賊を平定。九月、提督南贛汀漳等処軍務を授けらる。楽昌・竜川を撫し、十月、横水・桶岡の諸賊を平定。十二月、凱旋して、南康に至る。
一五一八	正徳十三年	四七	贛州にあって文武の事に力を尽くす。正月、三浰を討伐。三月、大帽・浰頭

			の賊を平らげ四月に凱旋する。七月、『大学古本』刊行。門人薛侃《せっかん》・欧陽徳らと講学して大学の本旨を明らかにする。『朱子晩年定論』の刊行。八月に薛侃が『伝習録』初本を虔《けん》州で刊行した。徐愛卒す。
一五一九	正徳十四年	四八	寧王宸濠《ねいおうしんごう》の反乱を討伐するため、六月、吉安で義兵を挙げ、宸濠の根拠地南昌を抜き、宸濠を逮捕して、江西を平定した。
一五二〇	正徳十五年	四九	天子の召しを受け上京せんとしたが果たさず、南昌に帰り、六月、贛県に行く。途中羅欽順《らきんじゅん》に返事を書く。この直後、致良知説を発見する。
一五二一	正徳十六年	五十	陸象山《りくしょうざん》の子孫を顕彰する。白鹿洞書院で学を講じた。六月、南京兵部尚書に昇任し、枢機に参与する。赴任の途、八月、会稽に帰り、九月には余姚へ行って墓参をし、親戚朋友を会して宴遊した。銭徳洪が入門した。十二月、江西の賊を平定した功により、新建伯に封ぜられた。
一五二二	世宗の嘉靖　元年	五一	二月、父王華を喪う。御史の程啓充と給事の毛玉が、宰相の意を受け、陽明を正学を遏《とど》めたと弾劾した。
一五二三	嘉靖　二年	五二	郷里にあって学を講じた。王陽明の良知心学に対する世の誹謗《ひぼう》が次第に盛んになる。
一五二四	嘉靖　三年	五三	門人、坐する場所のないほど増加し、郡守の南大吉も門生と称した。八月、天泉橋で門人を宴した時、集まるもの百余人あった。十月、南大吉が『伝習録』を刊行した。
一五二五	嘉靖　四年	五四	正月、妻の諸氏卒す。稽山書院尊経閣記を作る。喪を終えたので、礼部尚書の席書や御史の石金らが復職を上疏したが、用いられなかった。九月、余姚の竜泉寺に諸生を会し、毎月一・八・十五・二十三の四日、開講することに

			決める。顧東橋（璘）に当て抜本塞源《そくげん》論を書く。十月、陽明書院を、会稽城の西郭内、光相橋東に立てた。
一五二六	嘉靖　五年	五五	銭徳洪と王畿が会稽に来たので、初学の士はこの二人に代講させた。長子正億生まる。母は継室の張氏。郷里に滞在した五年間は陸続と俊秀が講学会に参集し、思想家として尤《もっと》も充実した生活を送った。
一五二七	嘉靖　六年	五六	四月、鄒守益が『文録』を広徳州で刊行した。五月、急に都察院左都御史を任命され、広西の思恩・田州を征せしめらる。辞したが許されず、九月、越を出発。出発前夜に天泉橋にて、四句説問答をする。
一五二八	嘉靖　七年	五七	二月に思恩・田州を平定。四月に思田学校、六月に南寧学校を興して、辺地の住民の教育を図った。七月、八寨《さい》・断藤峡を襲って、数万の賊を破る。十月、病気激しく、許されないまま、十一月二十五日、梅嶺を越えて江西の南安に着く。喘咳《ぜんがい》甚だしく、二十八日、青竜舗に泊し、二十九日の辰の刻逝く。

本書の原本は、一九八八年三月、角川書店より「鑑賞 中国の古典」第十巻『伝習録』として刊行されました。なお、本文庫は同書の著者の執筆部分で構成し、同書中にあった「伝習録の窓」は割愛しています。

吉田公平（よしだ　こうへい）

1942年，宮城県生まれ。東北大学文学部卒業。九州大学助手，東北大学助教授，広島大学教授，東洋大学教授を歴任する。陽明学研究者。専攻は中国哲学，日本近世思想史。著書に『陸象山と王陽明』『日本における陽明学』『陽明学が問いかけるもの』『中国近世の心学思想』『日本近世の心学思想』『陽明学からのメッセージ』『伝習録』『菜根譚』『洗心洞箚記』『論語』などがある。

講談社学術文庫

定価はカバーに表示してあります。

王陽明《おうようめい》「伝習録《でんしゅうろく》」を読《よ》む

吉田《よしだ》公平《こうへい》

2013年5月9日　第1刷発行

発行者　鈴木　哲
発行所　株式会社講談社
　東京都文京区音羽 2-12-21 〒112-8001
　電話　編集部（03）5395-3512
　　　　販売部（03）5395-5817
　　　　業務部（03）5395-3615
装　幀　蟹江征治
印　刷　豊国印刷株式会社
製　本　株式会社国宝社
本文データ制作　講談社デジタル製作部

ISBN978-4-06-292172-5

「講談社学術文庫」の刊行に当たって

これは、学術をポケットに入れることをモットーとして生まれた文庫である。学術は少年の心を養い、成年の心を満たす。その学術がポケットにはいる形で、万人のものになることは、生涯教育をうたう現代の理想である。

こうした考え方は、学術を巨大な城のように見る世間の常識に反するかもしれない。また、一部の人たちからは、学術の権威をおとすものと非難されるかもしれない。しかし、それはいずれも学術の新しい在り方を解しないものといわざるをえない。

学術は、まず魔術への挑戦から始まった。やがて、いわゆる常識をつぎつぎに改めていった。学術の権威は、幾百年、幾千年にわたる、苦しい戦いの成果である。こうしてきずきあげられた城が、一見して近づきがたいものにうつるのは、そのためである。しかし、学術の権威を、その形の上だけで判断してはならない。その生成のあとをかえりみれば、その根は常に人々の生活の中にあった。学術が大きな力たりうるのはそのためであって、生活をはなれた学術は、どこにもない。

開かれた社会といわれる現代にとって、これはまったく自明である。生活と学術との間に、もし距離があるとすれば、何をおいてもこれを埋めねばならない。もしこの距離が形の上の迷信からきているとすれば、その迷信をうち破らねばならぬ。

学術文庫は、内外の迷信を打破し、学術のために新しい天地をひらく意図をもって生まれた。文庫という小さい形と、学術という壮大な城とが、完全に両立するためには、なおいくらかの時を必要とするであろう。しかし、学術をポケットにした社会が、人間の生活にとってより豊かな社会であることは、たしかである。そうした社会の実現のために、文庫の世界に新しいジャンルを加えることができれば幸いである。

一九七六年六月　　　　野間省一

言《げん》志《し》四《し》録《ろく》（一）～（四）
佐藤一斎著／川上正光全訳注

江戸時代後期の林家の儒者、佐藤一斎の語録集。変革期における人間の生き方に関する問題意識で貫かれた本書は、今日なお、精神修養の糧として、また処世の心得として得難き書と言えよう。（全四巻）

274～277

講《こう》孟《もう》劄《さつ》記《き》（上）（下）
吉田松陰《しょういん》著／近藤啓吾全訳注

本書は、下田渡海の挙に失敗した松陰が、幽囚の生活の中にあって同囚らに講義した『孟子』各章に対する彼自身の批判感想の筆録で、その片言隻句のうちに、変革者松陰の激烈な熱情が畳み込まれている。

442・443

論語新釈
宇《う》野《の》哲人《てつと》著（序文・宇野精一）

「宇宙第一の書」といわれる『論語』は、人生の知恵を滋味深く語ったイデオロギーに左右されない不滅の古典として、今なお光芒を放つ。本書は、中国哲学の権威が詳述した、近代注釈の先駆書である。

451

論語物語
下村湖人《こじん》著（解説・永杉喜輔）

『論語』を心の書として、物語に構成した書。人間味あふれる孔子と弟子たちが現代に躍り出す光景が、みずみずしい現代語で描かれている。『次郎物語』の著者の筆による、親しみやすい評判の名著である。

493

啓発録《けいはつろく》　付　書簡・意見書・漢詩
橋本左内《さない》著／伴　五十嗣郎全訳注

明治維新史を彩る橋本左内が、若くして著した『啓発録』は、自己規範・自己鞭撻の書であり、彼の思想や行動の根幹を成す。書簡・意見書は、世界の中の日本を自覚した気宇壮大な思想表白の雄篇である。

568

孔子・老子・釈迦「三聖会談」
諸橋轍次著

孔子・老子・釈迦の三聖が一堂に会し、自らの哲学を語り合うという奇想天外な空想鼎談。三聖の世界観や人間観、また根本思想や実際行動が、比較対照的に鮮やかに語られる。東洋思想のユニークな入門書。

574

九鬼周造著／藤田正勝全注釈

「いき」の構造

「粋」の本質を解明した名著をやさしく読む。いきとは何か？　ヨーロッパ現象学を下敷に歌舞伎、清元、浮世絵等芸術各ジャンルを渉猟、その独特の美意識を追究。近代日本の独創的哲学に懇切な注・解説を施す。

1627

今道友信著

アリストテレス

「万学の祖」の人間像と細緻な思想の精髄。人間界、自然界から神に至るまで、森羅万象の悉くを知の対象とした不朽の哲人アリストテレス。その人物と生涯、壮大な学問を、碩学が蘊蓄と情熱を傾けて活写する。

1657

貝塚茂樹著

孟子

孟母三遷で名高い孟子の生涯と思想の真髄。戦国七雄が対立した前四世紀、小国鄒《すう》に生まれ諸国を巡って仁政を説いた孟子。井田制など理想国家の構想や、あるべき君子像の提言を碩学が平易に解説する。

1676

浅野裕一著

諸子百家

春秋・戦国を彩る思想家たちの才智と戦略。戦乱の世に自らの構想を実現すべく諸国を遊説した諸子百家。利己と快楽優先を説いた楊朱、精緻な論理で存在の実体を問う公孫龍から老子、孔子までその実像に迫る。

1684

町田三郎著

呂氏春秋

秦の宰相、呂不韋《りょふい》が作らせた人事教訓の書。始皇帝の宰相、呂不韋と賓客三千人が編集した『呂氏春秋』は天地万物古今の事を備えた大作。天道と自然に従い人間行動を指示した内容は中国の英知を今日に伝える。

1692

S・クマール著／尾関　修・尾関沢人訳

君あり、故に我あり　依存の宣言

平和への世界巡礼で名高い英国思想家の名著。懐疑・自我の確立・二元論的世界観。デカルト以降の近代思想は対立を助長した。分離する哲学から関係をみる哲学へ。ひたすら平和を願い、新しい世界観を提示する。

1706

加藤尚武編著
ヘーゲル「精神現象学」入門

哲学史上、最難解にして重要な一冊を、精緻な読解と解説で解き明かす。「絶対的な真理」を秘めた神話的な書物という虚妄のベールを剝いで立ち上がる、野心的な哲学像の実現に挑んだヘーゲルの苦闘の跡とは。

2109

丸山圭三郎著（解説・末永朱胤）
ソシュールを読む

コトバを手がかりに文化や社会の幻想性を解明・告発した〝近代言語学の父〟。その思想と方法はどのようなものか。構造主義や現代思想の潮流に多大な影響を与えた思想の射程と今日的な可能性が、あざやかに甦る。

2120

中村雄二郎著
知の百家言

先人たちの「知を愛する」営為の結晶である百の言葉を選び出し、その含蓄を引き出して紹介する。〈教養〉としての哲学ではなく、生きること＝思い考えることと直結するような「哲学」を提示する珠玉のエッセー集。

2124

長谷川　宏著
ことばへの道　言語意識の存在論

人は他者や共同体なくして生きていけない。ことばは、その人間存在の根本に関わっている。共同性、宗教性、芸術性、規範性……ことばと人間の本質を問い、哲学と詩を往還しつつ展開する根源的かつ鮮烈な思考！

2127

中島義道著
「私」の秘密　私はなぜ〈いま・ここ〉にいないのか

「私とは何か」と問う者こそが、「私というあり方」をする者である。過去と現在をつなぐ能力が「私」であると論じる哲学者の知の冒険。既存の哲学の焼き直しでなく、自身のことばで考え抜かれた清新な自我論。

2129

渡辺幹雄著
リチャード・ローティ＝ポストモダンの魔術師

真理とは、正義とは、存在とは、リベラルとは、現代にあっていかに語りうるか。分析哲学と大陸哲学双方に通じつつ「基礎としての哲学」の終焉を告げた挑発的なレトリックの背後にある思考を、体系的に読み切る！

2130

《講談社学術文庫　既刊より》

《新刊案内》 講談社学術文庫

E・グレイ
西園寺公一 訳
開高 健 監修
フライ・フィッシング
人類最高の趣味が釣りである。『釣魚大全《ザ・コンプリート・アングラー》』に並ぶアングラーのためのバイブル。緑深き自然のなかで擬餌針に捉えられた銀鱗が宙に舞う。最良の釣り随筆を味読する。

2156

藤田 覚
幕末の天皇
光格天皇と孝明天皇。幕末政治の舞台に躍り出た両天皇の十八世紀末から八十年にわたる〝闘い〟を追い、「江戸時代の天皇の枠組み」と近代天皇制の本質を解明する。

2157

榧根 勇
地下水と地形の科学
――水文学入門――

武蔵野台地、黒部川扇状地……。不均質で複雑なシステム＝地球を、太陽光と重力を動力源に循環する水が、生命を涵養する。地形・地質・気象と水循環の関係を解明。

2158

小菅桂子
カレーライスの誕生
日本の国民食はどのようにして生まれたのか。インド発の料理が近代日本に受容され、進化を遂げる過程に秘められた知恵と苦闘のドラマを活写する、異色の食文化史。

2159

内藤 昌
江戸と江戸城
近世、急拡大を遂げた「大江戸」は右渦巻構造をもった稀有な都市である。江戸という町の成立過程を古代から説き起こし、その実態を物質的証拠により徹底的に解明。

2160

I・カント
金森誠也 訳
カント「視霊者の夢」
霊界は空想家がでっちあげた楽園である。神秘思想家・スヴェーデンボリへの批判を通して「霊魂」に対する見解を示し、「三批判書」へのステップとなった重要著作。

2161

《新刊案内》　講談社学術文庫

徐大粛
林茂 訳
金日成

〈北朝鮮〉とはなにか？　答えは金日成の歴史のなかにある。人物評伝にとどまらず政治体制の成り立ちをも明らかにした北朝鮮現代史の決定版。（解説・和田春樹）

2162

竹田晃
四字熟語・成句辞典

見出し項目四五〇〇、総索引項目七〇〇〇を誇る本格派辞典。冠婚葬祭やビジネスなど時に応じて適切な言葉に出会えるガイド付き。人生の知恵がきらめく表現の宝庫。

2163

井上章一
伊勢神宮と日本美

神宮は本当に日本美の象徴なのか。「日本のパルテノン」として世界的評価を受けた建物に、日本は何を見てきたのか。江戸～現代までの「神宮論」を徹底的に検証する。

2164

高畠通敏
地方の王国

新潟、徳島、千葉、滋賀、鹿児島、北海道……。戦後保守政治の支柱だった各地の〈王国〉。その地殻変動に肉薄する。選挙分析の先駆者による迫真ルポルタージュ！

2165

村尾嘉陵
阿部孝嗣 訳
江戸近郊道しるべ 現代語訳

徳川清水家に仕えた武士が楽しんだ、日帰り散策紀行。豊かな自然と素朴な人々、深い森に佇む社寺旧跡。ささやかな名所・絶景を求めて歩く、江戸東京散歩ガイド。

2166

鷲田清一
京都の平熱
―哲学者の都市案内―

古い寺社は多いが人の歴史意識は薄い。自然そのものより技巧・虚構に親しみ、街々には三奇人がいる――。「あっち」の世界への孔がいっぱいの「きょうと」のからくり。

2167